JN409682

놀라운 리얼 종이접기 2

하늘을 나는 생물편

* 에밀은 도서출판 더숲의 임프린트입니다.

놀라운

리얼 종이접기 2

후쿠이 히사오 지음
민성원 옮김
오경란 감수

하늘을 나는 생물편

한차원 업그레이드된
살아 있는 창작 종이접기

이밀
E-MEAL

원앙 ▶18쪽
난이도 ★☆☆☆☆
백조 ▶20쪽
난이도 ★☆☆☆☆
학 바구니 ▶22쪽
난이도 ★☆☆☆☆
제비 ▶24쪽
난이도 ★☆☆☆☆
공작 A ▶26쪽
난이도 ★☆☆☆☆
공작 B ▶30쪽
난이도 ★★☆☆☆

시작하기 전에

까마귀 ▶34쪽
난이도 ★★☆☆☆
홍학 ▶38쪽
난이도 ★★⯪☆☆
참새 ▶44쪽
난이도 ★★★☆☆
갈매기 ▶48쪽
난이도 ★★★⯪☆
뿔호반새 ▶52쪽
난이도 ★★★★⯪
독수리 ▶58쪽
난이도 ★★★★★

풀무치 ▶64쪽
난이도 ★½☆☆☆

나비 ▶68쪽
난이도 ★★☆☆☆

노린재 ▶71쪽
난이도 ★★½☆☆

매미 ▶74쪽
난이도 ★★★½☆

비상하는 장수풍뎅이 ▶80쪽
난이도 ★★★½☆

오각장수풍뎅이 ▶83쪽
난이도 ★★★★☆

잠자리 ▶88쪽
난이도 ★★★★★

시조새 ▶ 98쪽
난이도 ★★☆☆☆
프테라노돈 ▶ 94쪽
난이도 ★★☆☆☆
시노르니토사우루스 ▶ 102쪽
난이도 ★★★★☆
봉황 ▶ 110쪽
난이도 ★★★★★
용 ▶ 106쪽
난이도 ★★★★☆

『놀라운 리얼 종이접기 2 – 하늘을 나는 생물편』은 앞서 펴낸 책 『놀라운 리얼 종이접기』가 뜻밖에 좋은 반응을 얻게 되어 독자들의 요청으로 출간하게 되었습니다. 감사의 마음이 듦과 동시에 많은 사람이 리얼 종이접기에 커다란 관심을 갖고 있음을 실감하게 되었습니다. 이번에는 하늘의 생물을 테마로 했지만 다음에는 땅의 생물, 그다음에는 바다와 강의 생물 등 다양한 작품들을 계속 출간할 계획입니다.

리얼 종이접기는 동물, 공룡, 곤충 등을 소재로, 살아 있는 진짜 생물의 모습에 최대한 가깝게 접는 창작 종이접기입니다. 완성된 작품으로만 얼핏 보면 어려워 보일 수 있지만, 각 작품에는 기초접기* 단계가 있어 우선 그것을 접고 나면 점차 리얼하고 높은 단계의 형태로 전개시킬 수 있게 됩니다. 과정이 조금 긴 기초접기도 있지만 그리 어렵지 않으므로, 몇 번 도전하다 보면 어린이부터 노인까지 누구나 접을 수 있습니다.

리얼 종이접기의 특징은 완성품이 입체적이고 곡선 부분이 많다는 점입니다. 그래서 마지막 "모양을 정리하여 완성한다"의 단계에서 꽤 시간이 걸리는 작품도 있습니다. 때로는 모양을 다듬는 데 며칠씩 걸리는 경우도 있습니다. 정리한 모양은 책에 실린 완성품 사진을 보고 참고하시기 바랍니다. 또한 리얼하고 입체적인 형태를 오래 유지하려면 풀먹이기가 필요합니다. 풀먹이기에 대해서는 사진을 덧붙여 설명해 두었으니(15쪽) 중급자 이상은 반드시 시도해 보시기 바랍니다. 하지만 처음 보는 작품의 경우, 풀먹이기를 하려면 쉽지 않을 수 있습니다. 따라서 그럴 경우 우선 풀먹이기는 건너뛰고 완성까지 접어 보기를 권합니다. 다만 풀먹이기를 하지 않을 때는 시중에서 판매하고 있는 종이접기용 용지가 적합한 경우도 있습니다. 그리고 작품에 따라 다르겠지만 가능한 한 얇은 종이를 택하는 편이 좋습니다.

이 책은 비교적 간단한 것부터 난이도가 높은 것까지 폭넓게 구성했습니다. 초보자라도 시도할 수 있도록 어려운 부분에는 사진을 곁들였습니다. 순서를 보면서 접기란 결코 쉬운 일은 아닌데, 어떻게 접어야 할지 잘 모를 때는 다음 그림에서 힌트를 얻는 수가 많으니 항상 다음 순서의 그림을 보는 습관을 가지는 게 좋습니다. 그리고 기초접기를 한 후에는 반드시 그림에 나온 순서대로 접지 않아도 됩니다. 예를 들어 새를 접는다면, 날개의 모양이나 머리의 위치 등에 변화를 주어 각자의 취향대로 완성하는 것이 더욱 좋습니다.

이제 한층 더 생생해진 『놀라운 리얼 종이접기 2』로 리얼 종이접기를 마음껏 즐겨 볼까요?

후쿠이 히사오

Memo

* **기초접기**

리얼 종이접기의 작품에는 '기초접기' 라는 단계가 있는데, 이것은 '설명 그림대로 접으면 누가 접어도 똑같은 형태가 되는 단계' 를 의미한다. 기초접기까지만 정확하게 접으면 그후는 접는 사람의 개성에 따라 접는 위치와 각도를 다소 응용해도 된다. 완성 작품의 모양은 미묘하게 달라지지만, 그것 또한 리얼 종이접기의 매력이다.

감수자의 말

『놀라운 리얼 종이접기 2』의 감수를 의뢰 받아 호기심을 가지고 첫 장을 넘겨보았다. 그동안 보아왔던 작품들과 달리 부드러움과 사실적인 느낌이 먼저 다가왔다.

종이접기를 좋아하는 사람들이 쉽게 접근할 수 있도록 도면을 한 단계 한 단계 나누어 그렸고, 간단한 작품에서부터 난이도가 높은 작품까지 다양하게 수록되어 있어 누구에게나 흥미를 유발할 수 있도록 구성되어 있다. 또 세계 유명 작가들의 새로운 작품을 접어 보면서 마무리할 때 고민했던 부분들이 이 책을 통해서 해소되었다. 특히 동물과 곤충의 발, 다리를 표현할 때 좀 더 가늘고 실물에 가깝게 마무리하는 방법은 없을까, 하고 항상 생각해 오던 차였다. 난이도가 높은 작품일수록 마지막까지 완성은 못하고 던져 놓는 경우가 많다. 작가가 제시한 방법인 풀먹이기를 통해 접는이들이 한층 실물에 가깝게, 좀 더 원하는 대로 작품을 마무리할 수 있어 훨씬 완성도 높은 곤충, 공룡을 만들어 낼 수 있을 것이다.

많이 접어 볼수록 도면을 보는 안목이 높아진다. 따라서 같은 작품을 반복해서 접어 보고 자신감이 생겼을 때 작가가 제시한 풀먹이기를 통해 더 멋진 작품을 만들어 보기 바란다. 이런 과정을 거치고 나면, 감수자를 포함한 이 책을 읽는 독자들은 창작할 수 있는 어떤 바탕을 마련하게 될 것이다.

이 책의 작가 역시 다년간 수많은 경험을 통해서 위와 같은 과정들을 거쳐왔으며, 이 책은 그런 작가의 노하우를 독자들이 손쉽게 배울 수 있고 완성된 작품을 보면서 성취감을 맛볼 수 있도록 도움을 주기 위해 탄생한 것 같다. 이 책의 모든 작품을 접어 보고 나니 작가가 추구하는 작품세계, 작가의 의도를 조금은 파악할 수 있었고, 종이접기를 좋아하는 사람들이 좀 더 쉽게 이해할 수 있도록 많은 노력을 기울인 흔적이 보여 고마움을 전하고 싶다.

끝으로 한 작품이 탄생하기까지 얼마나 많은 땀과 노력이 필요한지 감수자 또한 알고 있기 때문에 이와 같은 훌륭한 작품을 만나게 해 준 작가에게 감사함을 전하며, 많은 종이접기 마니아들이 이 책을 통해 완성도 높은 작품을 감상하면서 종이 한 장의 기적을 마음껏 즐기기를 바란다.

오경란

종이접기 방법의 기호

골짜기접기선(골짜기접기)

접은 선이 안쪽이 된다.
본문 그림에서는 '골짜기접기' 라고 표시하기도 한다.

산접기선(산접기)

접은 선이 바깥이 된다.
혹은 뒤집어 골짜기접기로 접어도 된다.
본문 그림에서는 '산접기' 라고 표시하기도 한다.

숨은 골짜기접기선(숨은 골짜기접기)

종이 아래에 숨겨져 있는 골짜기접기선.
가는 골짜기접기선으로 표시한다. 본문 그림에서는 '숨은 골짜기접기' 라고 표시하기도 한다.

숨은 산접기선(숨은 산접기)

종이 아래 숨겨져 있는 산접기.
가는 산접기선으로 표시한다. 본문 그림에서는 '숨은 산접기' 라고 표기하기도 한다.

숨은 외형선

종이 아래 숨겨져 있는, 접어 올리는 선(외형선)을 필요에 따라 표시한다.

보조선을 만든다

접고 나서 편 보조선을 만든다.

사이를 펼친다

(화살표) 부분을 펼쳐 눌러접는다.

종이를 꺼낸다

종이를 잡아뺀다

똑같이 나누어 접는다

종이를 뒤집는다

그림을 확대한다

부분 접기의 종류

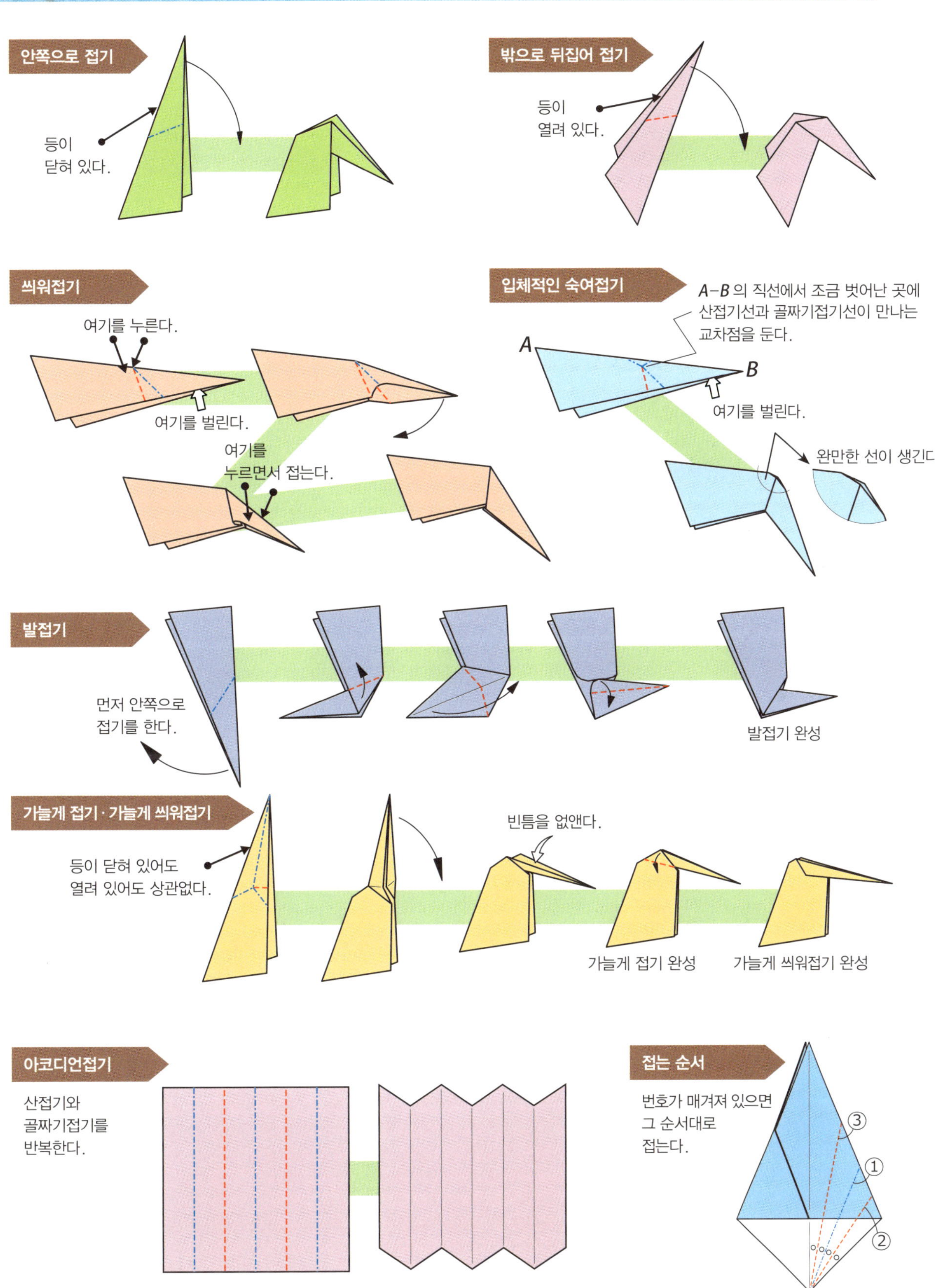

안쪽으로 접기
등이
닫혀 있다.
밖으로 뒤집어 접기
등이
열려 있다.
씌워접기
여기를 누른다.
여기를 벌린다.
여기를
누르면서 접는다.
입체적인 숙여접기
A-B의 직선에서 조금 벗어난 곳에
산접기선과 골짜기접기선이 만나는
교차점을 둔다.
A
B
여기를 벌린다.
완만한 선이 생긴다.
발접기
먼저 안쪽으로
접기를 한다.
발접기 완성
가늘게 접기 · 가늘게 씌워접기
등이 닫혀 있어도
열려 있어도 상관없다.
빈틈을 없앤다.
가늘게 접기 완성
가늘게 씌워접기 완성
아코디언접기
산접기와
골짜기접기를
반복한다.
접는 순서
번호가 매겨져 있으면
그 순서대로
접는다.
③
①
②

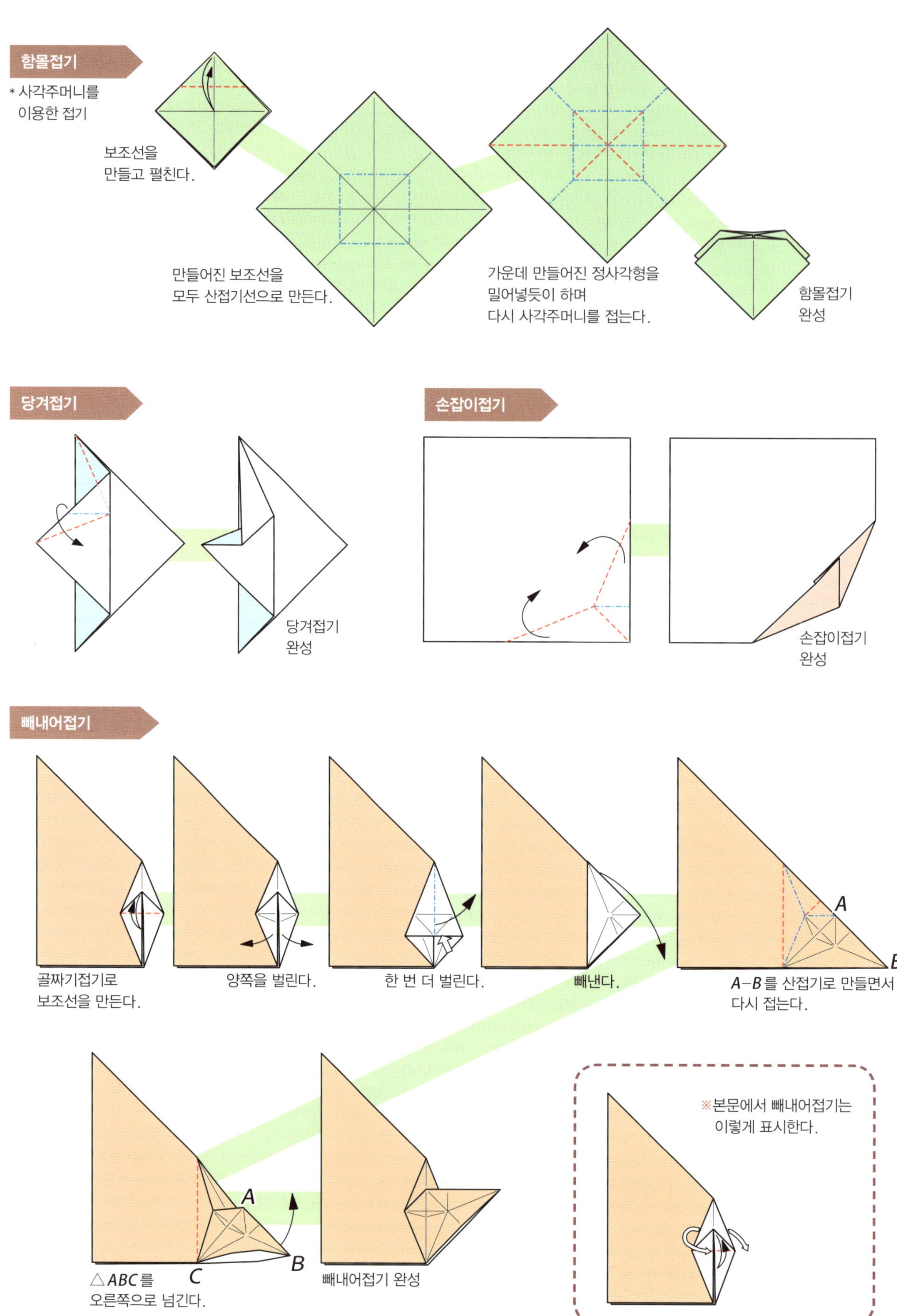

함몰접기
* 사각주머니를
이용한 접기
보조선을
만들고 펼친다.
만들어진 보조선을
모두 산접기선으로 만든다.
가운데 만들어진 정사각형을
밀어넣듯이 하며
다시 사각주머니를 접는다.
함몰접기
완성
당겨접기
당겨접기
완성
손잡이접기
손잡이접기
완성
빼내어접기
골짜기접기로
보조선을 만든다.
양쪽을 벌린다.
한 번 더 벌린다.
빼낸다.
A
B
A–B를 산접기로 만들면서
다시 접는다.
A
B
C
△ABC를
오른쪽으로 넘긴다.
빼내어접기 완성
※본문에서 빼내어접기는
이렇게 표시한다.

기본형의 종류

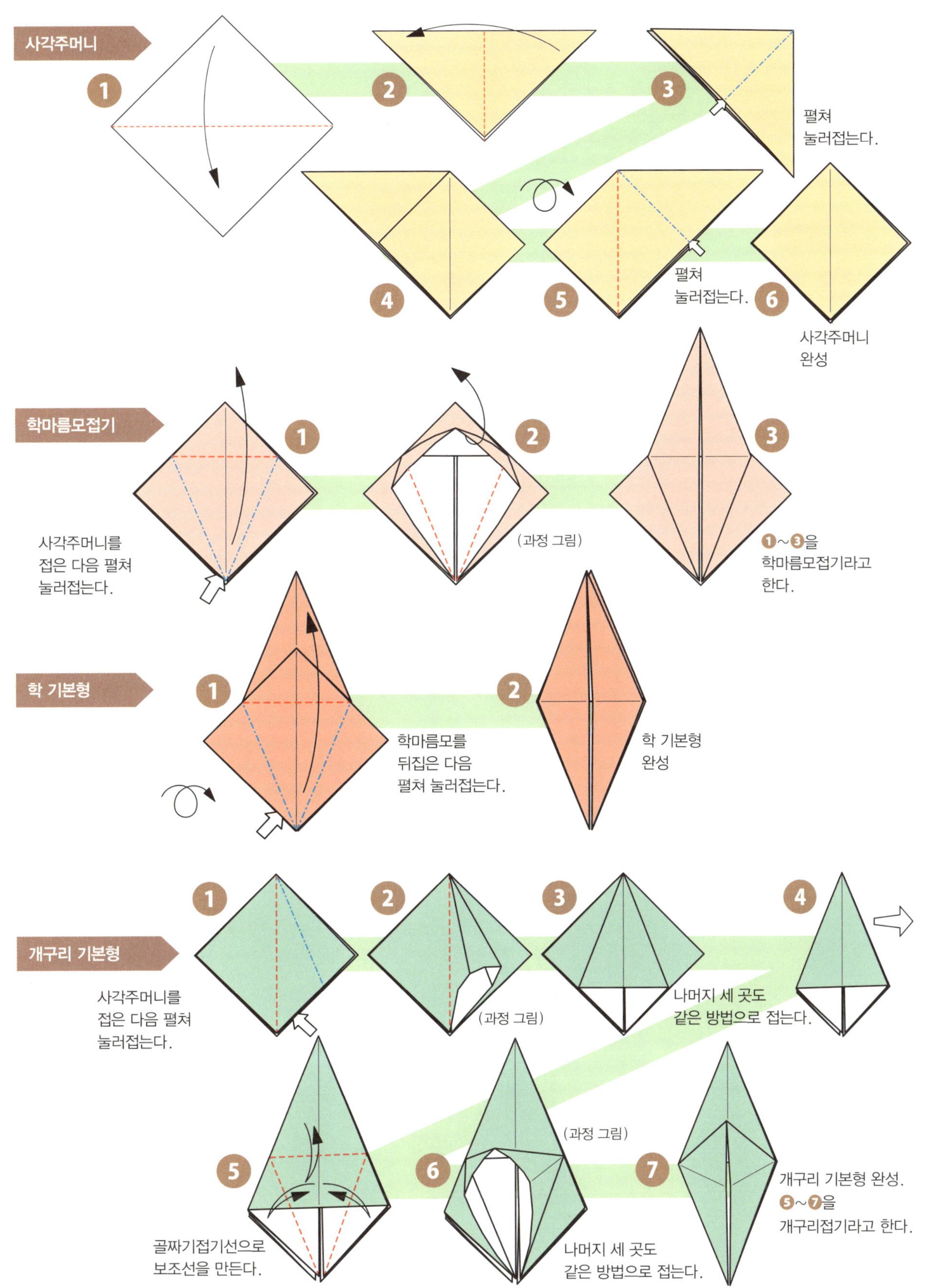
사각주머니
1
2
3
펼쳐
눌러접는다.
4
5
펼쳐
눌러접는다.
6
사각주머니
완성
학마름모접기
1
사각주머니를
접은 다음 펼쳐
눌러접는다.
2
(과정 그림)
3
❶~❸을
학마름모접기라고
한다.
학 기본형
1
학마름모를
뒤집은 다음
펼쳐 눌러접는다.
2
학 기본형
완성
개구리 기본형
1
사각주머니를
접은 다음 펼쳐
눌러접는다.
2
(과정 그림)
3
나머지 세 곳도
같은 방법으로 접는다.
4
5
골짜기접기선으로
보조선을 만든다.
6
(과정 그림)
나머지 세 곳도
같은 방법으로 접는다.
7
개구리 기본형 완성.
❺~❼을
개구리접기라고 한다.

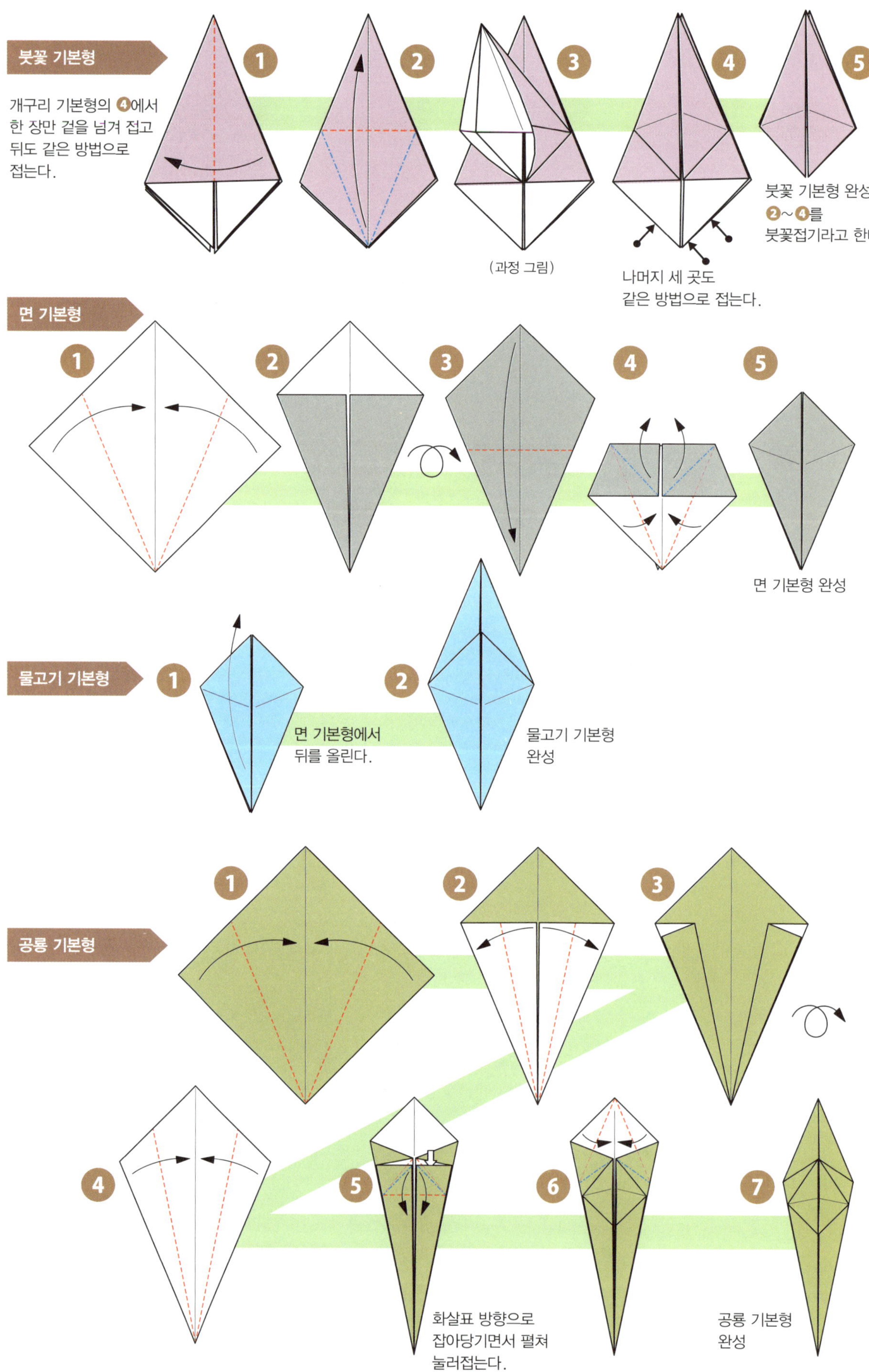
붓꽃 기본형
개구리 기본형의 ❹에서
한 장만 겉을 넘겨 접고
뒤도 같은 방법으로
접는다.
1
2
3
4
5
(과정 그림)
나머지 세 곳도
같은 방법으로 접는다.
붓꽃 기본형 완성.
❷~❹를
붓꽃접기라고 한다.
면 기본형
1
2
3
4
5
면 기본형 완성
물고기 기본형
1
면 기본형에서
뒤를 올린다.
2
물고기 기본형
완성
공룡 기본형
1
2
3
4
5
화살표 방향으로
잡아당기면서 펼쳐
눌러접는다.
6
7
공룡 기본형
완성

풀먹이기에 대하여

풀먹이기 방법

풀먹이기는 리얼 종이접기의 커다란 특징 중 하나로, 종이접기를 보다 실감나게 완성하기 위한 과정입니다. 풀먹이기를 하면 완성 후 모양을 한층 보기 좋게 정리할 수 있는 데다 강도와 내구성이 향상되므로 중급자 이상은 시도해 보기 바랍니다.

풀먹이기는 기초접기가 완성된 시점이나 그 전후에 하며, 본문에는 '풀먹이기 시작' 이라고 표기되어 있습니다. 먼저 종이 뒷면의 필요한 부분에 풀(목공용 본드를 물로 희석한 것)을 먹입니다. 기초접기를 완성한 후 접는 과정마다 풀을 먹이고 가능한 한 겉면의 빈틈에도 풀을 먹이는데, 다만 기초접기를 완성하고 나서 함몰접기를 하거나 주저앉히는 순서가 있는 경우에는 그 과정을 끝내고 풀을 먹이거나 그 부분을 제외하고 풀을 먹여야 하기 때문에 주의해야 합니다.

풀을 먹이고 싶지 않은 부분에 실수로 칠했을 때는 바로 지우고 말리거나 닦아 내면 문제없으며, 설사 말라 버렸더라도 물을 묻힌 붓으로 그 부분을 적셔 1~2분 후 닦아 내면 됩니다.

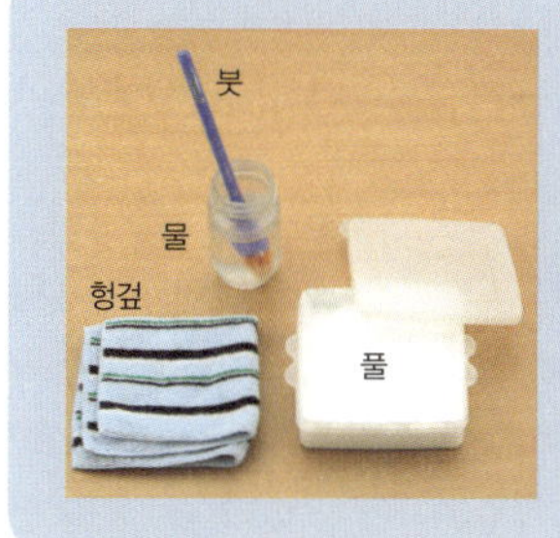

◀풀은 목공용 본드를 물로 약간 희석하여 준비한다. 풀을 바르는 붓은 털끝의 폭이 약 1cm 정도인 것이 사용하기 편하며, 붓을 씻을 물과 붓을 닦아 낼 헝겊을 준비한다.

'풀먹이기 시작' 표시까지 접기를 한다. 사진의 예는 프테라노돈(94쪽)이다.

종이를 살짝 벌려 넓힌다.

접은 선을 의식하면서 종이 뒷면의 필요한 부분에 풀을 먹인다.

기초접기 형태로 다시 접는다.

다시 접는 도중에도 풀을 먹인다. 접는 과정을 생각하며 필요한 곳에만 풀을 먹인다.

풀을 먹이면서 다시 기초접기를 모두 마친다.

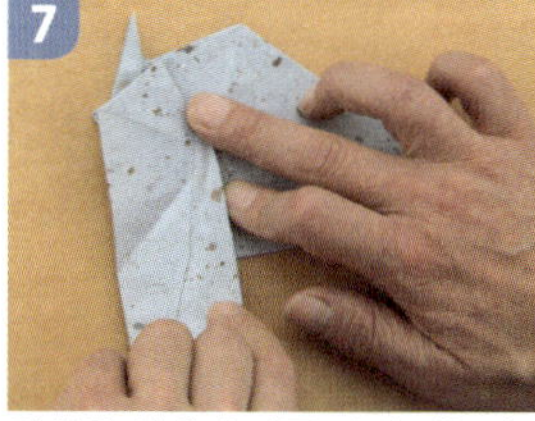

완성을 위해 순서를 따라 접는다.

접는 도중에도 가능한 한 풀을 먹인다.

머리 뒤처럼 작고 가는 부분에도 가능한 한 풀을 먹인다.

접기를 마치면 손가락으로 눌러 곡선을 만드는 등 실감나는 형태로 정리하며 모양을 잡아 간다.

▼ 풀먹이기를 한 작품

▲ 풀먹이기를 하지 않은 작품

Memo

풀먹이기가 리얼 종이접기의 중요한 요소이기는 하지만 하지 않아도 된다.

종이에 대하여

준비할 종이의 크기와 종류

이 책의 모든 작품은 화지를 사용했습니다. 좀 더 리얼하고 세련된 완성품을 만들려면 종이에 탄력과 강도가 있어야 할뿐더러 풀먹이기에 알맞아야 하기 때문입니다. 화지의 종류는 다양하지만 아무래도 얇은 것이 종이접기에 적합합니다. 물론 부담 없이 리얼 종이접기를 시도해 보고자 하는 초보자는 일반적인 종이접기용 종이를 이용하면 되는데, 다만 18×18cm 이상의 큰 종이로 접는 것이 좋습니다.

종이 준비

필자는 90×60cm 크기의 종이를 잘라서 사용하고 있으며, 여유가 있을 때 사각주머니(13쪽)를 접어 두면 종이접기를 하고 싶을 때 언제든 시작할 수 있어 편리합니다.

재단할 때 접는 예

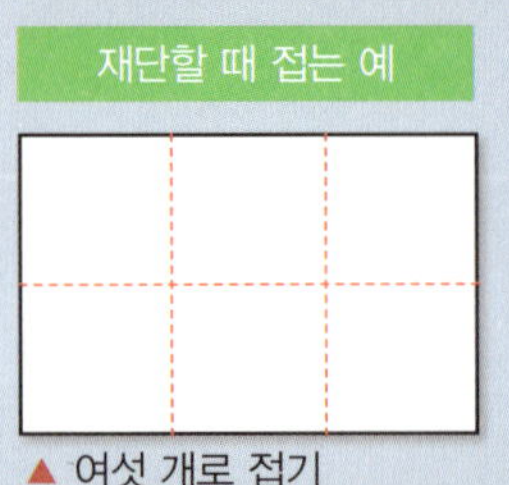
▲ 여섯 개로 접기

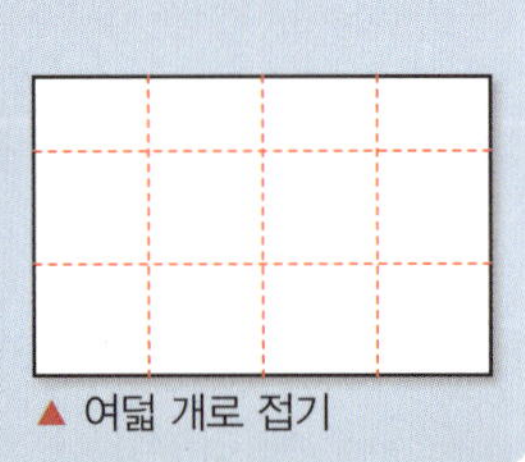
▲ 여덟 개로 접기

이 예는 큰 종이를 여덟 개로 접은 것이다.

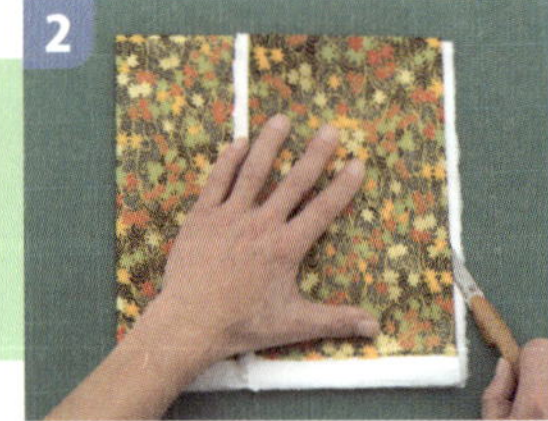

칼로 접은 선을 따라 자른다.

여덟 장으로 나누는데 이 경우에는 여분*이 생긴다.

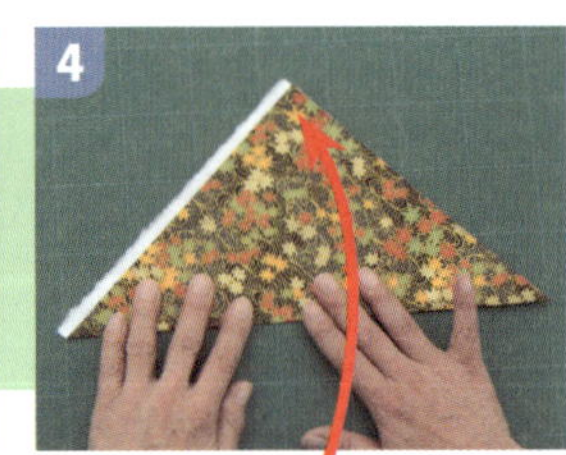

삼각형으로 접는다.

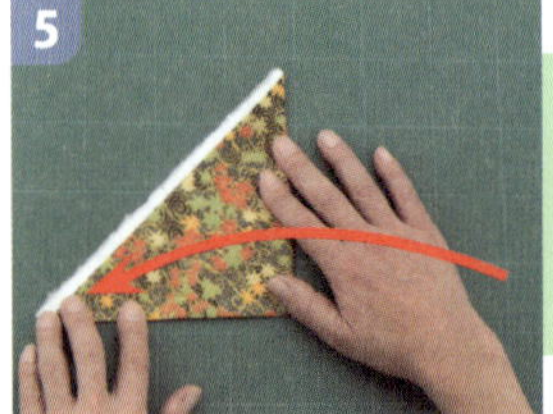

한 번 더 삼각형으로 접는다.

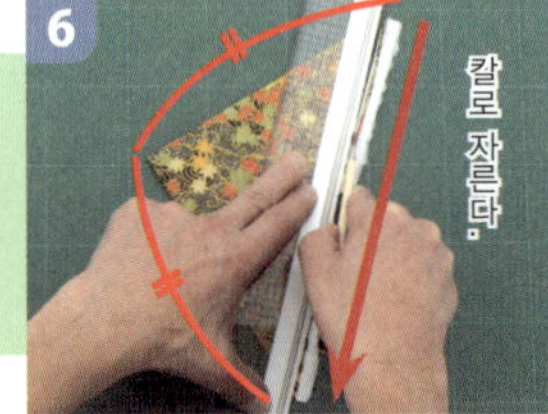

이등변삼각형이 되도록 긴 변을 칼로 잘라낸다.

위의 한 장만 삼각형으로 접는다. 이때 모서리가 정확하게 맞으면 제대로 된 것이다.

사각주머니(13쪽)를 접는다.

뒷면에 종이를 덧대 앞뒤가 다른 종이로 만드는 방법

뒷면을 다른 색이 되게 하려면 오른쪽처럼 스프레이 접착제로 다른 종이와 마주 붙입니다. 스프레이 접착제는 통풍이 잘 되는 장소에서 신문지 등을 깔고 사용합니다.

덧대려고 하는 종이의 뒷면에 스프레이 접착제를 뿌린다.

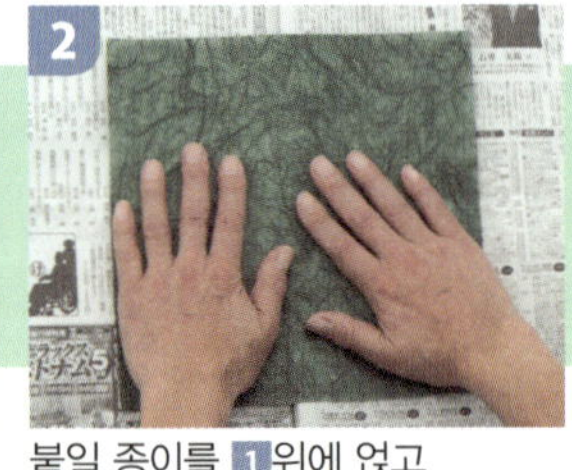

붙일 종이를 1위에 얹고 손으로 고루 문지른다.

뒤집으면 완성. 원하는 크기로 잘라서 사용한다.

본격적인
리얼 종이접기의
세계로 출발~

▶ 난이도 ★☆☆☆☆

원앙

★ 사용한 종이

21×21cm 크기, 한 장

POINT

가장 간단한 기본형의 하나인 물고기 기본형(14쪽)에서 접기 시작한다. 갑자기 적당히 접기※가 되므로 조금 당황할 수 있지만, 접기 순서의 모양을 비교해 가면서 계속한다. 접는 과정이 짧아 약간 두꺼운 종이를 이용해도 문제없이 접을 수 있으며, 무늬가 있는 종이를 선택하면 좋다. 머리나 배 부분의 꼭지점을 누르면 전체적으로 완만한 곡선이 생기기 때문에 원앙다워진다(순서 ⑬). 마무리할 때 날개를 조금 둥굴게 하고 바닥 부분을 조금 벌리듯이 하여 입체감을 주면 한층 보기 좋아진다.

※ 적당히 접기

접는 위치가 접는 사람에 따라 달라지는 방법이다. 예를 들어 학의 머리를 안쪽으로 접기를 할 때, 머리(부리)를 길게 접는 사람이 있는가 하면 짧게 접는 사람도 있다.

물고기 기본형(14쪽)부터

1

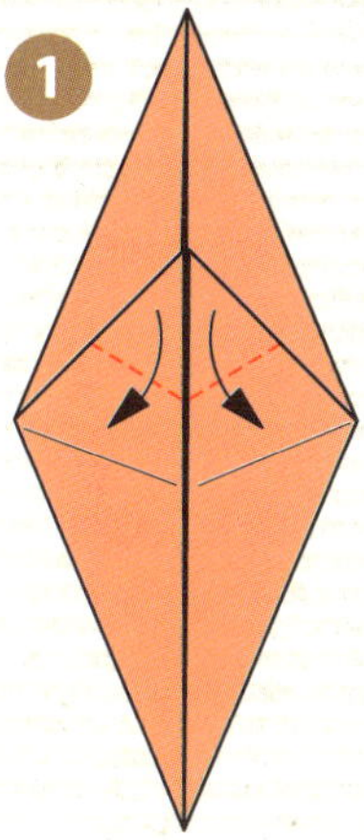

여기까지 기초접기

풀먹이기 시작

2

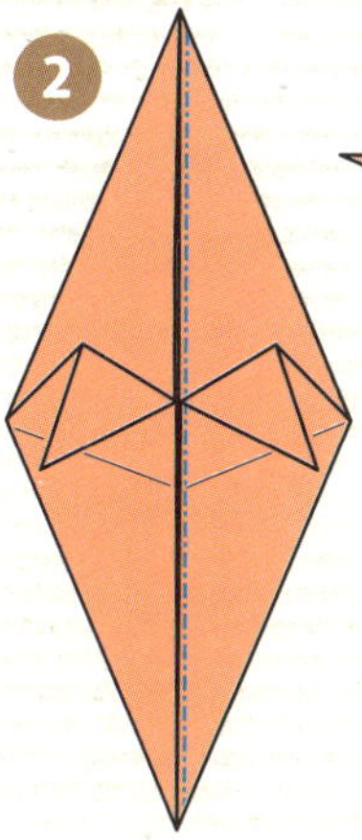

산접기를 하고 방향을 바꾼다.

3

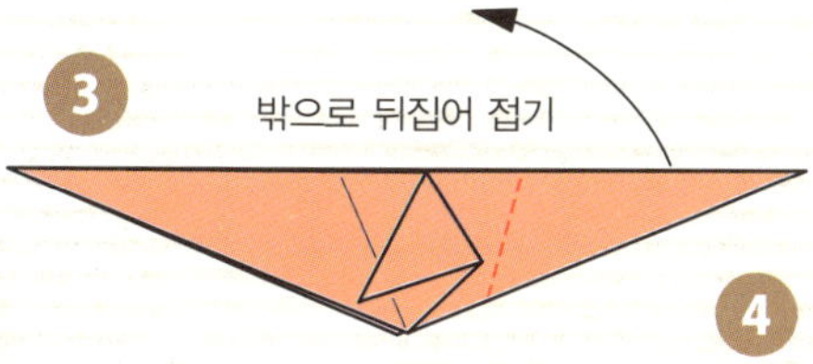

밖으로 뒤집어 접기

4

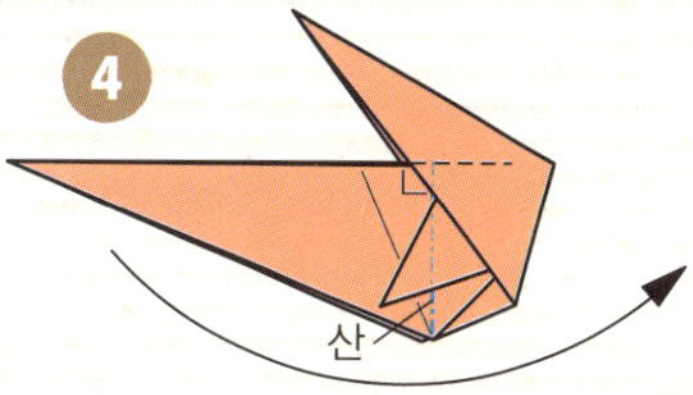

산

안쪽으로 접어 넣고 방향을 바꾼다.

5

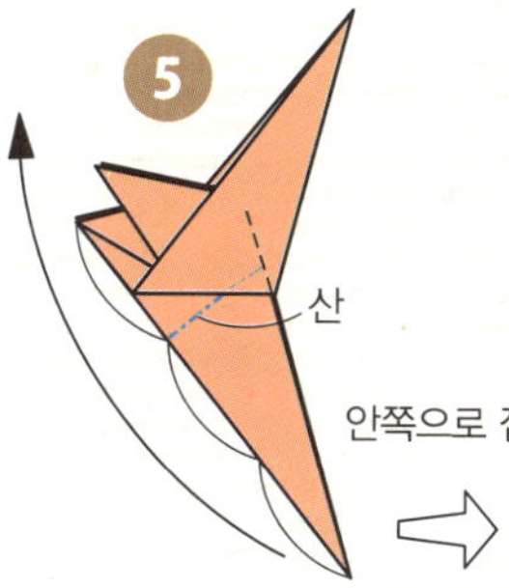

산

안쪽으로 접기

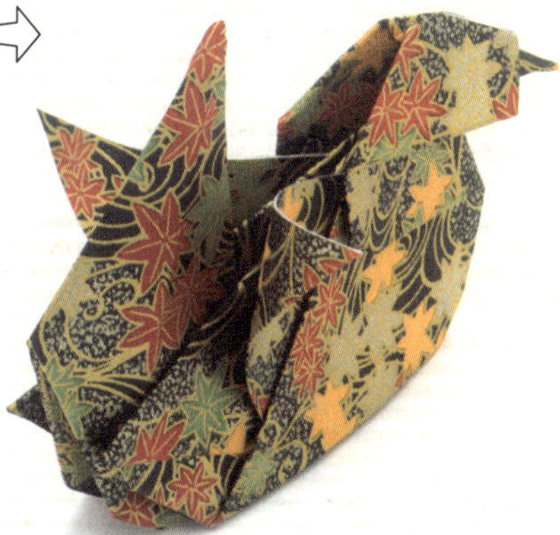

6

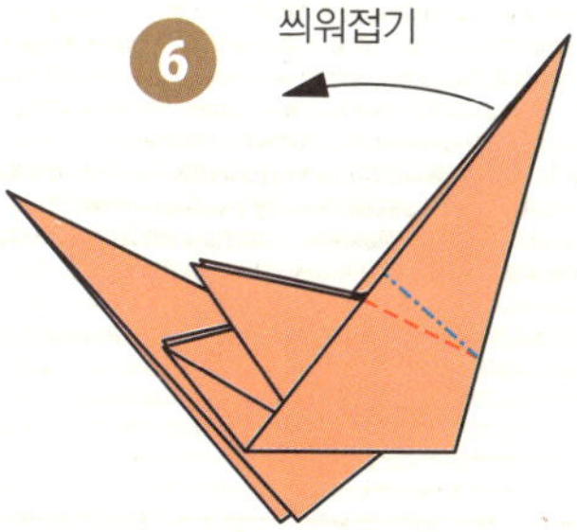

씌워접기

7

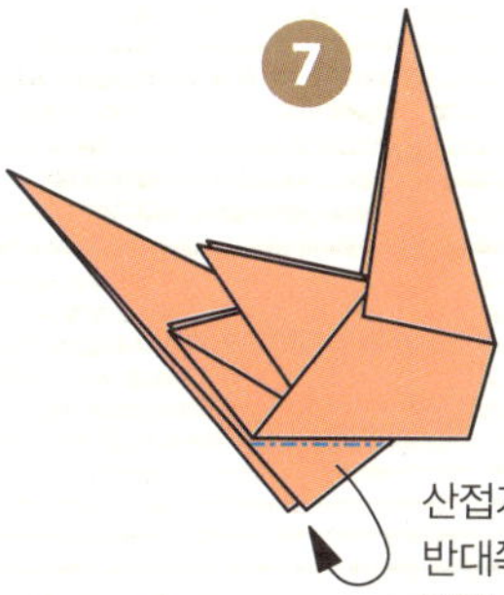

산접기 하고 반대쪽도 같은 방법으로 접는다.

8

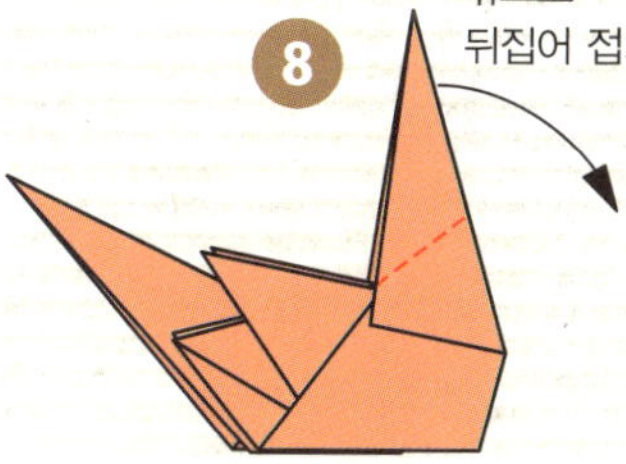

밖으로 뒤집어 접기

9

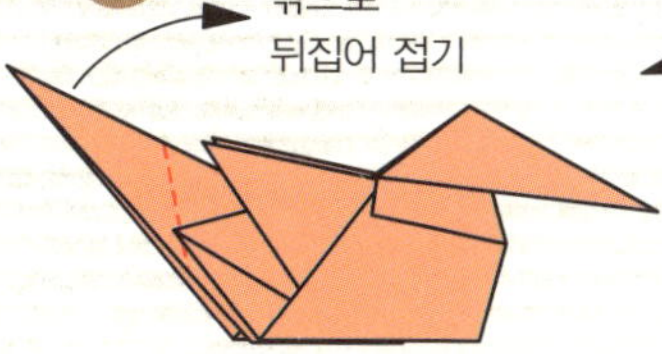

밖으로 뒤집어 접기

10

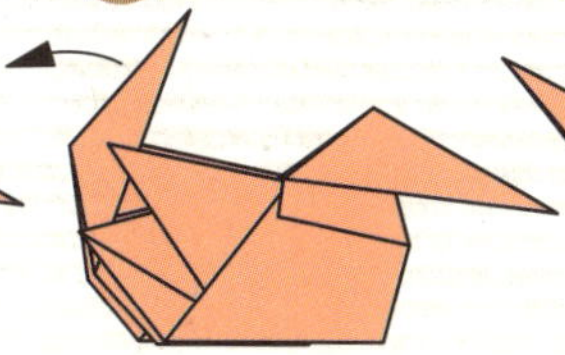

다시 편다.

11

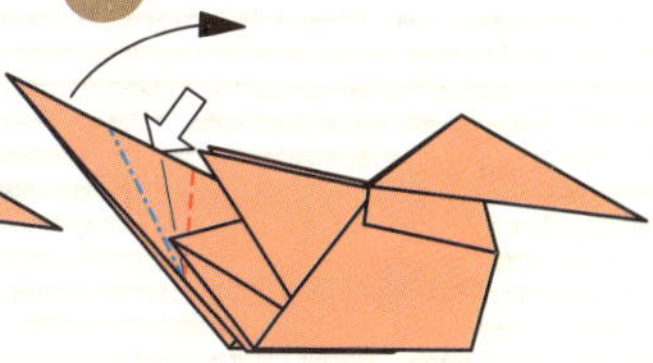

안을 벌려 씌워접기를 한다.

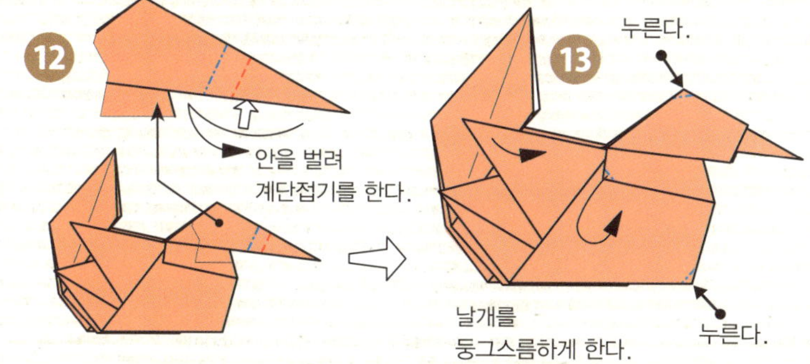

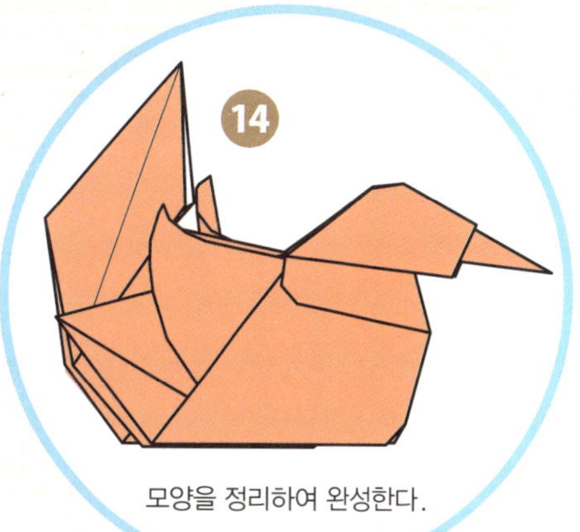

▶ 난이도 ★☆☆☆☆

백조

★ 사용한 종이

21×21cm 크기, 한 장

학 기본형(13쪽)에서 시작하며 날개를 접는 방법이 적당히 접기(18쪽)가 되므로 순서의 그림과 작품을 비교하면서 접어 나간다. 순서 ⑬~⑰의 머리를 접는 과정은 백조 이외의 새를 접을 때에도 폭넓게 응용할 수 있으니 반드시 익혀 둔다. 풀을 먹일 경우, 순서 ⑭에서 씌워져 있는 한 장을 벌리므로 머리 부분은 이 과정이 끝나고 나서 한다. 순서 ⑰에서 다리를 안쪽으로 접기를 하여 꺼내는 과정은 생략해도 상관없다. 머리는 위를 향하지 않게 하는 편이 보기 좋다. 몸통이 길어지면 완성도가 떨어지는데 순서 ⑪과 ⑫에서 꼬리를 크게 만들면 도움이 된다.

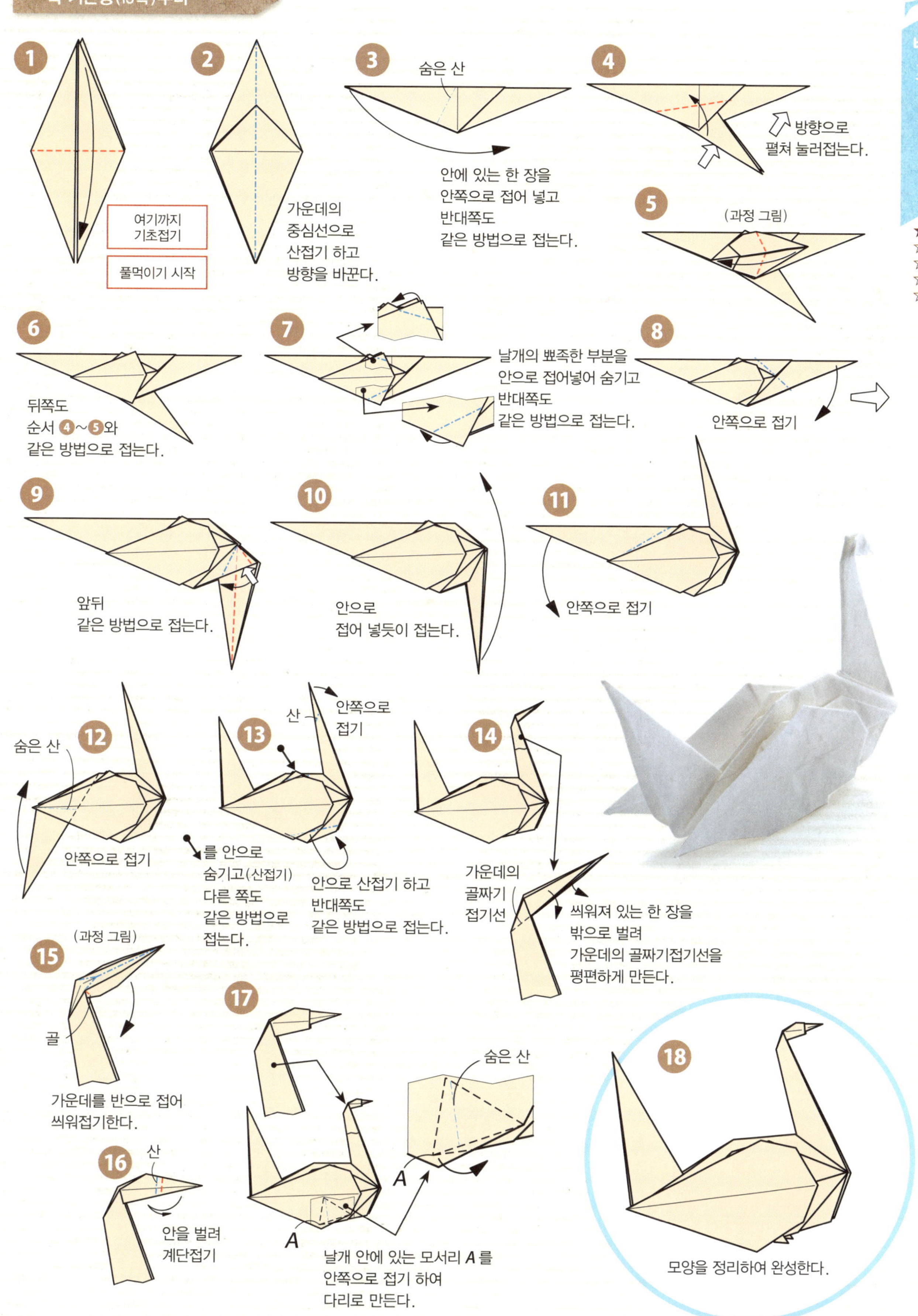
학 기본형(13쪽)부터
1
여기까지 기초접기
풀먹이기 시작
2
가운데의 중심선으로 산접기 하고 방향을 바꾼다.
3
숨은 산
안에 있는 한 장을 안쪽으로 접어 넣고 반대쪽도 같은 방법으로 접는다.
4
방향으로 펼쳐 눌러접는다.
5
(과정 그림)
6
뒤쪽도 순서 4~5와 같은 방법으로 접는다.
7
날개의 뾰족한 부분을 안으로 접어넣어 숨기고 반대쪽도 같은 방법으로 접는다.
8
안쪽으로 접기
9
앞뒤 같은 방법으로 접는다.
10
안으로 접어 넣듯이 접는다.
11
안쪽으로 접기
12
숨은 산
안쪽으로 접기
13
산
안쪽으로 접기
를 안으로 숨기고(산접기) 다른 쪽도 같은 방법으로 접는다.
안으로 산접기 하고 반대쪽도 같은 방법으로 접는다.
14
가운데의 골짜기 접기선
씌워져 있는 한 장을 밖으로 벌려 가운데의 골짜기접기선을 평편하게 만든다.
15
(과정 그림)
골
가운데를 반으로 접어 씌워접기한다.
16
산
안을 벌려 계단접기
17
숨은 산
A
A
날개 안에 있는 모서리 A를 안쪽으로 접기 하여 다리로 만든다.
18
모양을 정리하여 완성한다.

▶ 난이도 ★☆☆☆☆ (1.5)

학 바구니

★ 사용한 종이

21×21cm 크기, 한 장

POINT

전통적인 종이접기의 대표라고 할 수 있는 학접기의 오마주와 같은 작품이다. 순서 ❸의 손으로 누르는 과정에서 밑의 받침대가 되는 부분을 만든다. 특히 이 부분의 안쪽에 풀을 먹여 두지 않으면 실제로 작은 물건들을 넣을 때 불안정할 수 있다. 순서 ❽의 안쪽으로 접기는 순서 ❾의 산접기선이 날개의 꼭지점을 지나는 정도의 지점까지 접어 두면 좋다. 나는 이 작품을 전시회를 열 때 명함 넣는 바구니로 자주 사용하고 있다. 다른 버전의 경우에는 뒷면이 나올 때까지는 풀먹이기를 하지 않도록 주의한다. 사탕 따위를 넣어 두는 데 이용해도 꽤 쓸모 있다. 앞면이 빨갛고 뒷면이 하얀 종이로 만들면 축하 행사에서도 사용할 수 있다. 날개가 휘지 않도록 풀을 먹여 고정하면 더욱 좋다.

학 기본형(13쪽)부터

학 바구니

1 한 장만 위의 종이를 내리고 뒤쪽도 같은 방법으로 접는다.

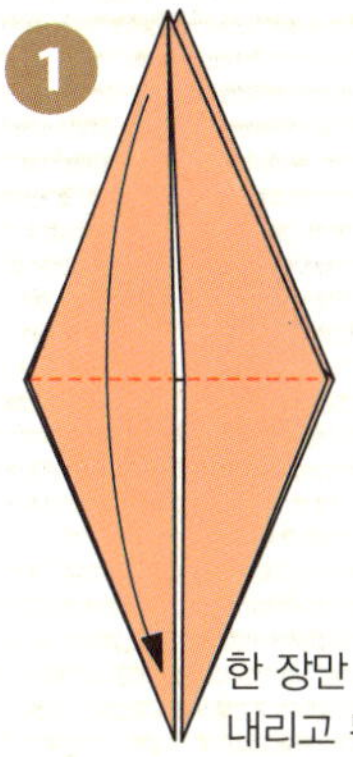

2 접었다 편다.

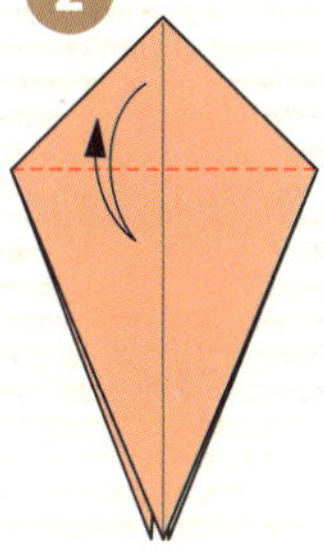

3 ⇩⇩에 손가락을 넣고 ●를 누른다.

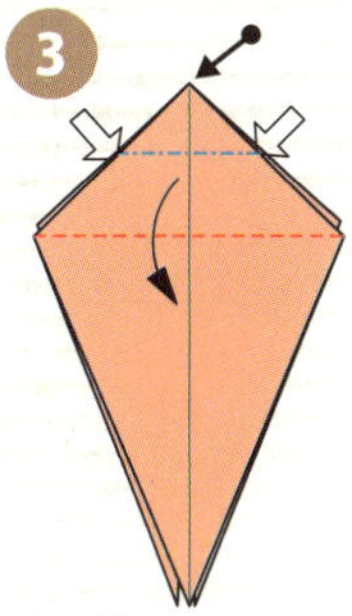

4 골짜기접기 후 방향을 바꾼다.

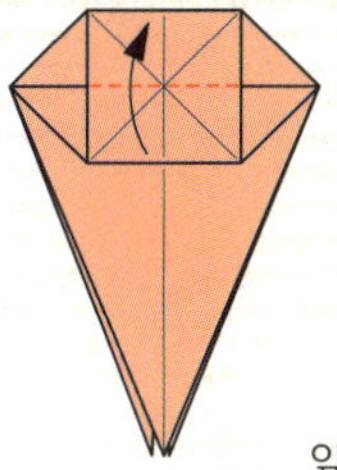

5 앞뒤 같은 방법으로 접는다.

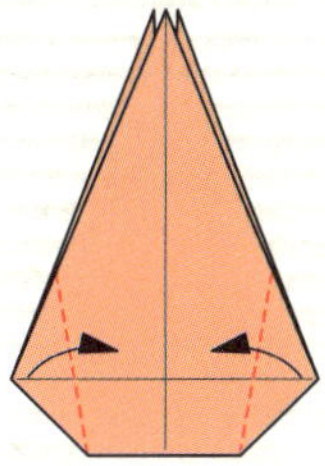

여기까지 기초접기

풀먹이기 시작

6 한 장만 왼쪽으로 넘기고 뒤쪽도 같은 방법으로 접는다.

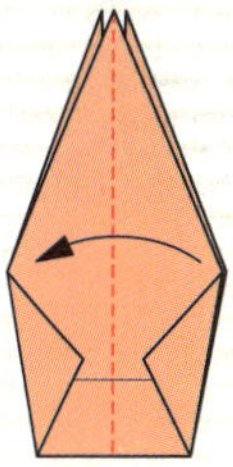

7 안쪽으로 접기

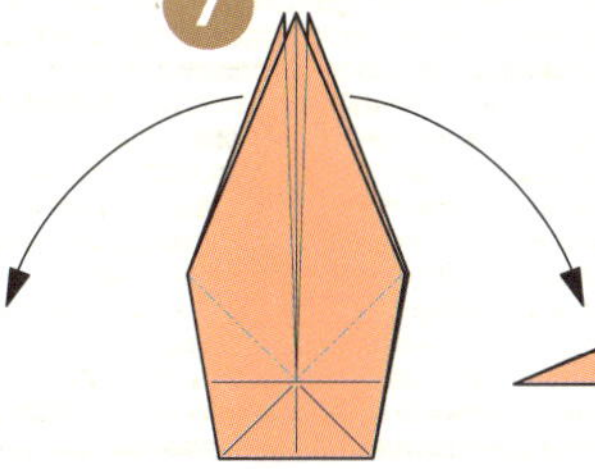

8 안쪽으로 접기

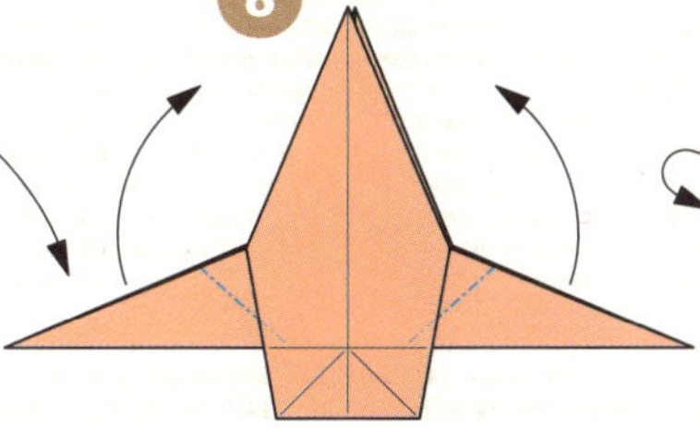

9 앞뒤 같은 방법으로 산접기

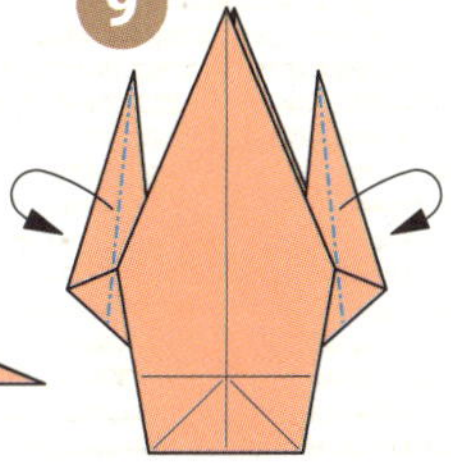

10 안쪽으로 접기

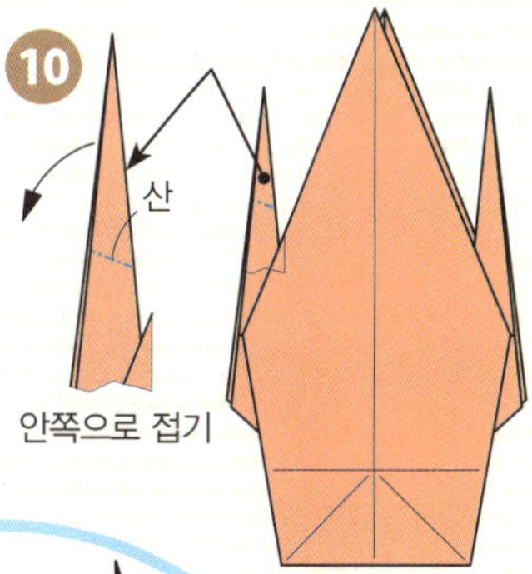

산

11 날개를 골짜기접기선 *A-C*와 골짜기접기선 *B-C*에서 벌려 바닥을 평편하게 만든다. 뒤쪽도 같은 방법으로 접는다.

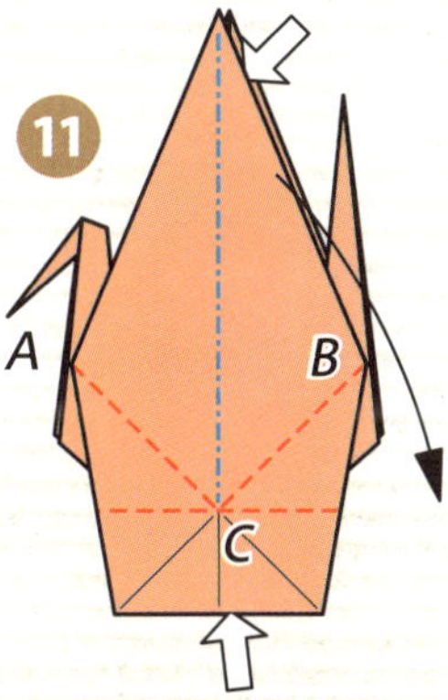

A B C

12 뒤쪽을 포함하여 네 곳을 접어 보강한다.

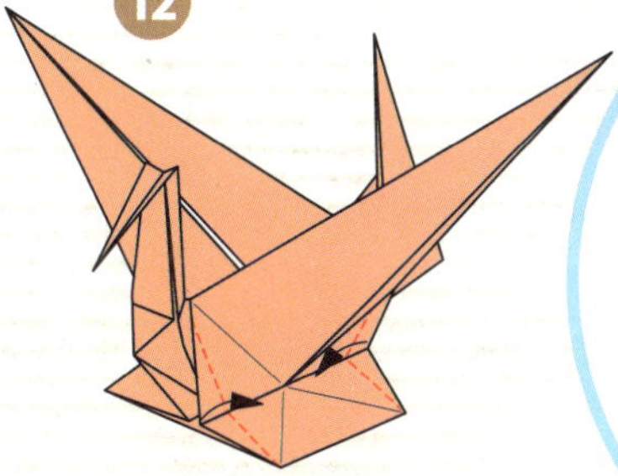

13 모양을 정리하여 완성한다.

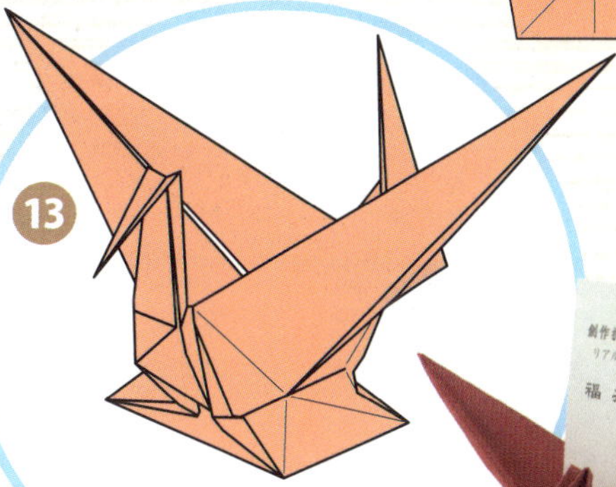

創作折り紙作家
福井久男

명함을 세워 두거나 작은 물건을 넣을 수 있다.

다른 버전의 경우

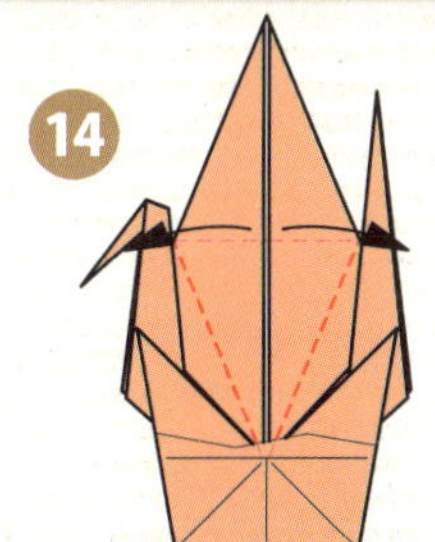

14 순서 10까지는 같은 방법으로 접는다 (앞의 날개는 순서 16까지 표시하지 않는다).

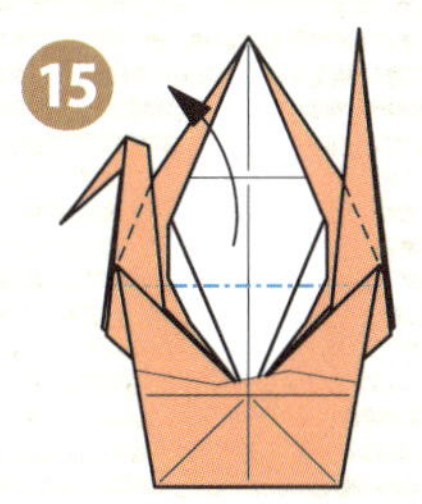

15 산접기선으로 날개를 벌린다.

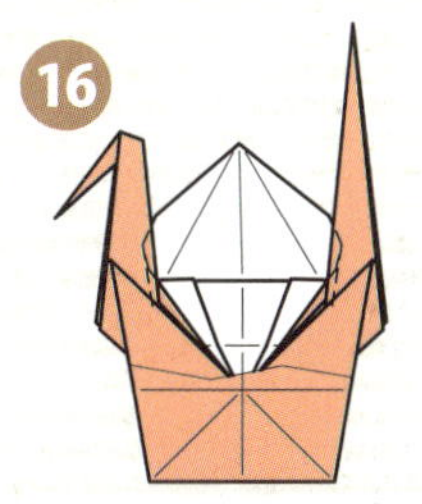

16 앞의 날개도 같은 방법으로 접고 네 곳을 접어 보강한다 (순서 12와 같다).

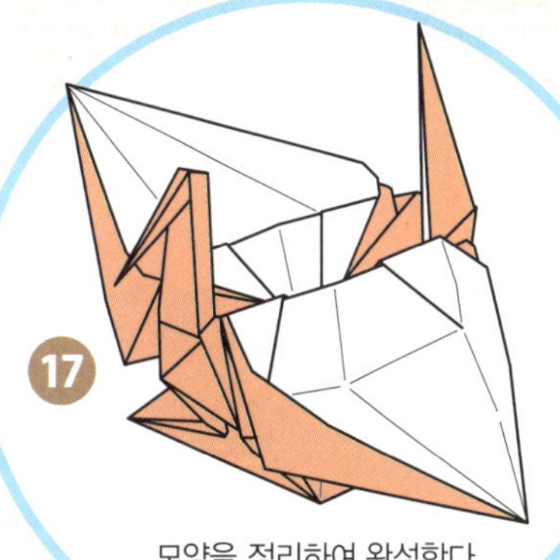

17 모양을 정리하여 완성한다.

▶ 난이도 ★★☆☆☆

제비

★ 사용한 종이

21×21cm 크기, 한 장

POINT

개구리 기본형(13쪽)에서 시작한다. 순서 ❷의 △ABC를 안으로 넣는 과정은 이 책에서 자주 등장하므로 완전히 익혀 둔다. 제비를 접는 방법은 인사이드아웃※이 되므로 종이는 흰색과 검은색을 붙여 사용했다. 순서 ❽은 날개 뒤쪽의 흰색이 나오므로 풀먹이기는 이 과정이 끝나고 나서 한다. 순서 ⓯에서 날개를 접어 올릴 때는 몸통의 일부도 접으면 날개는 길고 몸통이 가늘고 날렵한 제비로 완성된다. 날개 뒤의 흰색이 보이므로 여러 개를 접어 모빌로 만들어도 재미있다.

※ 인사이드아웃

제비나 공작A(26쪽)처럼 종이의 양면이 나오게 하는 것을 인사이드아웃이라고 한다.

개구리 기본형(13쪽)부터

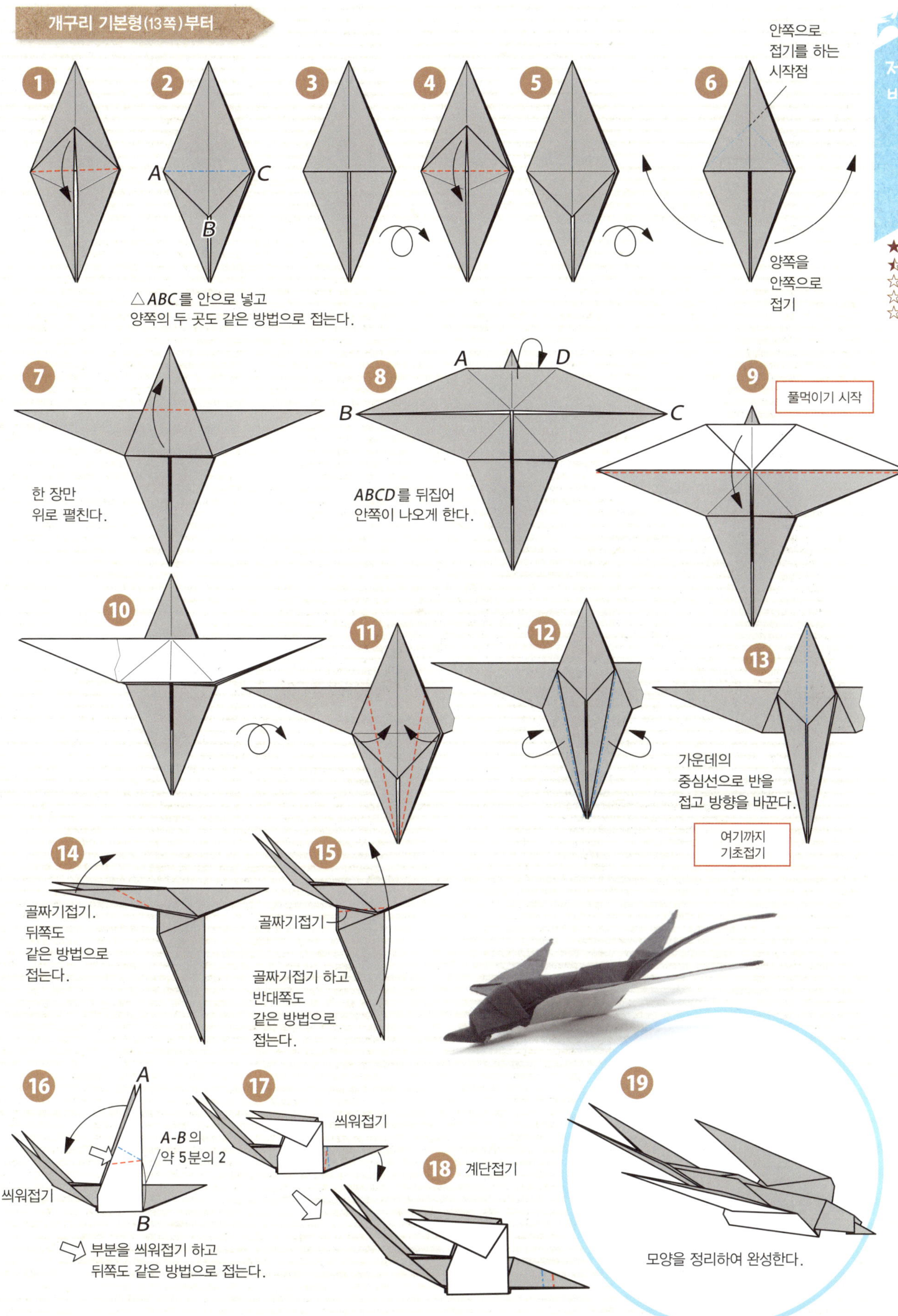

제비

★★☆☆☆

▶ 난이도 ★☆☆☆☆

공작 A

★ 사용한 종이

21×21cm 크기, 한 장

POINT

공룡 기본형(14쪽)부터 시작한다. 순서 ❷~❹에서 다리를 접기 시작하는 과정은 이 기본형이나 물고기 기본형에서 자주 이용하는 방법이다. 어려운 방법은 아니지만, 그림만으로 이해하기는 어려울 수도 있으므로 사진을 참고한다. 순서 ⓳~⓴에서 BAC가 커지면 완성품이 앞으로 넘어질 수 있으므로, 고개를 약간 뒤로 젖히면 해결할 수 있다. 순서 ⓴에서 뒷면을 꺼내는 과정이 있기 때문에 풀먹이기는 그후에 하는 것이 좋다. 순서 ❻은 골짜기접기선보다 앞쪽의 뒤에 미리 풀을 먹여 두면 좋다. 이 작품만이 아니라 다리 부분은 겉면의 모든 틈새에 풀먹이기를 하여 단단하고 가늘게 만들도록 한다.

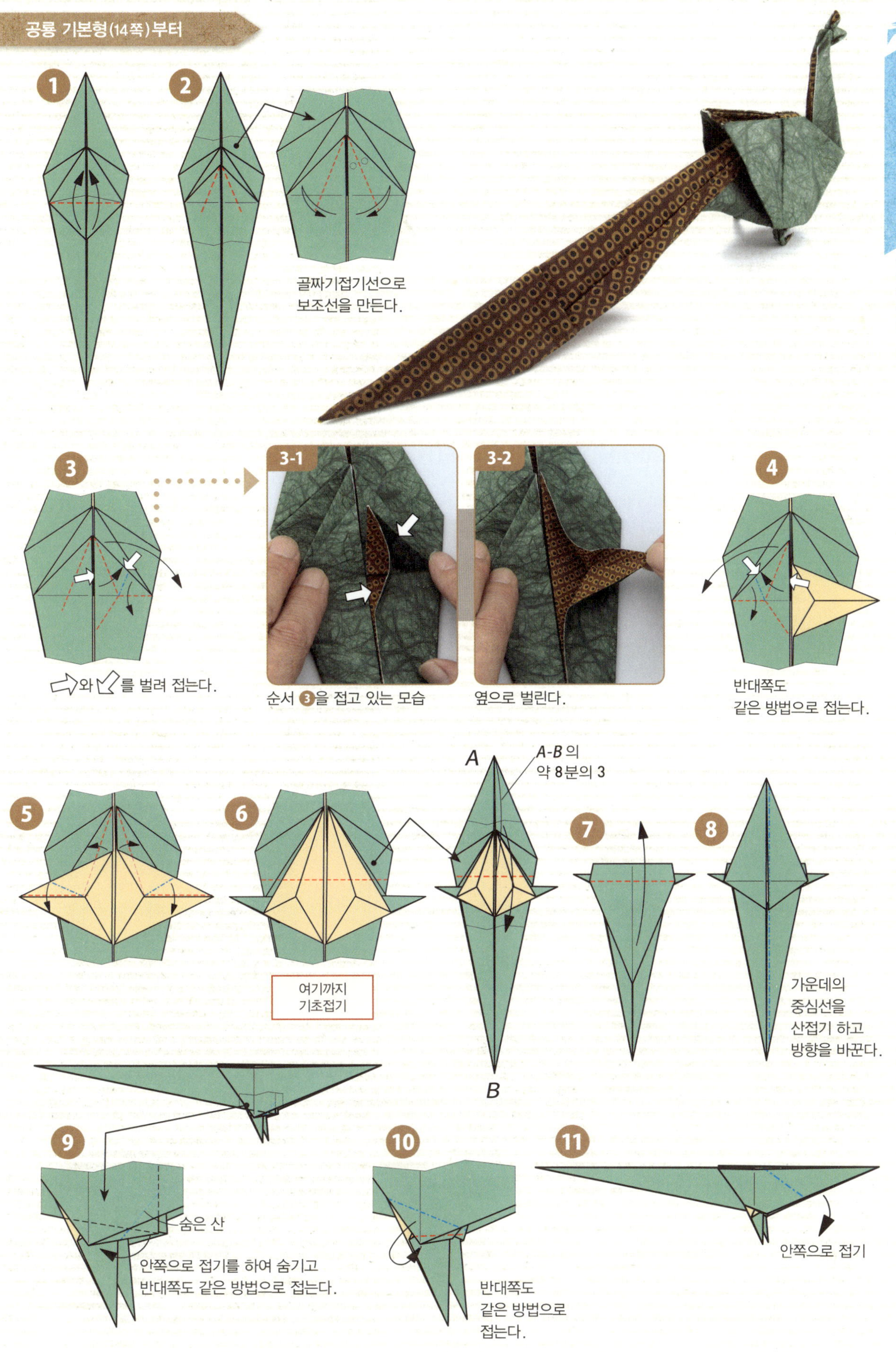
1
2
골짜기접기선으로
보조선을 만든다.
3
3-1
3-2
4
와 를 벌려 접는다.
순서 3을 접고 있는 모습
옆으로 벌린다.
반대쪽도
같은 방법으로 접는다.
A
A-B의
약 8분의 3
B
5
6
여기까지
기초접기
7
8
가운데의
중심선을
산접기 하고
방향을 바꾼다.
9
숨은 산
안쪽으로 접기를 하여 숨기고
반대쪽도 같은 방법으로 접는다.
10
반대쪽도
같은 방법으로
접는다.
11
안쪽으로 접기

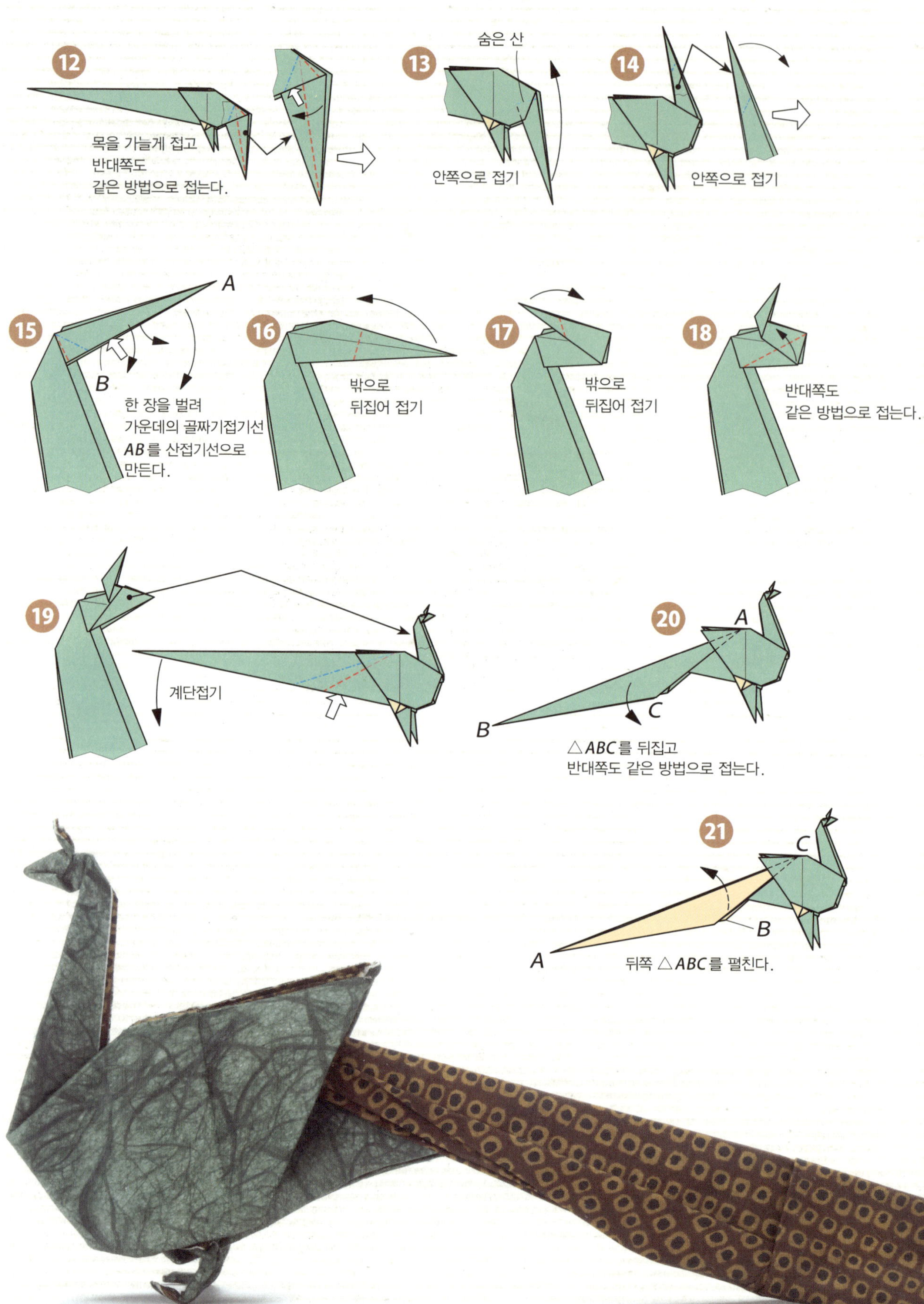
12
목을 가늘게 접고
반대쪽도
같은 방법으로 접는다.
13
숨은 산
안쪽으로 접기
14
안쪽으로 접기
15
A
B
한 장을 벌려
가운데의 골짜기접기선
AB를 산접기선으로
만든다.
16
밖으로
뒤집어 접기
17
밖으로
뒤집어 접기
18
반대쪽도
같은 방법으로 접는다.
19
계단접기
20
A
B
C
△ABC를 뒤집고
반대쪽도 같은 방법으로 접는다.
21
C
B
A
뒤쪽 △ABC를 펼친다.

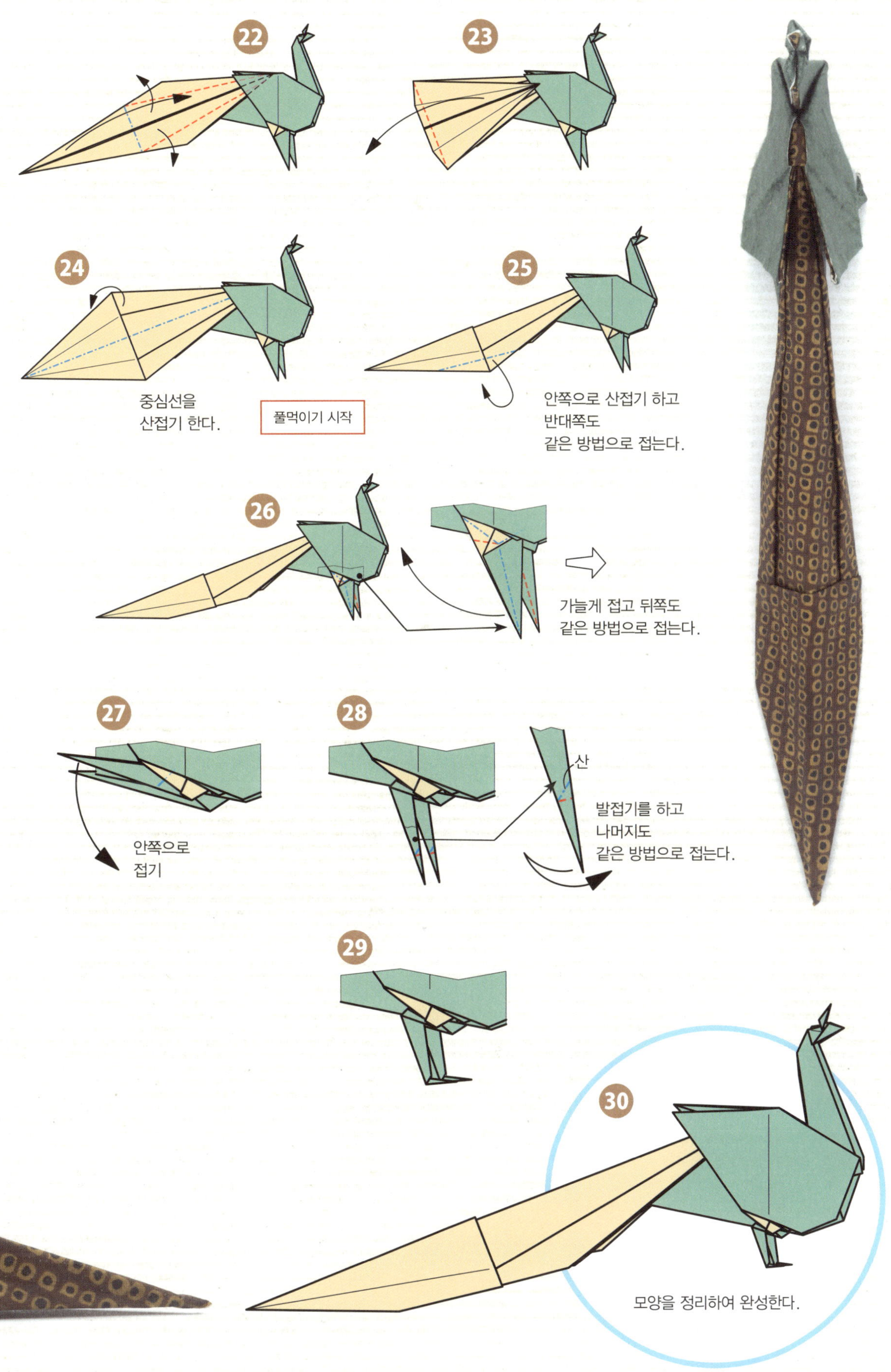
22
23
24
중심선을
산접기 한다.
풀먹이기 시작
25
안쪽으로 산접기 하고
반대쪽도
같은 방법으로 접는다.
26
가늘게 접고 뒤쪽도
같은 방법으로 접는다.
27
안쪽으로
접기
28
산
발접기를 하고
나머지도
같은 방법으로 접는다.
29
30
모양을 정리하여 완성한다.

▶ 난이도 ★★☆☆☆

공작 B

★ 사용한 종이

30×30cm 크기, 한 장

날개를 부채처럼 활짝 펼친 공작이다. 순서 ❺에서는 빼내어접기(12쪽)를 한다. 빼내어접기는 이 책의 곳곳에 등장하므로 확실하게 익혀 두면 유용하다. 순서 ㉗에서 날개가 부채 모양이 되도록 16등분으로 아코디언접기(11쪽)를 하는데, 어렵다면 8등분으로 접어도 된다. 순서 ㉗ 다음에 꼬리를 날개에서 꺼내듯이 접기 때문에 풀먹이기를 할 경우에는 여분의 부분에 풀을 칠하지 않도록 주의한다. 고집어낸 꼬리와 두 다리로 설 수 있어야 하므로 다리의 빈틈에는 겉면도 단단히 풀을 먹인다.

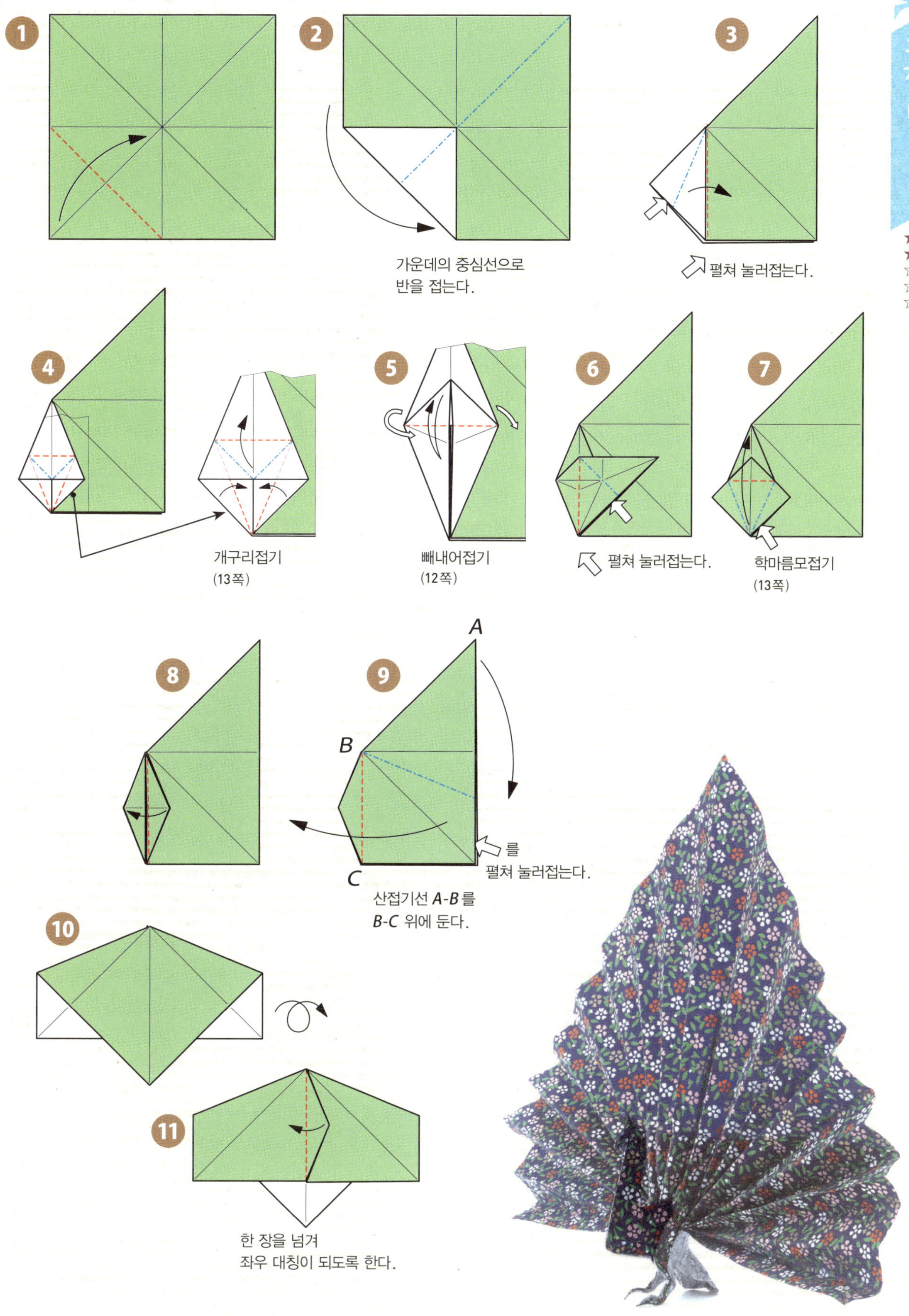
1
2
가운데의 중심선으로
반을 접는다.
3
펼쳐 눌러접는다.
4
개구리접기
(13쪽)
5
빼내어접기
(12쪽)
6
펼쳐 눌러접는다.
7
학마름모접기
(13쪽)
8
9
A
B
C
를
펼쳐 눌러접는다.
산접기선 A-B를
B-C 위에 둔다.
10
11
한 장을 넘겨
좌우 대칭이 되도록 한다.

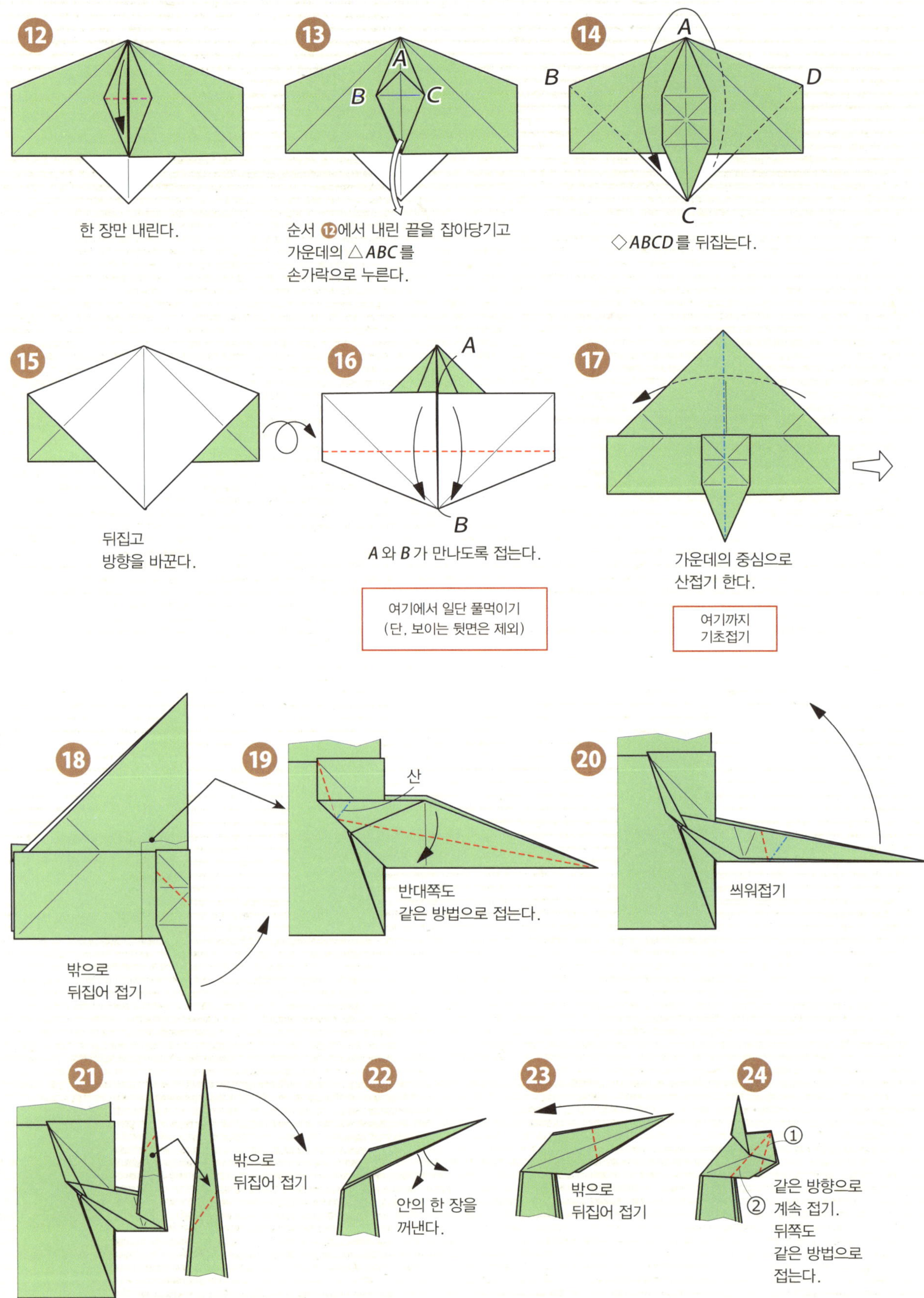
12
한 장만 내린다.
13
A
B
C
순서 12에서 내린 끝을 잡아당기고
가운데의 △ABC를
손가락으로 누른다.
14
A
B
D
C
◇ABCD를 뒤집는다.
15
뒤집고
방향을 바꾼다.
16
A
B
A와 B가 만나도록 접는다.
여기에서 일단 풀먹이기
(단, 보이는 뒷면은 제외)
17
가운데의 중심으로
산접기 한다.
여기까지
기초접기
18
밖으로
뒤집어 접기
19
산
반대쪽도
같은 방법으로 접는다.
20
씌워접기
21
밖으로
뒤집어 접기
22
안의 한 장을
꺼낸다.
23
밖으로
뒤집어 접기
24
①
②
같은 방향으로
계속 접기.
뒤쪽도
같은 방법으로
접는다.

공작
B
25
26
산접기.
뒤쪽도
같은 방법으로
접는다.
27
를 중심으로 16등분하여
아코디언접기(11쪽)를 한다.
반대쪽도 같은 방법으로 접는다.
28
를 시작점으로 하여
씌워져 있는
한 장을 꺼낸다.
29
①
②
① ② 모두
안쪽으로 접기.
뒤쪽도
같은 방법으로
접는다.
다시 풀먹이기
(단, 벌려져 있는
날개 부분은 제외)
30
발접기를 하고
나머지도
같은 방법으로 접는다.
31
를 시작점으로
날개를 한껏 펼친다.
32
모양을 정리하여 완성한다.

▶ 난이도 ★★☆☆☆

까마귀

★ 사용한 종이

32×32cm 크기, 한 장

POINT

두 다리는 빼내어접기(12쪽)로 접는다. 풀먹이기를 한다면, 순서 ㉒에 날개 일부를 누르는 과정이 있으므로 이 과정이 끝나고 나서 날개 부분에 풀을 먹인다. 순서 ⑤의 과정이 끝난 다음 먼저 날개를 주저앉혀 접고 풀먹이기를 시작해도 된다. 완성품의 날개는 그다지 크지 않지만, 꼬리날개가 생기므로 까마귀 외에 꼬리날개를 강조하는 새 종류를 접을 때에도 이 기초접기를 활용할 수 있다. 완성품은 두 다리를 벌리고 세우기가 쉽지 않으므로 풀먹이기를 하는 편이 좋다. 머리의 각도에 변화를 주어 주둥이를 땅에 대고 모이를 먹는 포즈나 하늘을 올려다보는 포즈 등을 시도해 보면 재미있다.

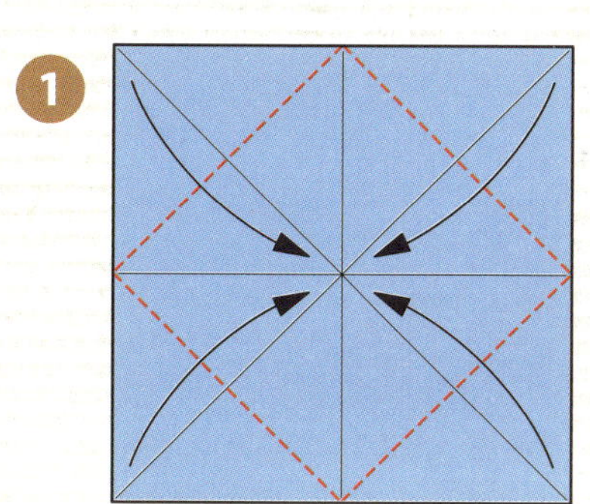

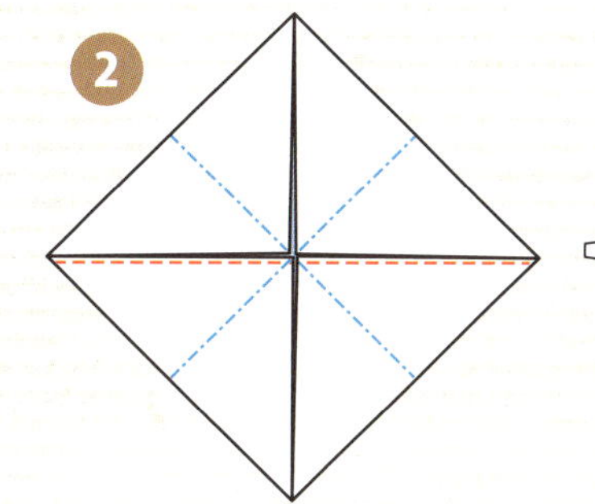

사각주머니(13쪽)를 접는다.

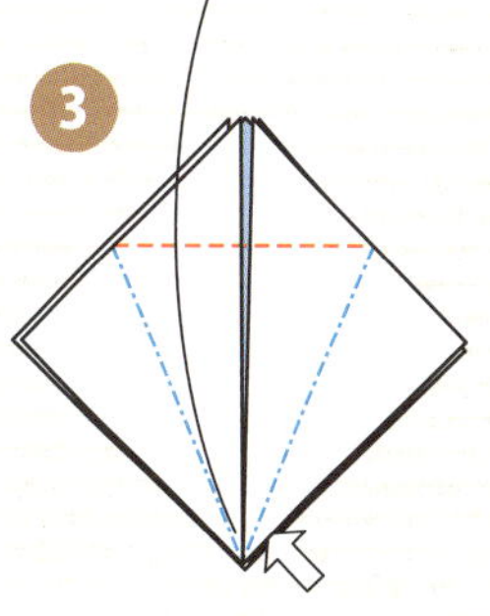

학마름모접기(13쪽)

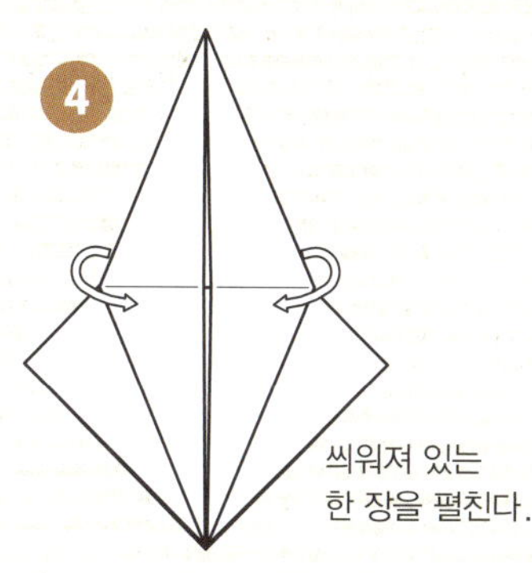

씌워져 있는
한 장을 펼친다.

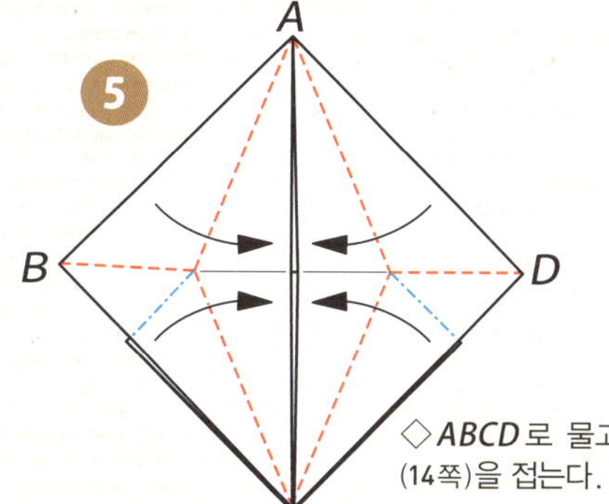

◇*ABCD*로 물고기 기본형
(14쪽)을 접는다.

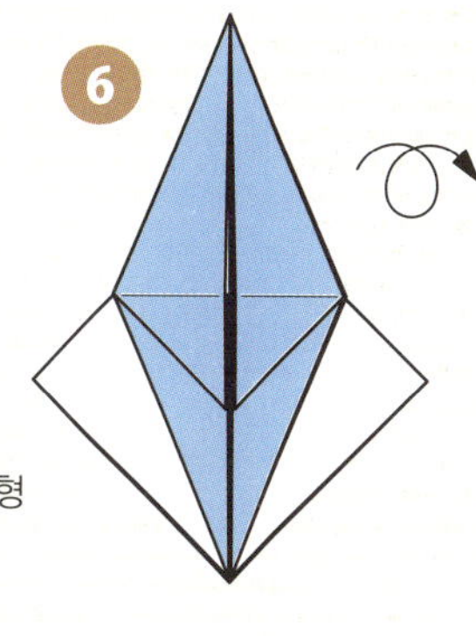

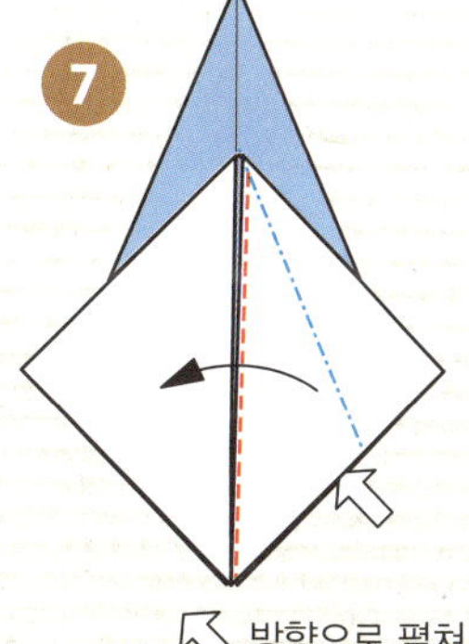

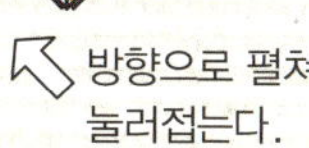

방향으로 펼쳐
눌러접는다.

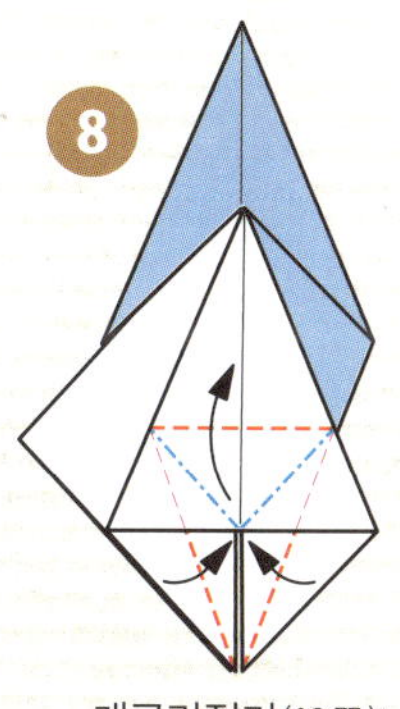

개구리접기(13쪽)

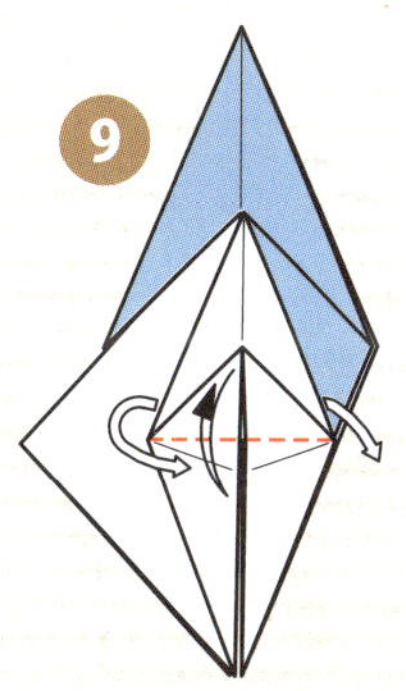

빼내어접기(12쪽)

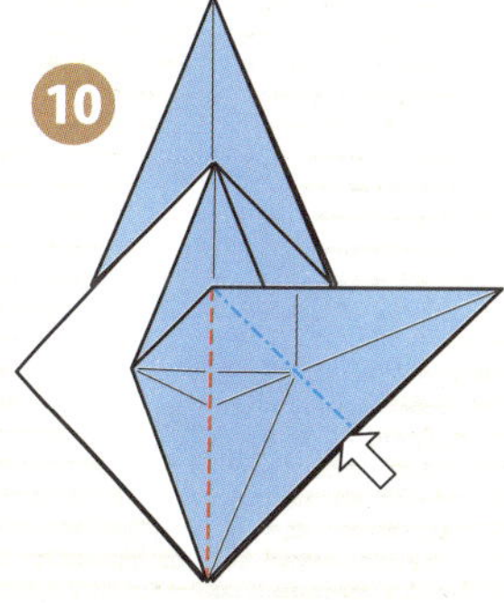

를 펼쳐 눌러접는다.

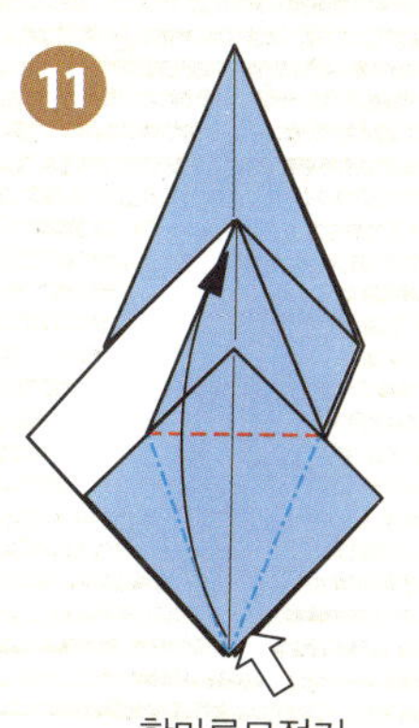

학마름모접기

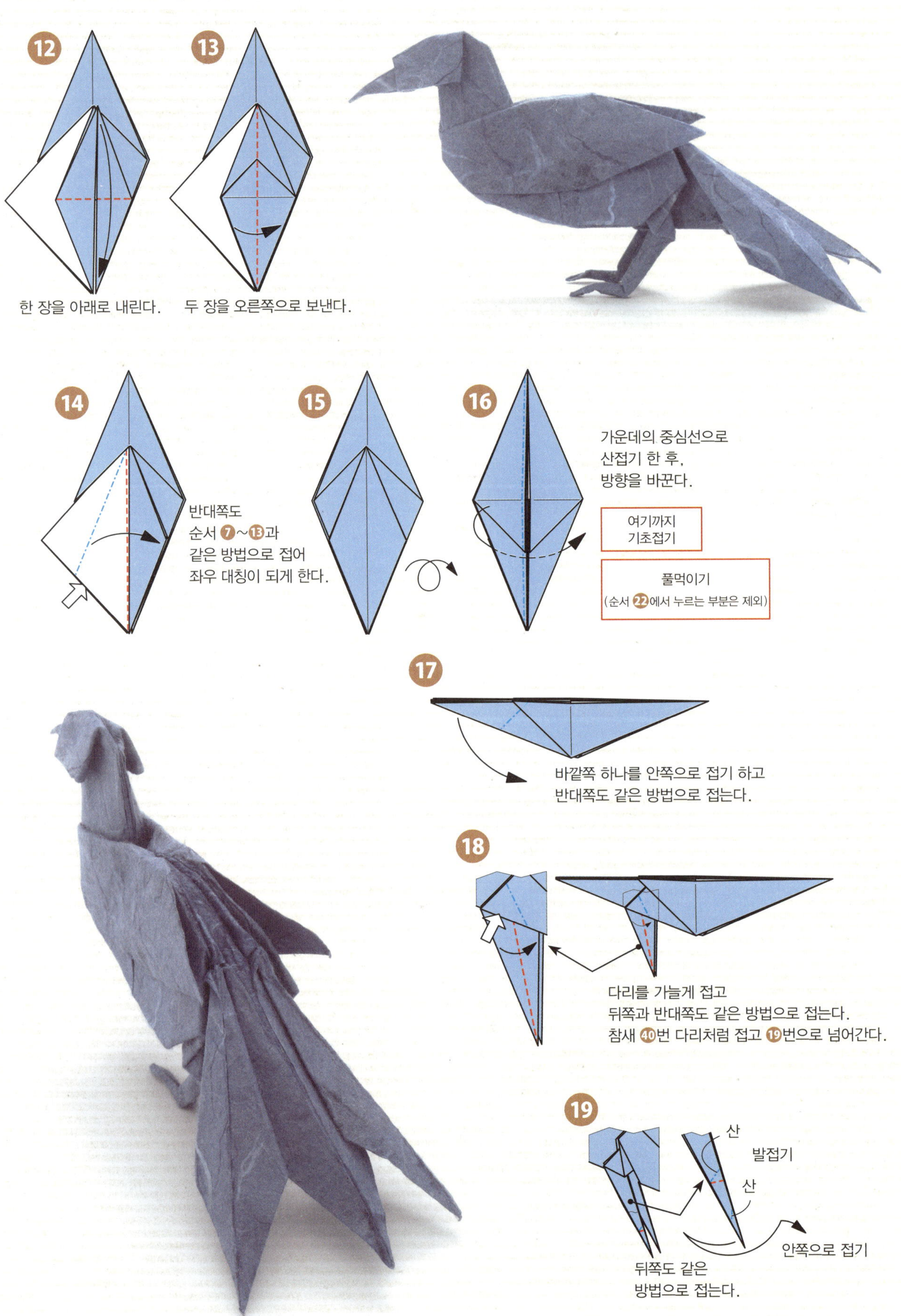
12
13
한 장을 아래로 내린다.
두 장을 오른쪽으로 보낸다.
14
반대쪽도
순서 7~13과
같은 방법으로 접어
좌우 대칭이 되게 한다.
15
16
가운데의 중심선으로
산접기 한 후,
방향을 바꾼다.
여기까지
기초접기
풀먹이기
(순서 22에서 누르는 부분은 제외)
17
바깥쪽 하나를 안쪽으로 접기 하고
반대쪽도 같은 방법으로 접는다.
18
다리를 가늘게 접고
뒤쪽과 반대쪽도 같은 방법으로 접는다.
참새 40번 다리처럼 접고 19번으로 넘어간다.
19
산
발접기
산
안쪽으로 접기
뒤쪽도 같은
방법으로 접는다.

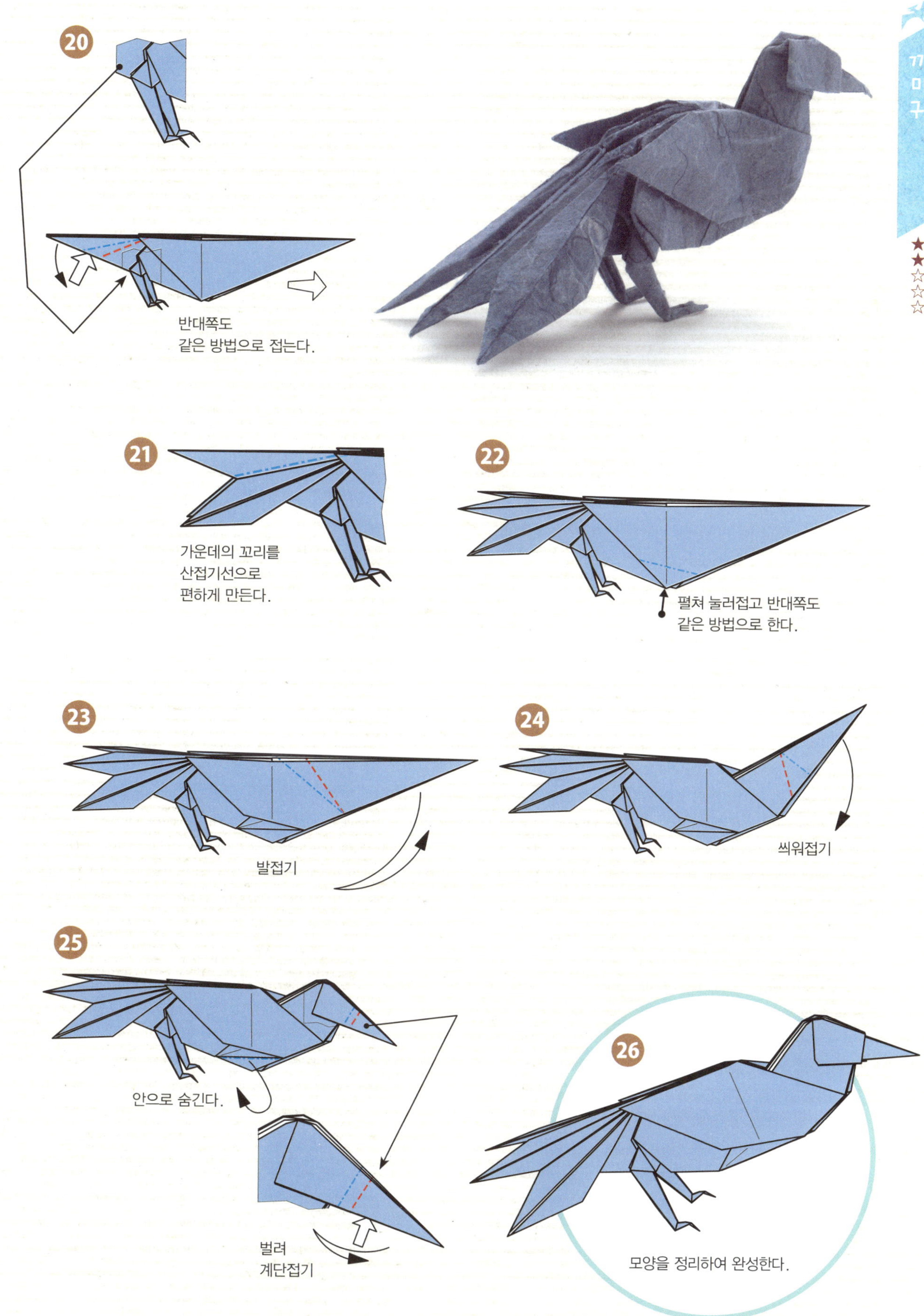
20
반대쪽도
같은 방법으로 접는다.
21
가운데의 꼬리를
산접기선으로
편하게 만든다.
22
펼쳐 눌러접고 반대쪽도
같은 방법으로 한다.
23
발접기
24
씌워접기
25
안으로 숨긴다.
벌려
계단접기
26
모양을 정리하여 완성한다.

▶ 난이도 ★★☆☆☆

홍학

★ 사용한 종이

23×23cm 크기, 한 장

POINT

두 다리의 발톱을 순서 ❶~㉓의 과정에서 예비접기※하여 접어 둔다. 예비접기를 완성하고 나면, 학 기본형에서 시작하므로 비교적 쉽게 접을 수 있다. 완성품이 제대로 서게 하려면 세 발톱을 벌려 균형이 잡히게 만들어야 한다. 따라서 발톱 부분을 힘 있게 하려면 풀을 먹이는 것이 좋다. 또한 풀먹이기를 하면 홍학답게 다리를 납렵하고 날씬하게 접을 수 있다.

※ 예비접기

기초접기의 완성 전에 어느 부분을 미리 접어 두는 방법이다. 이 책에서는 홍학의 발톱, 참새(44쪽)의 발톱, 용(106쪽)의 발톱과 수염, 봉황(110쪽)의 발톱 등에서 이용하고 있다.

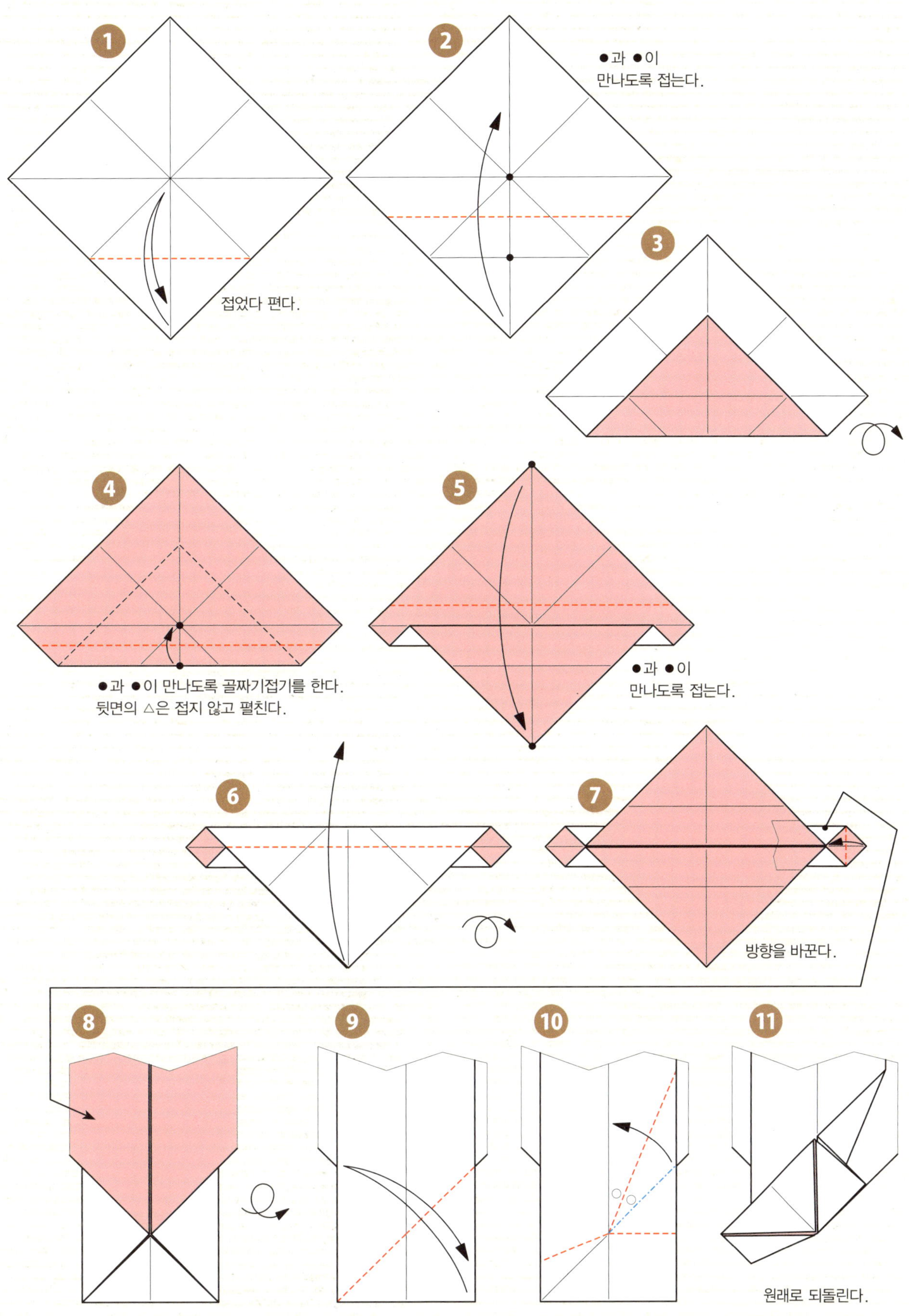
1
접었다 편다.
2
●과 ●이
만나도록 접는다.
3
4
●과 ●이 만나도록 골짜기접기를 한다.
뒷면의 △은 접지 않고 펼친다.
5
●과 ●이
만나도록 접는다.
6
7
방향을 바꾼다.
8
9
10
11
원래로 되돌린다.

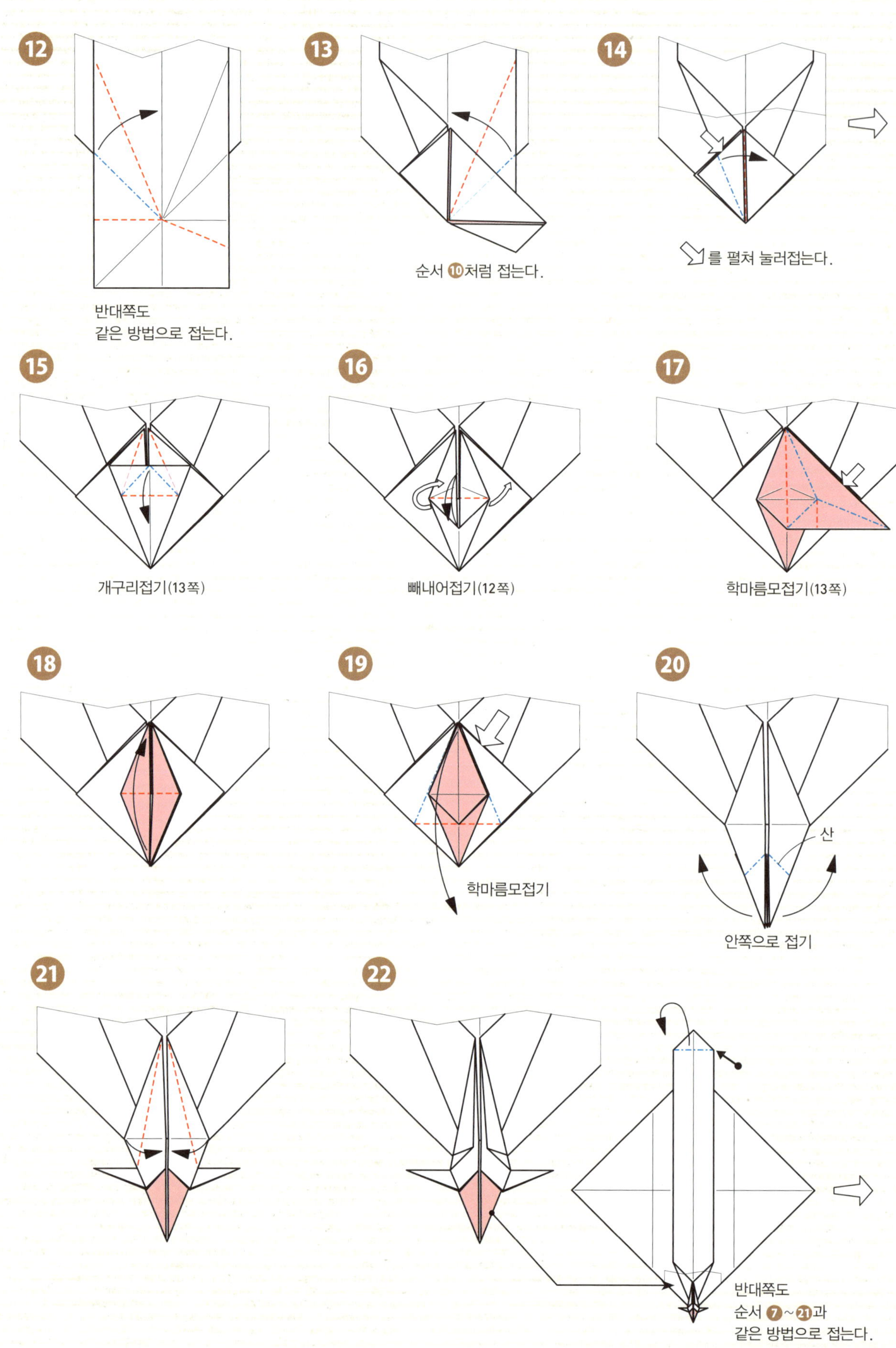
12
반대쪽도
같은 방법으로 접는다.
13
순서 10처럼 접는다.
14
를 펼쳐 눌러접는다.
15
개구리접기(13쪽)
16
빼내어접기(12쪽)
17
학마름모접기(13쪽)
18
19
학마름모접기
20
산
안쪽으로 접기
21
22
반대쪽도
순서 7~21과
같은 방법으로 접는다.

★★★☆☆

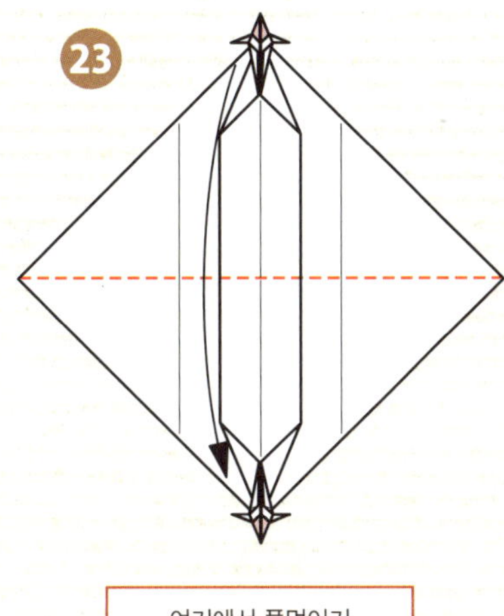

여기에서 풀먹이기
(단, 보이는 뒷면은 제외)

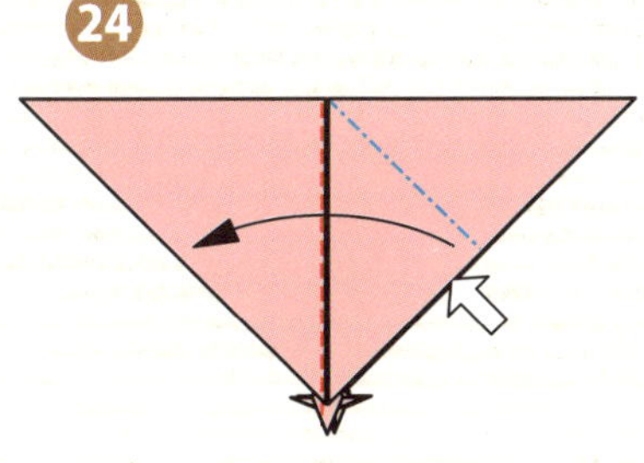

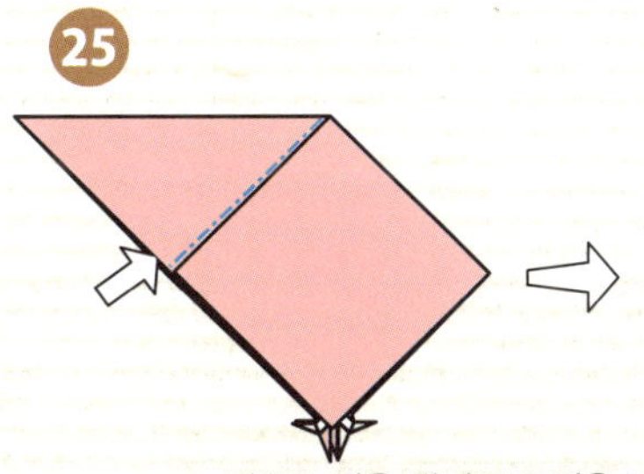

뒤쪽도 같은 방법으로 접은 다음
사각주머니(13쪽)를 접는다.

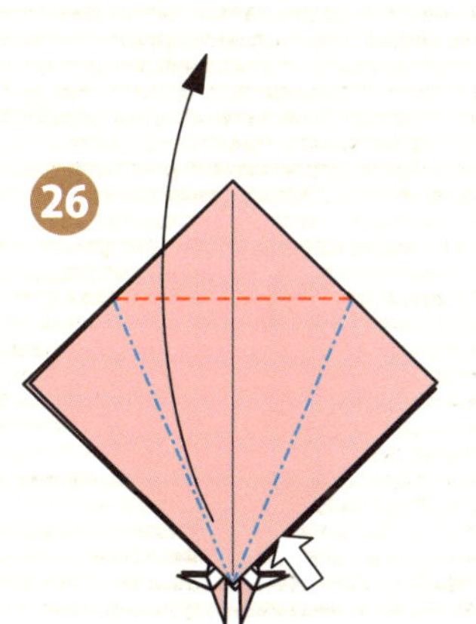

학마름모접기를 하고
뒤쪽도 같은 방법으로 접는다.

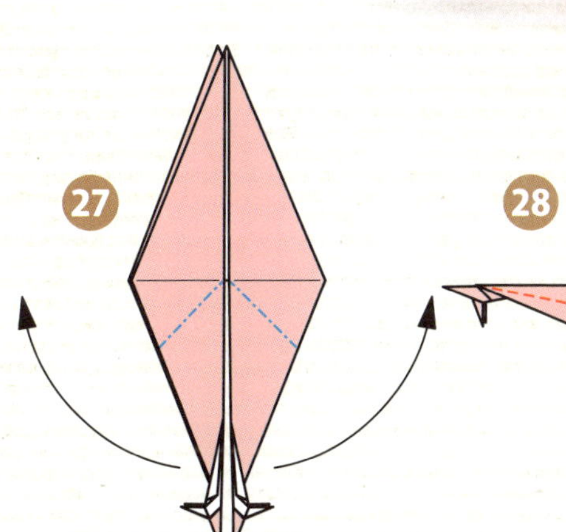

안쪽으로 접기

뒤쪽도 같은 방법으로 접는다.

29
30
뒤쪽과 반대쪽도
같은 방법으로 접는다.
31
32
33
가운데의
중심선을 산접기 하고
방향을 바꾼다.
안쪽으로 접기
여기까지
기초접기
뒤쪽도 같은 방법으로 접는다.
34
35
숨은 산접기
안쪽으로
접기
안쪽으로
접기
36
37
(과정 그림)
바깥쪽 한 장을
벌린다.
바깥쪽 한 장을
벌린다.
38
39
40
씌워접기
안쪽으로 접기

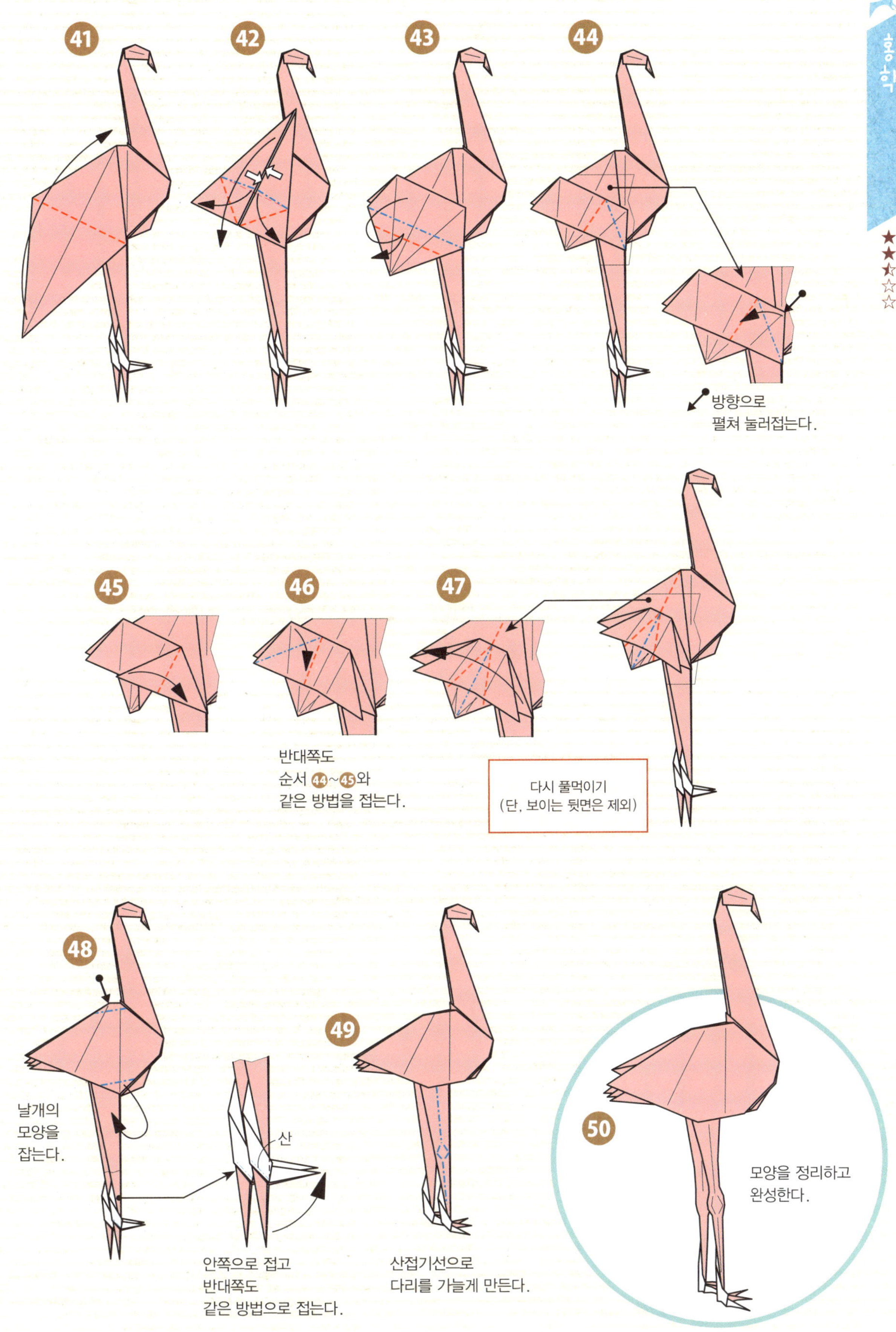
41
42
43
44
방향으로
펼쳐 눌러접는다.
45
46
47
반대쪽도
순서 44~45와
같은 방법을 접는다.
다시 풀먹이기
(단, 보이는 뒷면은 제외)
48
날개의
모양을
잡는다.
산
안쪽으로 접고
반대쪽도
같은 방법으로 접는다.
49
산접기선으로
다리를 가늘게 만든다.
50
모양을 정리하고
완성한다.

▶ 난이도 ★★★☆☆

참새

★ 사용한 종이

22×22cm 크기, 한 장

POINT

발톱 부분을 예비접기(38쪽)로 만든다. 발톱을 만드는 과정인 순서 ❹~❿을 발톱접기※라고 한다. 리얼 종이접기에서는 빈번하게 이용되는 방법이므로 반드시 익혀 두도록 한다. 순서 ㉞~㊲의 날개를 접는 과정은 적당히 접기(18쪽)가 되므로 그림과 비교하면서 접어 간다. 순서 ㊵에서 꼬리를 올리면 꼬리가 몸통에 가까워지고 커지면서 한층 리얼해진다. 마무리할 때 위 주둥이를 꼬집듯 접어 아래 주둥이가 살짝 보이게 하면 더욱 참새 같다. 이 책에는 쓰여 있지 않지만, 배 부분에 인사이드아웃(24쪽)을 이용해 뒷면의 색(보통은 흰색)이 보이게 할 수도 있으므로 상급자는 도전해 본다.

※ 발톱접기

순서 ❹~❿의 발톱을 접는 과정을 발톱접기라고 한다. 이 책에서는 용(106쪽) 등의 발톱을 접는 데 이용한다.

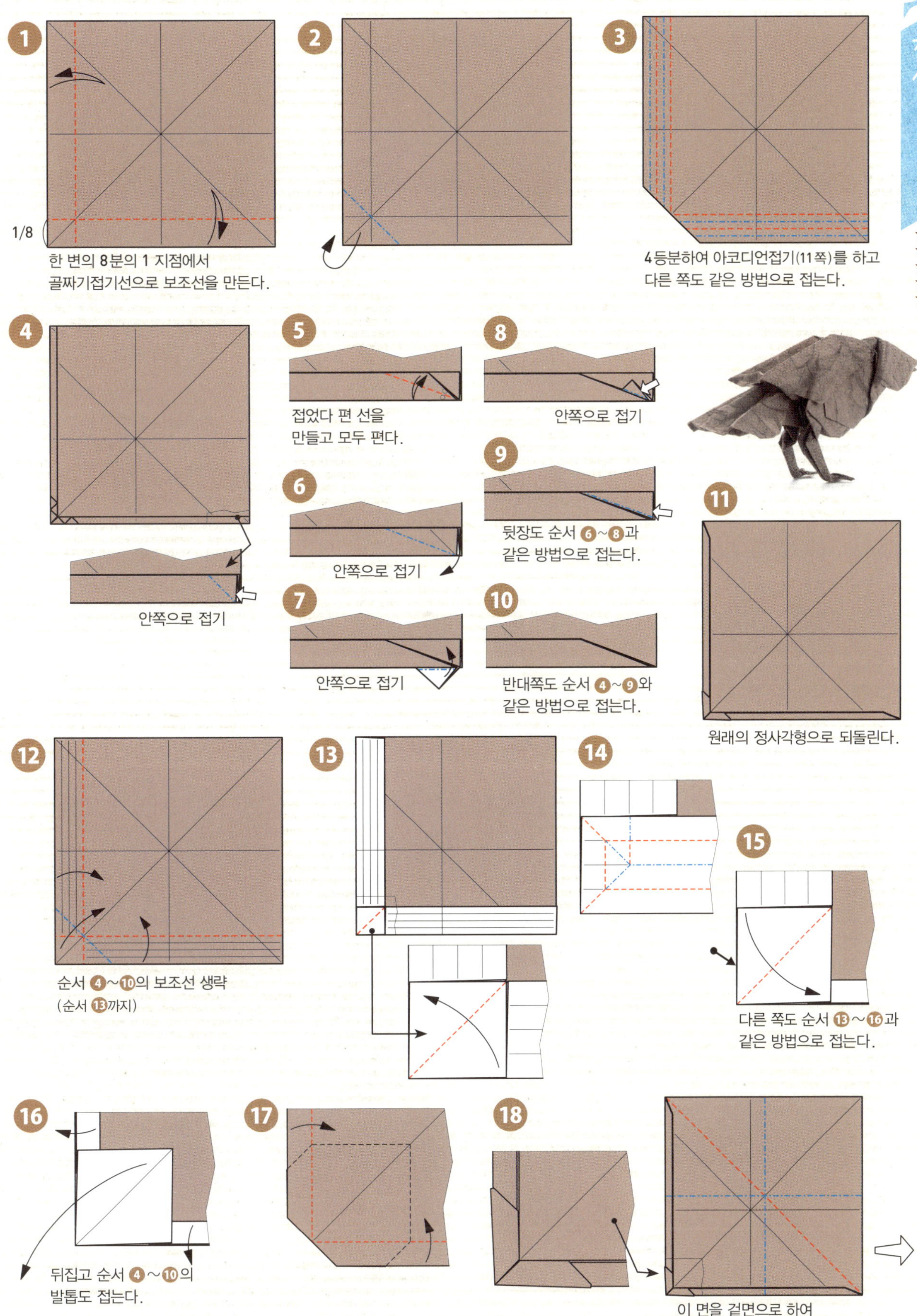
1
1/8
한 변의 8분의 1 지점에서
골짜기접기선으로 보조선을 만든다.
2
3
4등분하여 아코디언접기(11쪽)를 하고
다른 쪽도 같은 방법으로 접는다.
4
안쪽으로 접기
5
접었다 편 선을
만들고 모두 편다.
6
안쪽으로 접기
7
안쪽으로 접기
8
안쪽으로 접기
9
뒷장도 순서 6~8과
같은 방법으로 접는다.
10
반대쪽도 순서 4~9와
같은 방법으로 접는다.
11
원래의 정사각형으로 되돌린다.
12
순서 4~10의 보조선 생략
(순서 13까지)
13
14
15
다른 쪽도 순서 13~16과
같은 방법으로 접는다.
16
뒤집고 순서 4~10의
발톱도 접는다.
17
18
이 면을 겉면으로 하여
사각주머니(13쪽)를 접는다.

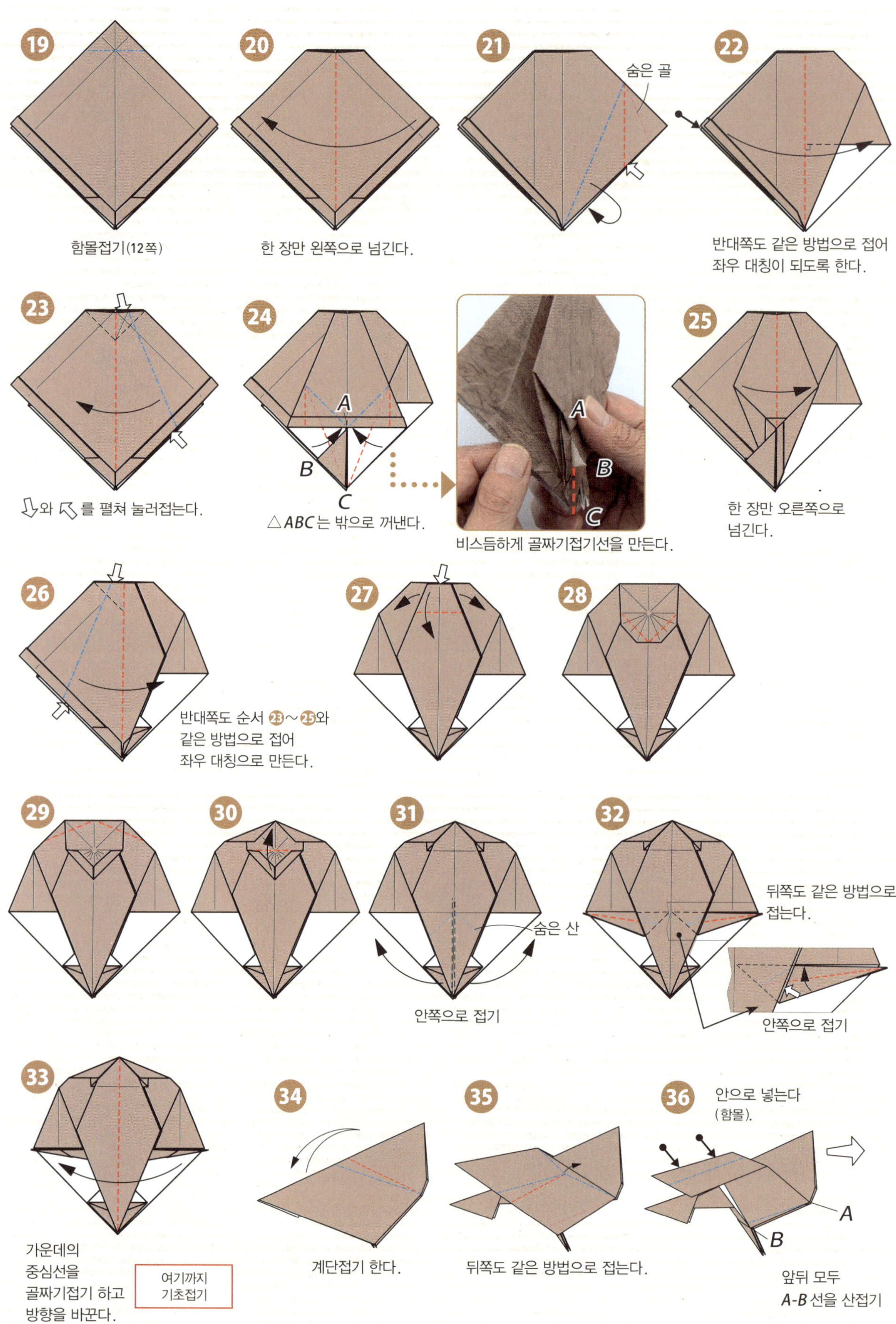
19
함몰접기(12쪽)
20
한 장만 왼쪽으로 넘긴다.
21
숨은 골
22
반대쪽도 같은 방법으로 접어
좌우 대칭이 되도록 한다.
23
⇩와 ⇖를 펼쳐 눌러접는다.
24
A
B
C
△ABC는 밖으로 꺼낸다.
A
B
C
비스듬하게 골짜기접기선을 만든다.
25
한 장만 오른쪽으로
넘긴다.
26
반대쪽도 순서 23~25와
같은 방법으로 접어
좌우 대칭으로 만든다.
27
28
29
30
31
숨은 산
안쪽으로 접기
32
뒤쪽도 같은 방법으로
접는다.
안쪽으로 접기
33
가운데의
중심선을
골짜기접기 하고
방향을 바꾼다.
여기까지
기초접기
34
계단접기 한다.
35
뒤쪽도 같은 방법으로 접는다.
36
안으로 넣는다
(함몰).
A
B
앞뒤 모두
A-B 선을 산접기

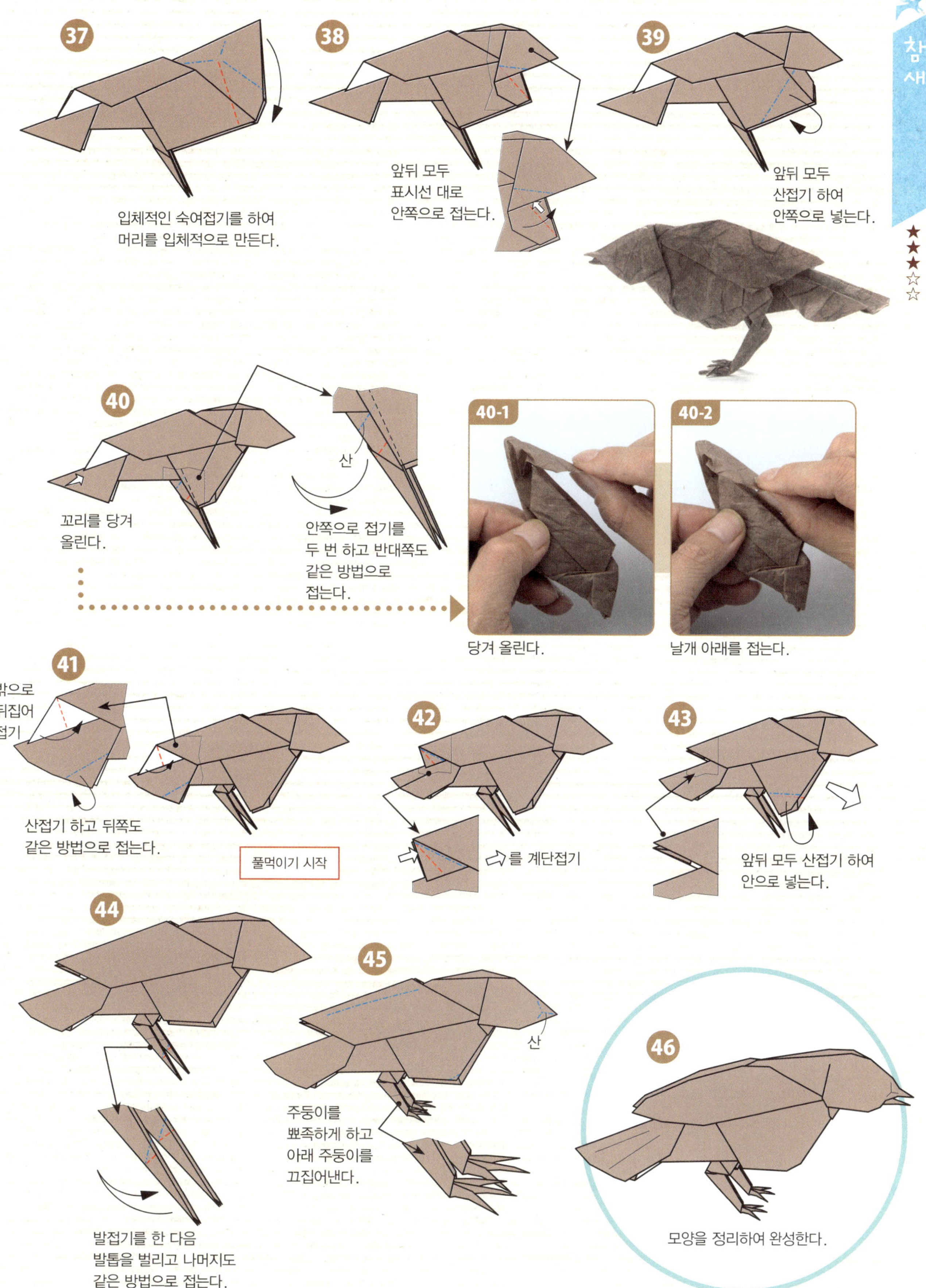
37
입체적인 숙여접기를 하여
머리를 입체적으로 만든다.
38
앞뒤 모두
표시선 대로
안쪽으로 접는다.
39
앞뒤 모두
산접기 하여
안쪽으로 넣는다.
40
꼬리를 당겨
올린다.
산
안쪽으로 접기를
두 번 하고 반대쪽도
같은 방법으로
접는다.
40-1
당겨 올린다.
40-2
날개 아래를 접는다.
41
밖으로
뒤집어
접기
산접기 하고 뒤쪽도
같은 방법으로 접는다.
풀먹이기 시작
42
를 계단접기
43
앞뒤 모두 산접기 하여
안으로 넣는다.
44
발접기를 한 다음
발톱을 벌리고 나머지도
같은 방법으로 접는다.
45
산
주둥이를
뾰족하게 하고
아래 주둥이를
끄집어낸다.
46
모양을 정리하여 완성한다.

REAL ORIGAMI

갈매기

▶ 난이도 ★★★☆☆

★ 사용한 종이

32×32cm 크기, 한 장

POINT

두 다리는 빼내어접기(12쪽)로 접는다. 이 작품은 펼친 날개를 비교적 간단한 방법으로 접을 수 있으므로 다른 새에도 응용할 수 있다. 다리를 접는 순서 22의 과정에서는 다리가 나오는 부분이 가늘어지도록 접는다. 이 과정 역시 리얼 종이접기에는 자주 등장하므로 익혀 둔다. 동물의 귀를 접을 때도 이 방법을 이용할 수 있다. 날개에 주름을 넣는 순서 33의 과정에서는 골짜기접기선과 산접기선이 집중하는 시작점이 어긋나지 않도록 주의한다. 주름을 모두 접으면 수평 방향의 골짜기접기선으로 다리째 접는다. 마무리에서는 날개의 앞쪽에 골짜기접기선을 만들어 형태를 잡으면, 정면에서 보았을 때도 날개에 볼륨감이 생긴다.

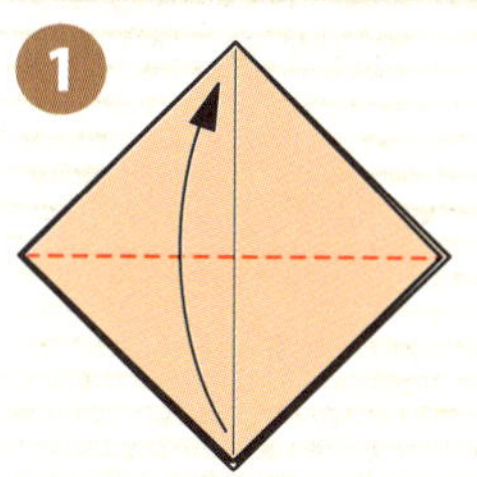

한 장만 골짜기접기 한다.

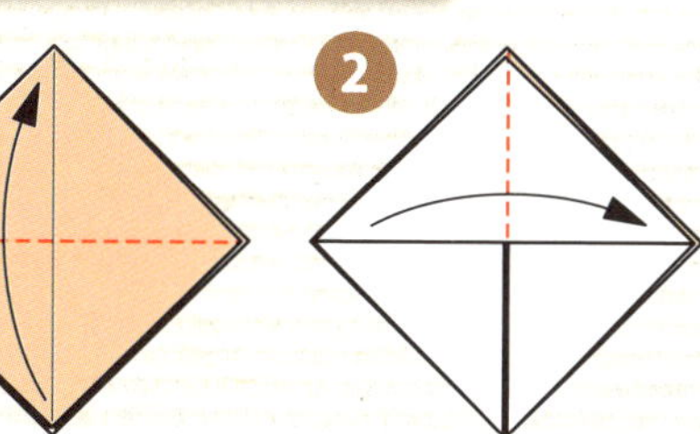

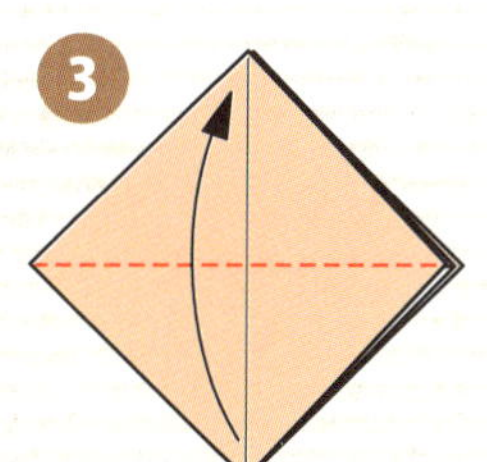

⇧방향으로 펼쳐 눌러접는다.

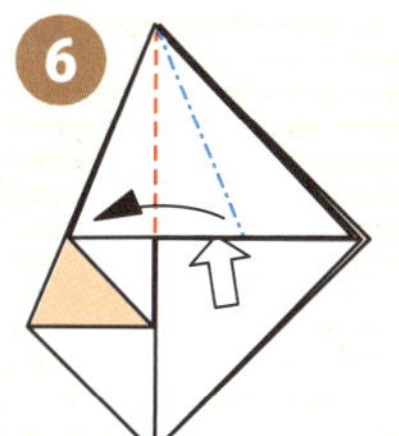

⇧를 펼쳐 눌러접는다.

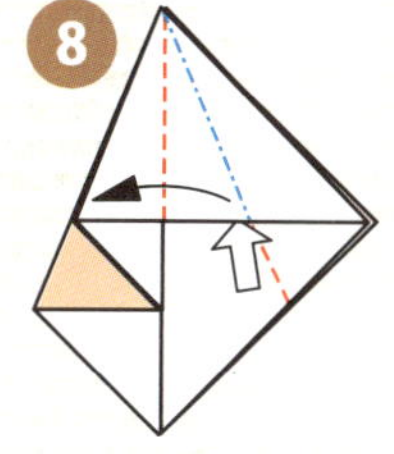

한 장만 왼쪽으로 넘긴다.

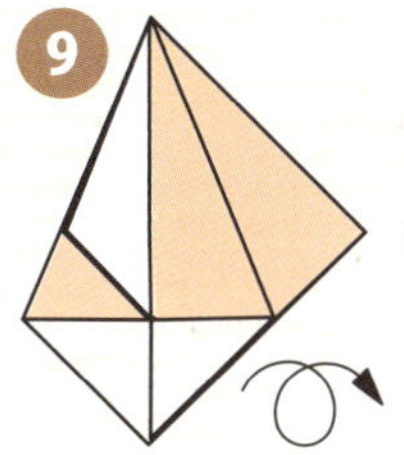

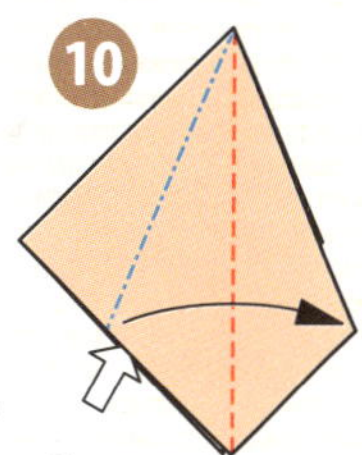

⇗를 펼쳐 눌러접는다.

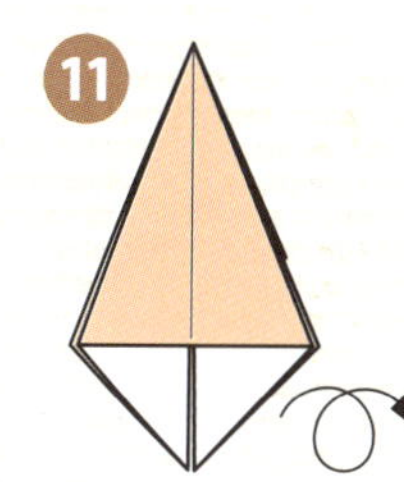

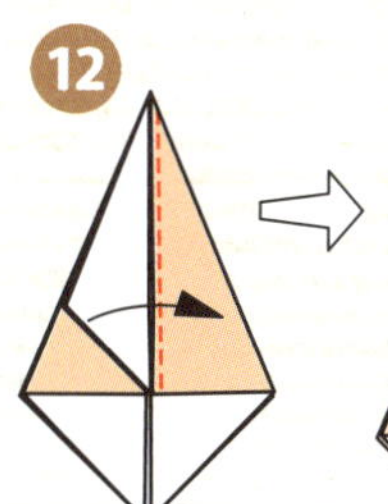

한 장만 오른쪽으로 넘긴다.

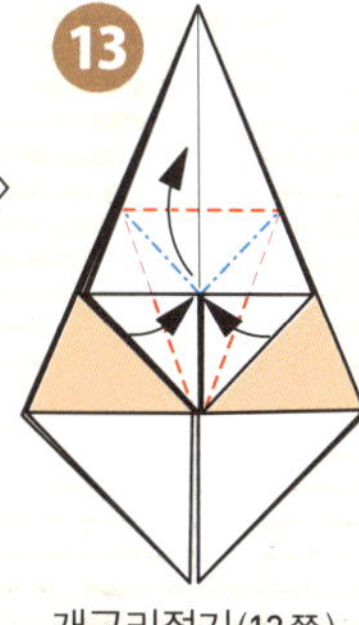

개구리접기(13쪽)

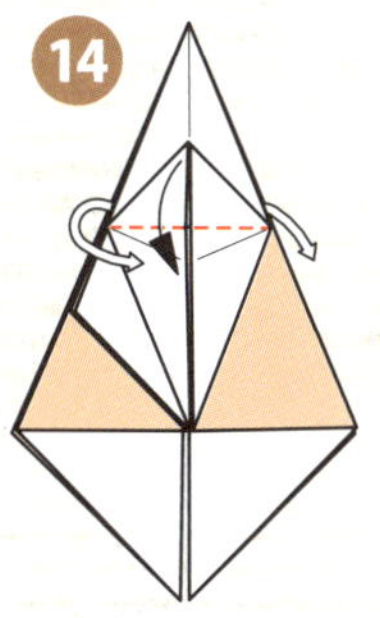

빼내어접기(12쪽)

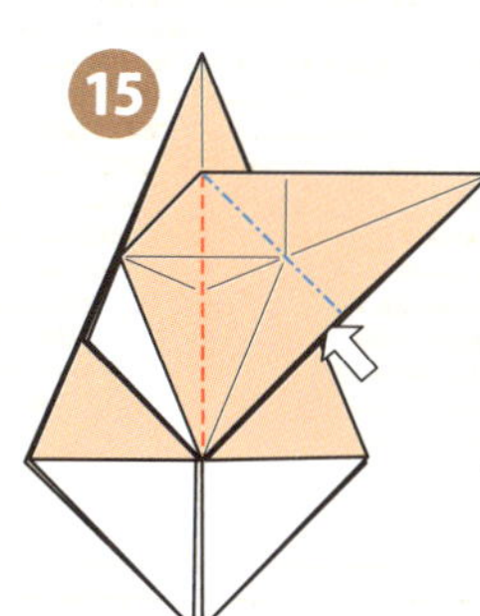

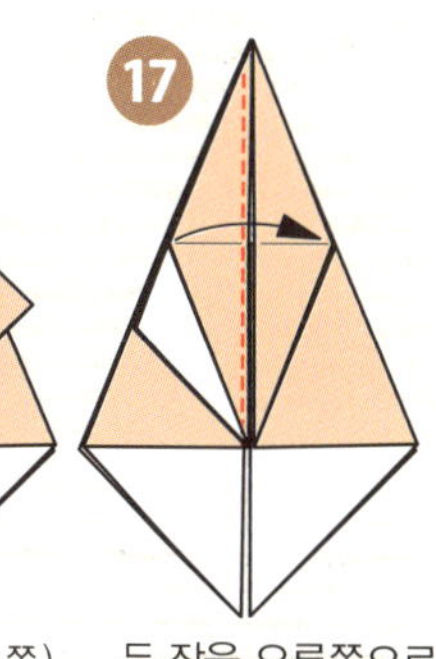

학마름모접기(13쪽)

두 장을 오른쪽으로 보낸다.

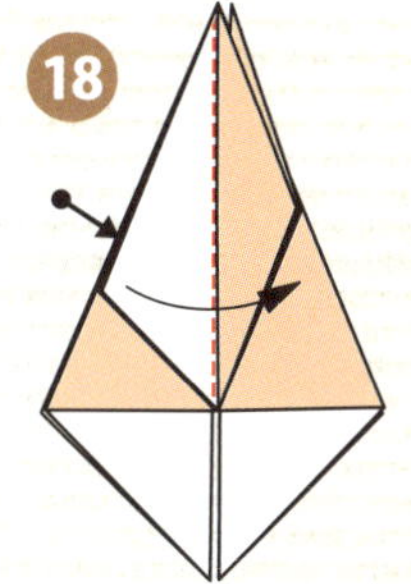

반대쪽도 순서 12~17과 같은 방법으로 접어 좌우 대칭으로 만든다.

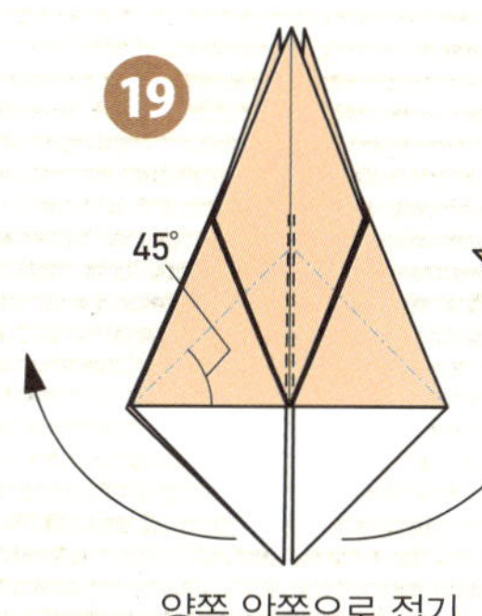

양쪽 안쪽으로 접기

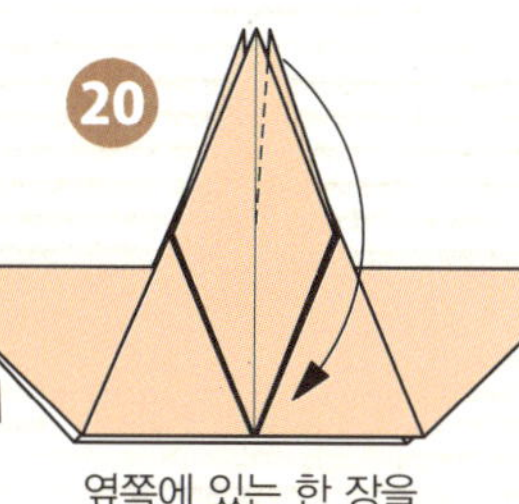

옆쪽에 있는 한 장을 안쪽으로 접기 하여 아래로 내린다.

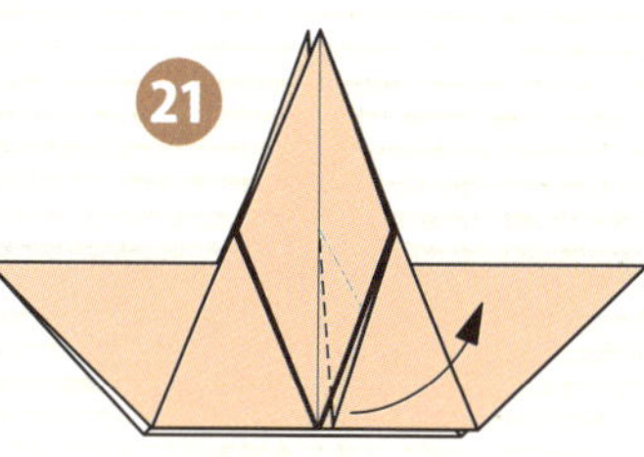

안쪽으로 접기

숨은 산 ⇦를 벌려 접는다.

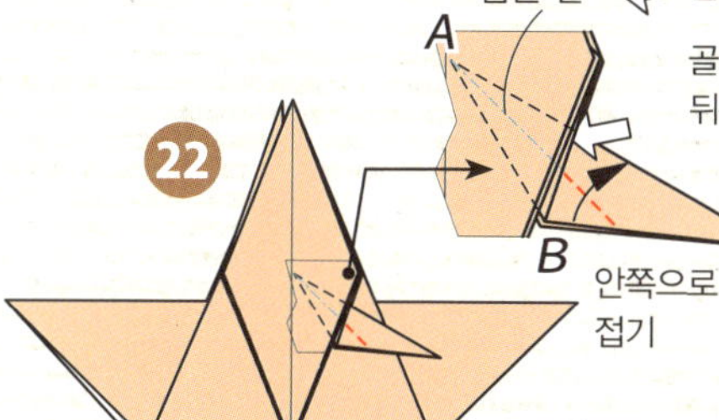

골짜기접기선 *A-B* 가 산이 된다.
뒤쪽도 같은 방법으로 접는다.

안쪽으로 접기

(과정 그림)

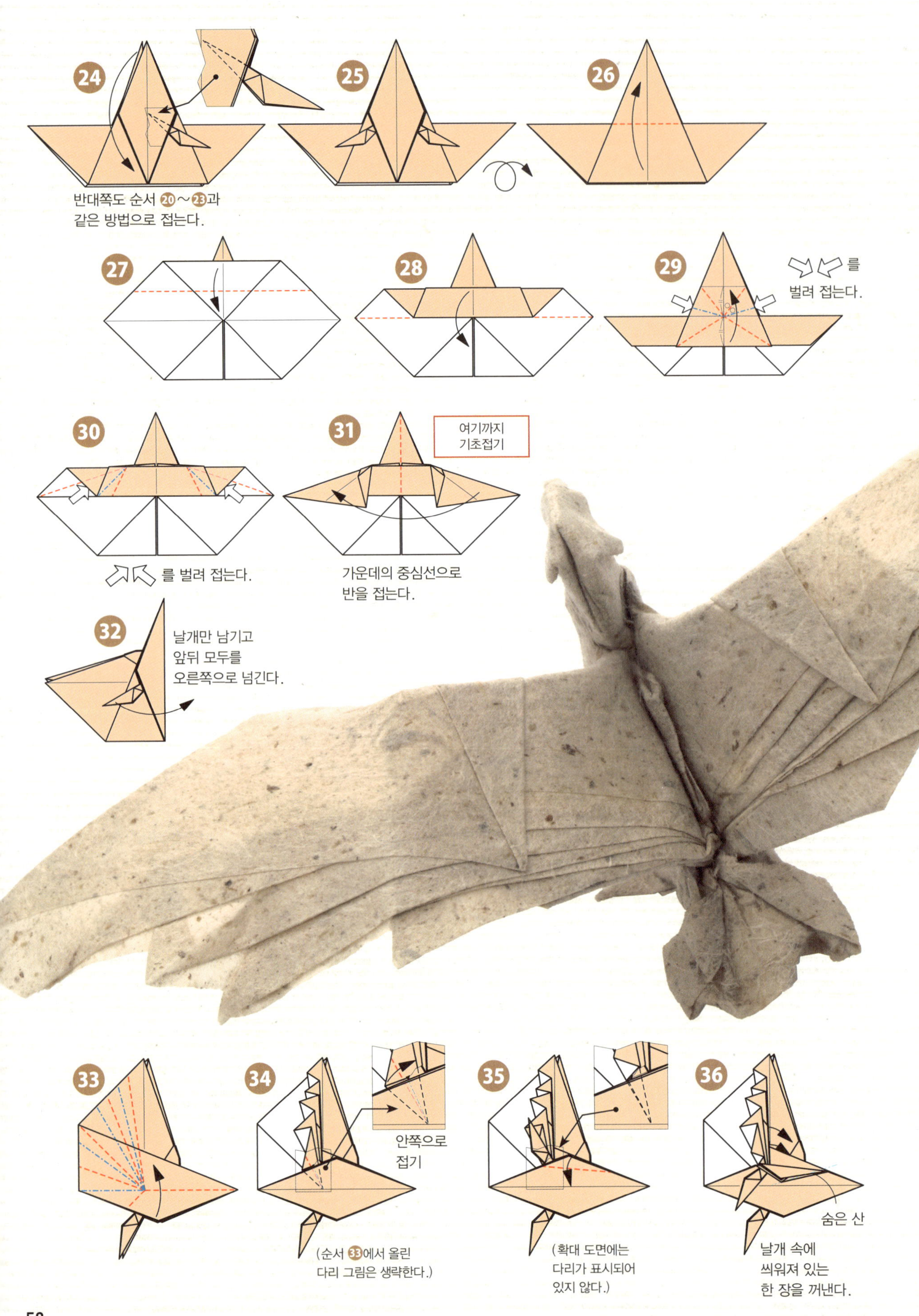
24
25
26
반대쪽도 순서 20~23과
같은 방법으로 접는다.
27
28
29
를
벌려 접는다.
30
31
여기까지
기초접기
를 벌려 접는다.
가운데의 중심선으로
반을 접는다.
32
날개만 남기고
앞뒤 모두를
오른쪽으로 넘긴다.
33
34
안쪽으로
접기
(순서 33에서 올린
다리 그림은 생략한다.)
35
(확대 도면에는
다리가 표시되어
있지 않다.)
36
숨은 산
날개 속에
씌워져 있는
한 장을 꺼낸다.

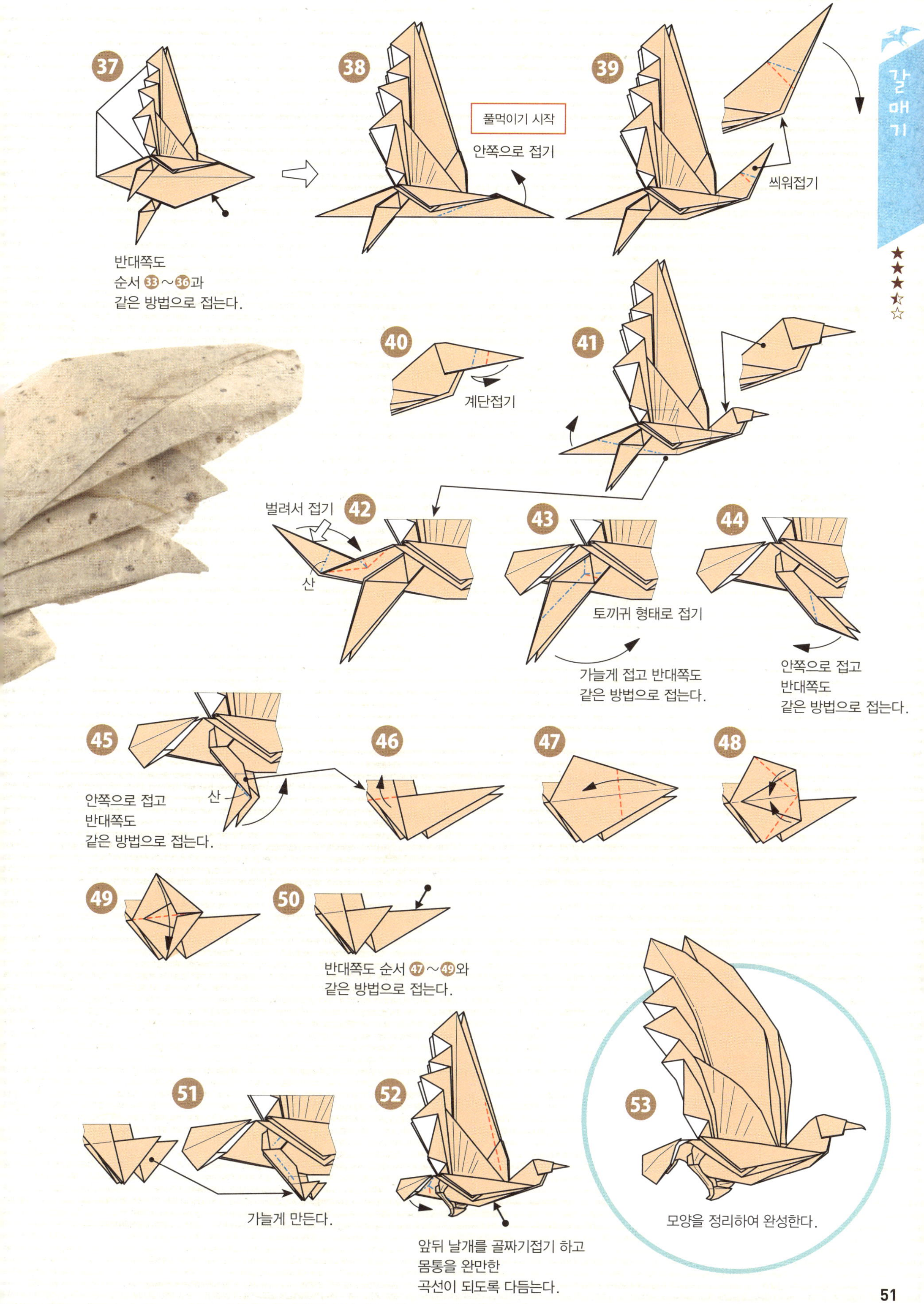

37

반대쪽도
순서 33~36과
같은 방법으로 접는다.

38

풀먹이기 시작

안쪽으로 접기

39

씌워접기

40

계단접기

41

42

벌려서 접기

산

43

토끼귀 형태로 접기

가늘게 접고 반대쪽도
같은 방법으로 접는다.

44

안쪽으로 접고
반대쪽도
같은 방법으로 접는다.

45

안쪽으로 접고
반대쪽도
같은 방법으로 접는다.

산

46

47

48

49

50

반대쪽도 순서 47~49와
같은 방법으로 접는다.

51

가늘게 만든다.

52

앞뒤 날개를 골짜기접기 하고
몸통을 완만한
곡선이 되도록 다듬는다.

53

모양을 정리하여 완성한다.

▶ 난이도 ★★★★☆

뿔호반새

★ 사용한 종이

32×32cm 크기, 한 장

POINT

순서 ⑪~⑯의 과정은 크기와 표기되어 있는 방향이 다르지만, 참새(44쪽)의 발톱을 접는 과정과 마찬가지로 발톱접기를 한 번 한 것과 같아진다. 순서 ㉓에서 만드는 골짜기접기선은 뒷면이 보이는 △부분을 다시 접고 골짜기접기선으로 만들면 접기 쉽다. 순서 ㉗~㉘에서 오각형을 주저앉히는 방법이 어렵지만, 사진을 참고로 도전하면 문제없을 것이다. 이 과정이 있어야 다리가 되는 부분에 이어지는 산접기선이 두 개 생겨 순서 ㊸ 이후 발톱을 접을 수 있게 된다. 순서 ㊽ 이후 머리 위에 있는 털을 접는 부분에서는 머리에서 튀어나온 부분들을 서로 어긋나게 접으면 더욱 멋있어진다.

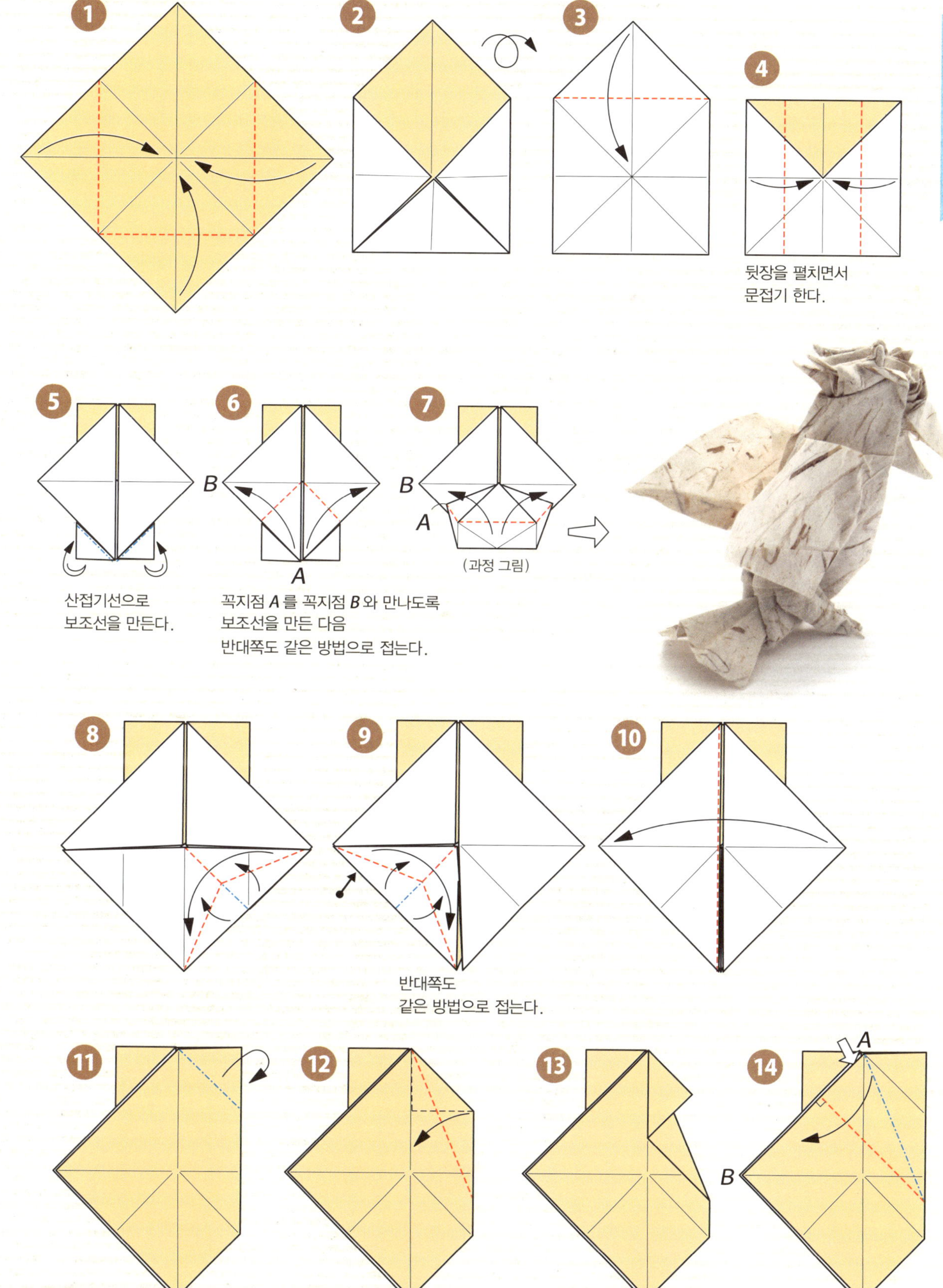
1
2
3
4
뒷장을 펼치면서
문접기 한다.
5
산접기선으로
보조선을 만든다.
6
B
A
꼭지점 A를 꼭지점 B와 만나도록
보조선을 만든 다음
반대쪽도 같은 방법으로 접는다.
7
B
A
(과정 그림)
8
9
반대쪽도
같은 방법으로 접는다.
10
11
12
뒤의 △부분은 접지 않고
펼친다.
13
순서 11로
되돌아간다.
14
A
B
꼭지점 A가
A-B선 위에 올라간다.

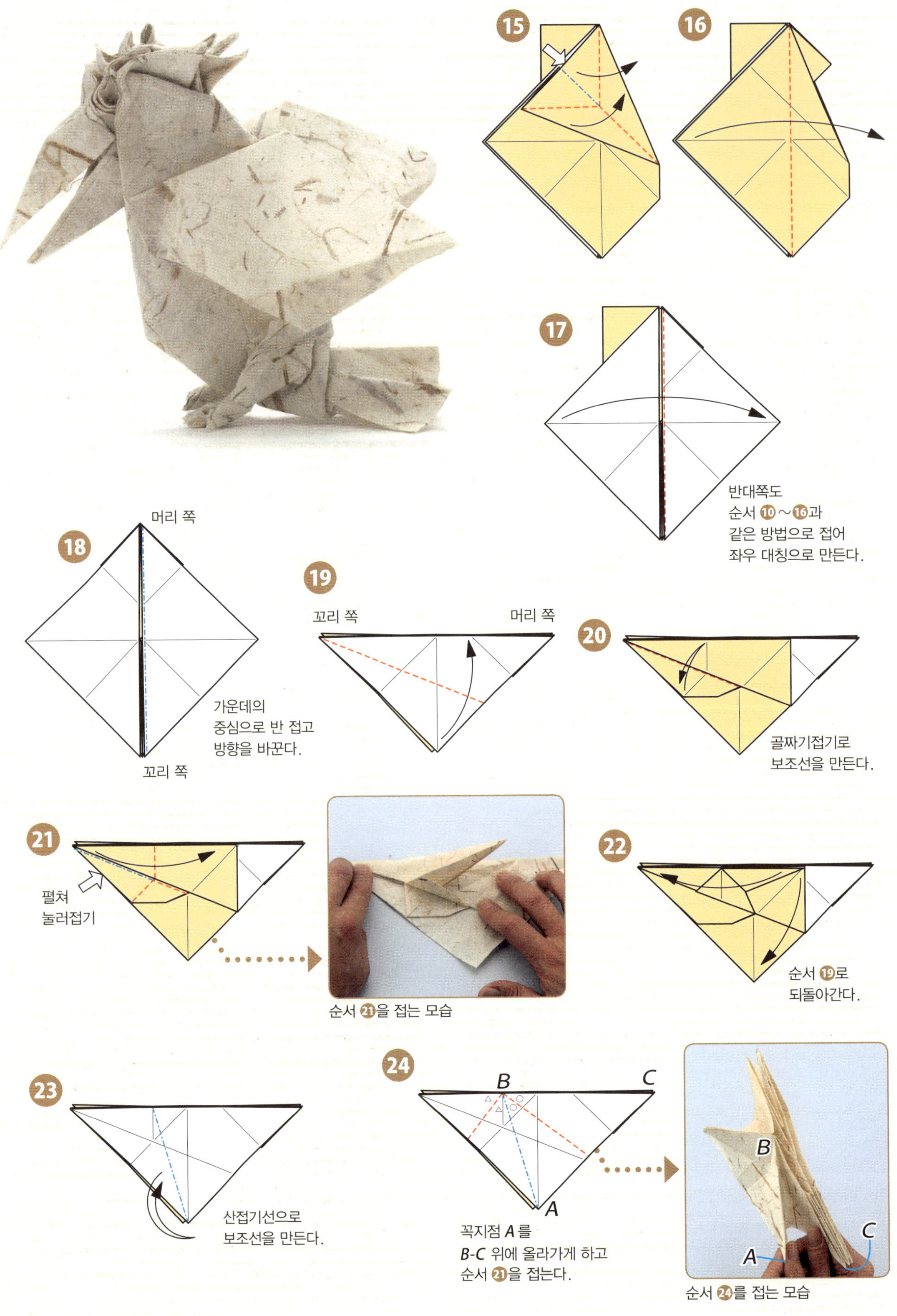
15
16
17
반대쪽도
순서 10~16과
같은 방법으로 접어
좌우 대칭으로 만든다.
18
머리 쪽
가운데의
중심으로 반 접고
방향을 바꾼다.
꼬리 쪽
19
꼬리 쪽
머리 쪽
20
골짜기접기로
보조선을 만든다.
21
펼쳐
눌러접기
순서 21을 접는 모습
22
순서 19로
되돌아간다.
23
산접기선으로
보조선을 만든다.
24
B
C
A
꼭지점 A를
B-C 위에 올라가게 하고
순서 21을 접는다.
B
A
C
순서 24를 접는 모습

25

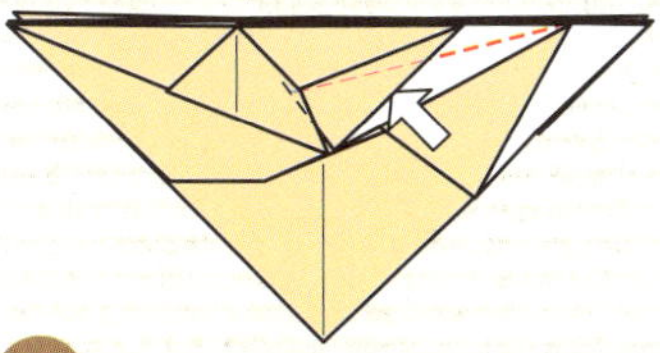

26

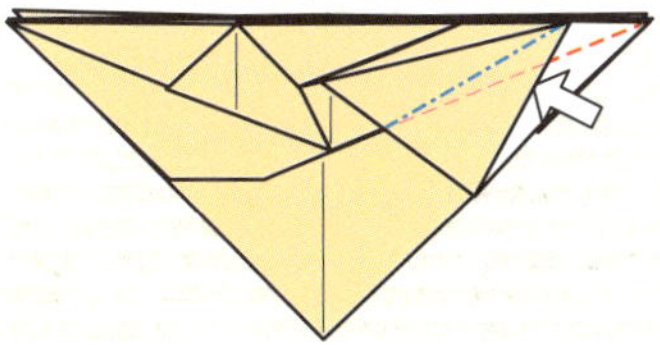

27

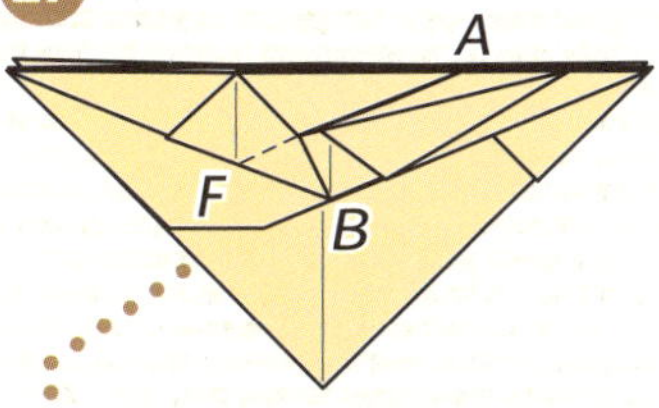

A F B

위쪽의 산접기선 *A-F*와 이어지는 골짜기접기선 *F-B*를 산접기선으로 만들어 벌린다.

뿔호반새의 전개도

(순서 27까지)

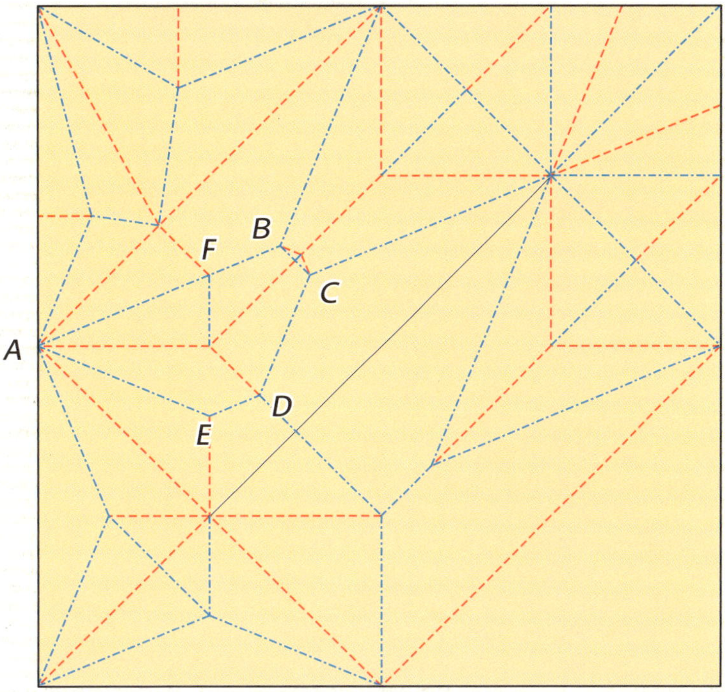

A B C D E F

27-1

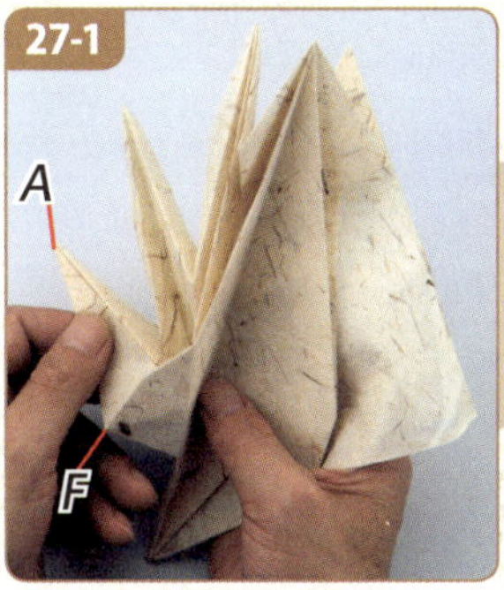

A F

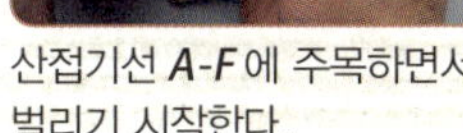

산접기선 *A-F*에 주목하면서 벌리기 시작한다.

27-2

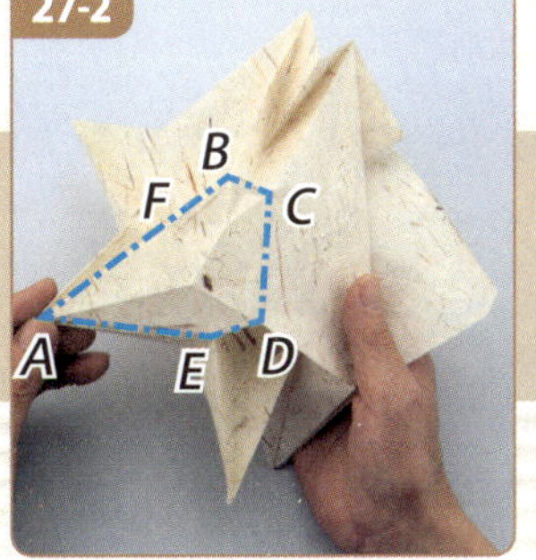

산접기선 *A-B*를 포함하는 오각형을 모두 산으로 만들어 접는다(전개도 참조).

27-3

오각형을 주저앉히듯이 하며 포갠다.

28

반대쪽도 순서 19~27과 같은 방법으로 접는다.

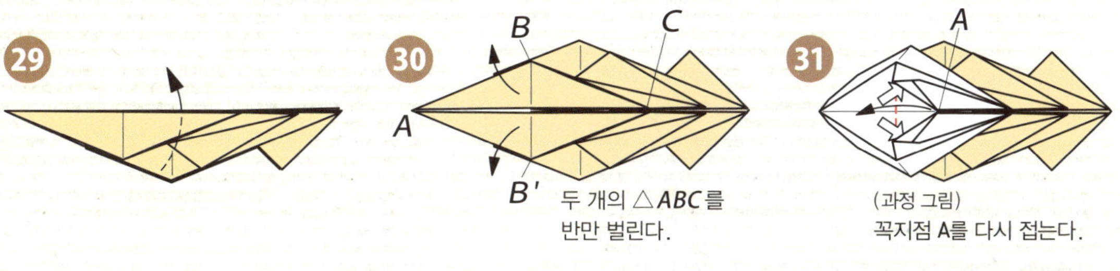

두 개의 △*ABC*를 반만 벌린다.

(과정 그림)

꼭지점 A를 다시 접는다.

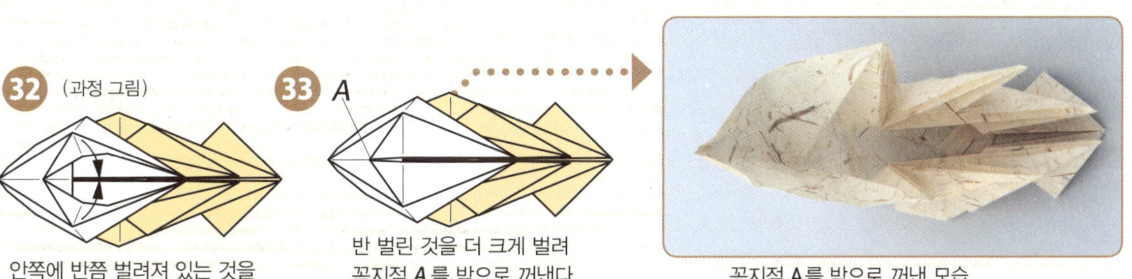

(과정 그림)

안쪽에 반쯤 벌려져 있는 것을 오므린다.

반 벌린 것을 더 크게 벌려 꼭지점 *A*를 밖으로 꺼낸다.

꼭지점 A를 밖으로 꺼낸 모습.

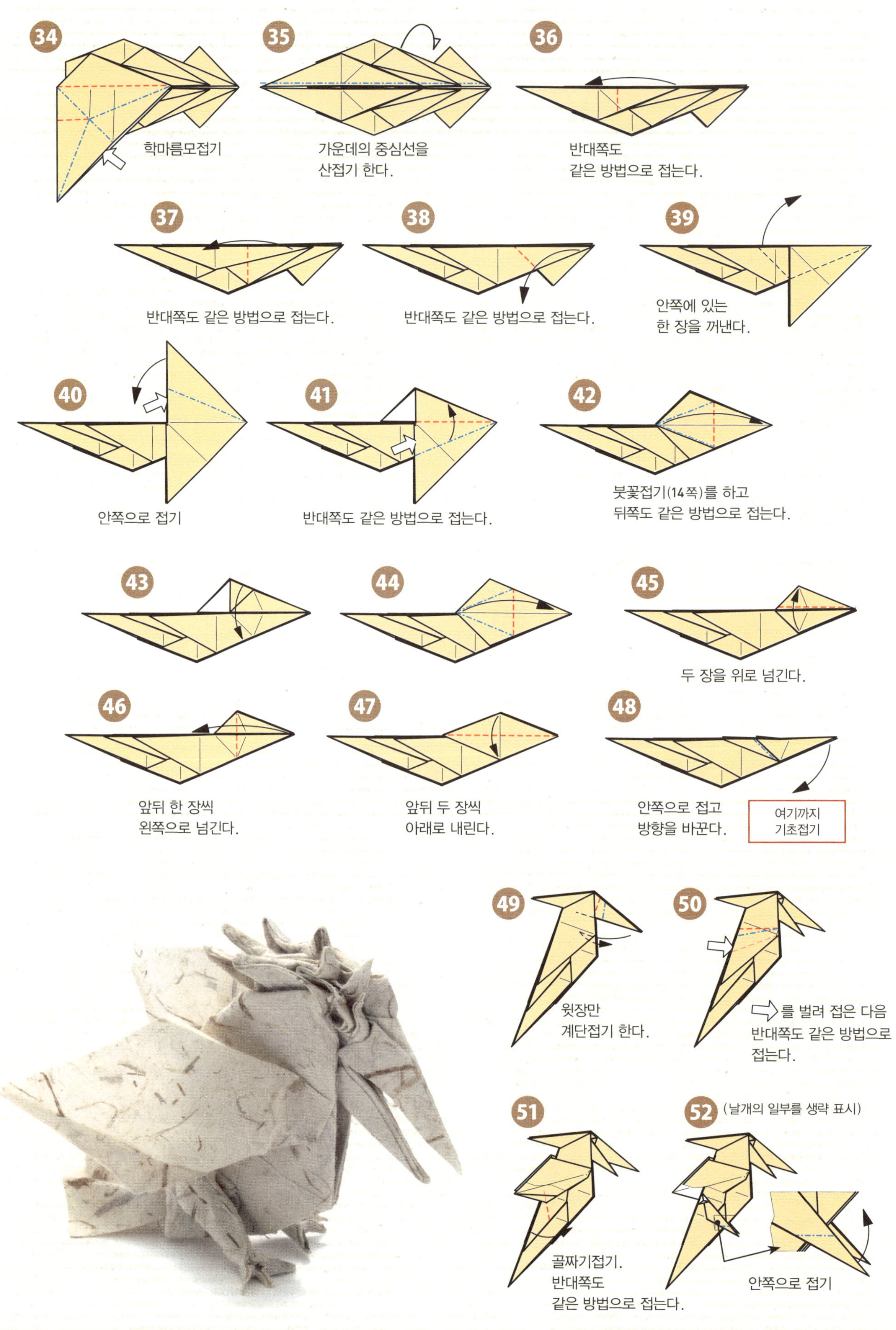
34
학마름모접기
35
가운데의 중심선을
산접기 한다.
36
반대쪽도
같은 방법으로 접는다.
37
반대쪽도 같은 방법으로 접는다.
38
반대쪽도 같은 방법으로 접는다.
39
안쪽에 있는
한 장을 꺼낸다.
40
안쪽으로 접기
41
반대쪽도 같은 방법으로 접는다.
42
붓꽃접기(14쪽)를 하고
뒤쪽도 같은 방법으로 접는다.
43
44
45
두 장을 위로 넘긴다.
46
앞뒤 한 장씩
왼쪽으로 넘긴다.
47
앞뒤 두 장씩
아래로 내린다.
48
안쪽으로 접고
방향을 바꾼다.
여기까지
기초접기
49
윗장만
계단접기 한다.
50
⇨를 벌려 접은 다음
반대쪽도 같은 방법으로
접는다.
51
골짜기접기.
반대쪽도
같은 방법으로 접는다.
52
(날개의 일부를 생략 표시)
안쪽으로 접기

53

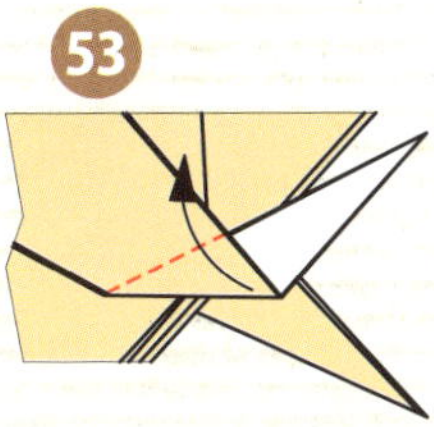

54

산

⇩ 부분을 펼쳐 접는다.

55

산

숨은 골

56

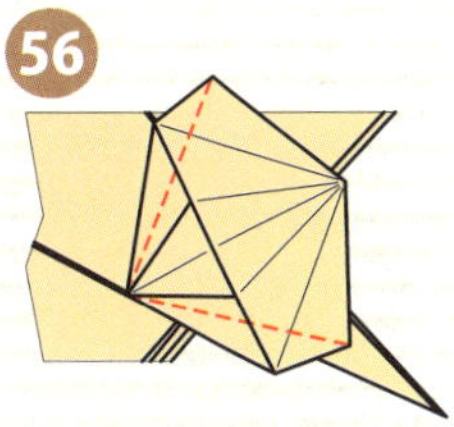

57

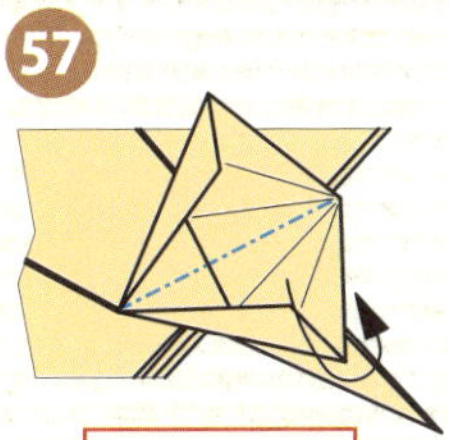

풀먹이기 시작

58

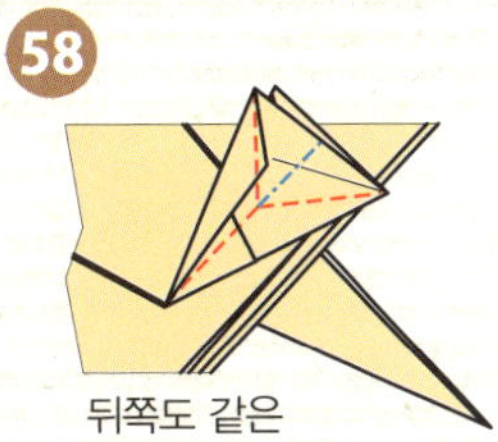

뒤쪽도 같은
방법으로 접는다.

59

안쪽으로 접고
뒷장도 같은 방법으로
접는다.

60

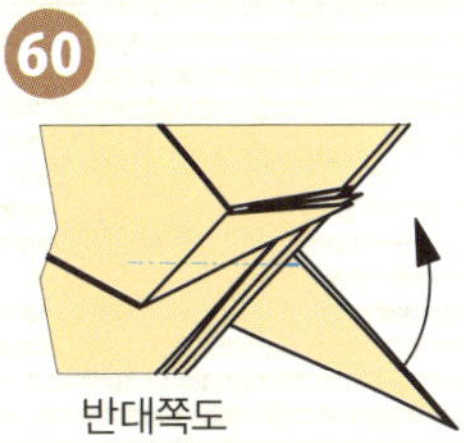

반대쪽도
순서 50~59와
같은 방법으로 접는다.

61

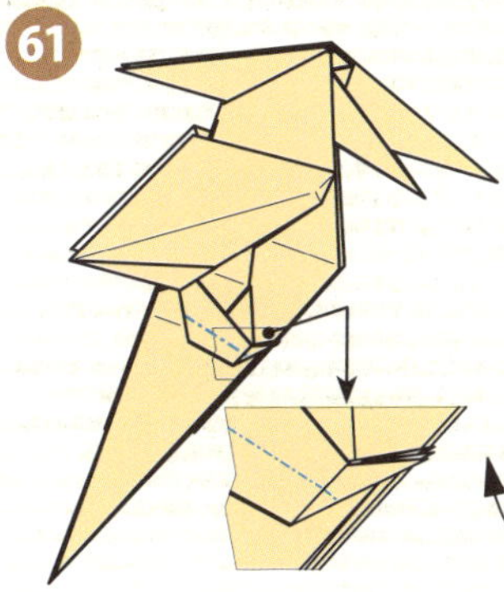

62

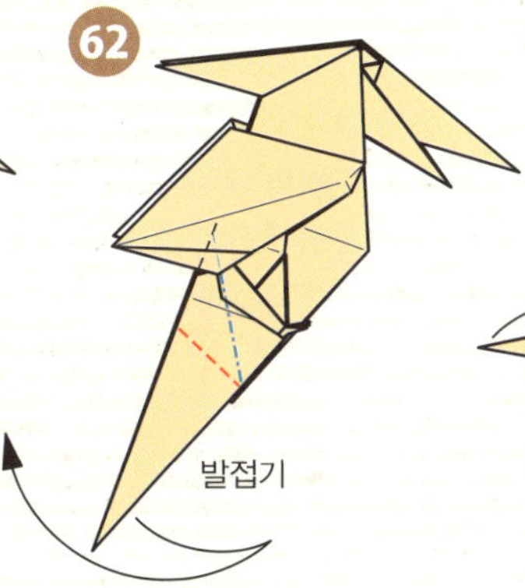

발접기

63

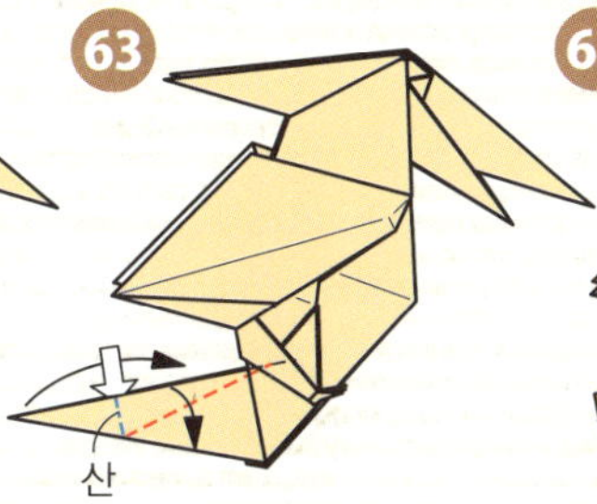

산

가운데 벌려 접기

64

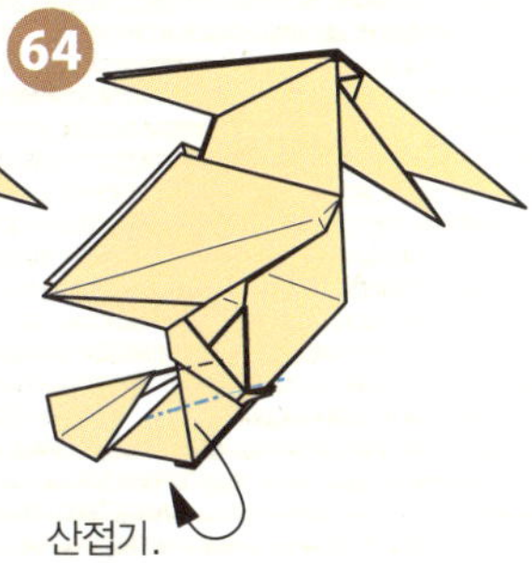

산접기.
반대쪽도
같은 방법으로 접는다.

65

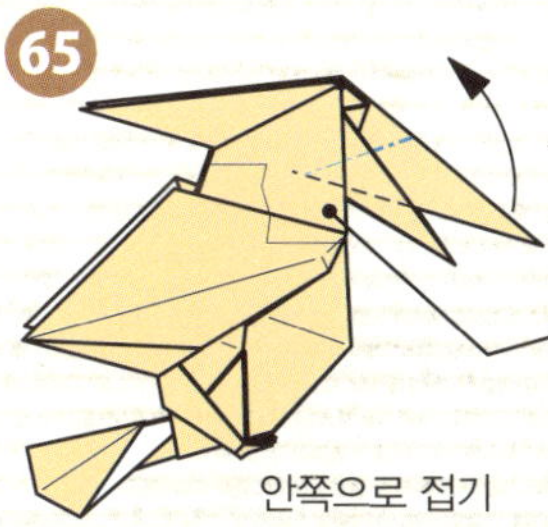

안쪽으로 접기

66

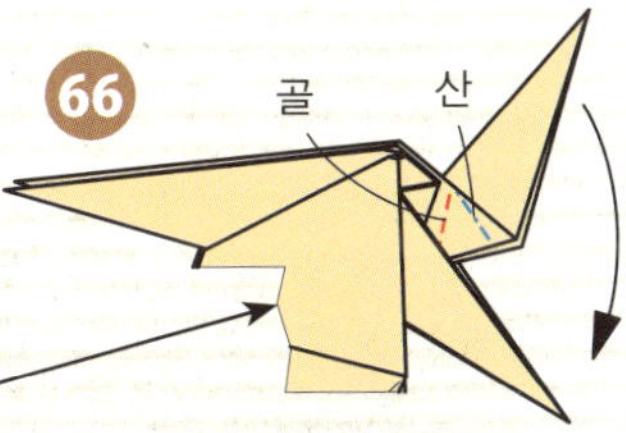

골 산

씌워접기처럼
접는다.

67

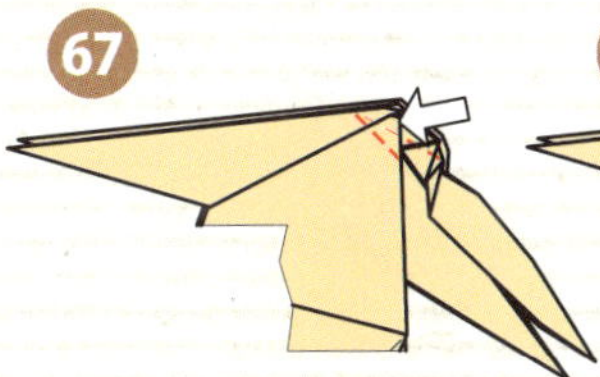

⇩를 벌려
눈을 만든다.

68

숨은 산

안에 있는 작은
△ 두 개를 어긋나게 접는다.

69

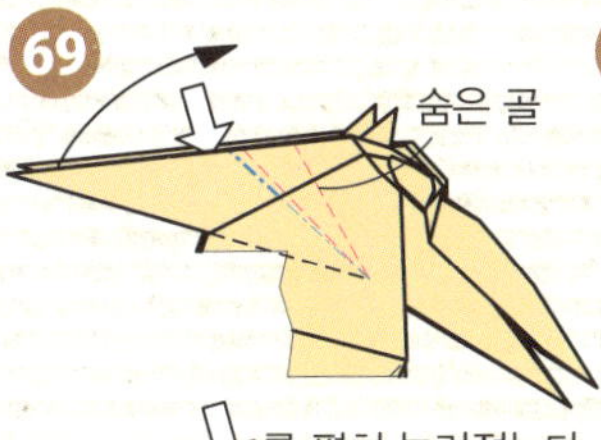

숨은 골

⇩를 펼쳐 눌러접는다.

70

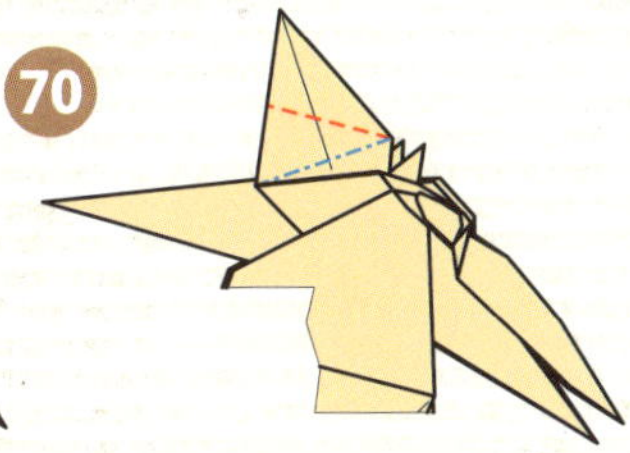

71

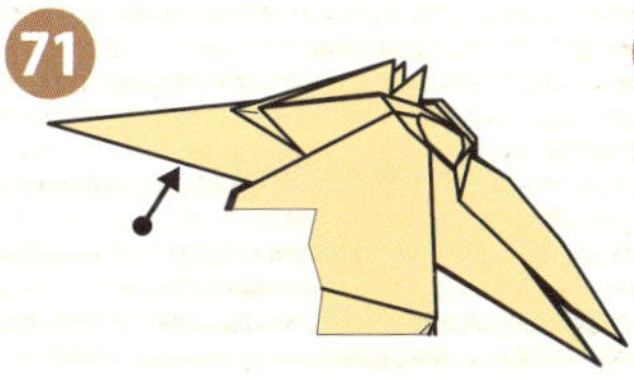

반대쪽도 같은 방법으로
접는데 서로 어긋나게 한다.

72

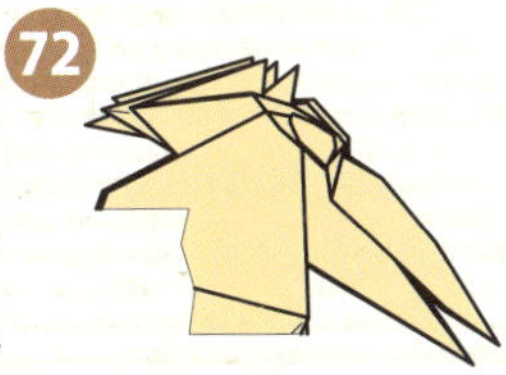

73

모양을 정리하여
완성한다.

▶ 난이도 ★★★★★

독수리

★ 사용한 종이

32×32cm 크기, 한 장

POINT

16등분 아코디언접기※로 만드는 작품이다. 이 책에서도 특히 난이도가 높은 작품이지만, 가장 복잡한 것은 아코디언접기의 전반부까지이므로 순서 27까지를 제대로 정확하게 접으면 다음은 비교적 쉽게 기초접기 완성까지 도달할 수 있다. 아코디언접기의 경우, 기초접기까지 새로 만드는 보조선은 짧은 45도뿐이므로 그 밖의 보조선은 처음의 16등분선을 유지하고 쓸데없는 보조선을 만들지 않도록 주의한다. 순서 32에서 다시 접는 꼭지점 세 개가 꽤 두꺼워지므로, 사용하는 종이는 가능한 한 얇고 튼튼한 것을 선택한다. 완성품은 그림으로는 설명되어 있지 않으나, 갈매기(48쪽)처럼 정면에서 보아도 날개에 볼륨감이 생기도록 날개 앞쪽에 골짜기접기선을 넣으면 좋다.

※ 16등분 아코디언접기

한 변을 16등분으로 아코디언접기를 하는 것이다. 이 책에서는 시노르니토사우루스(102쪽)에서도 이용하고 있다.

★★★★★

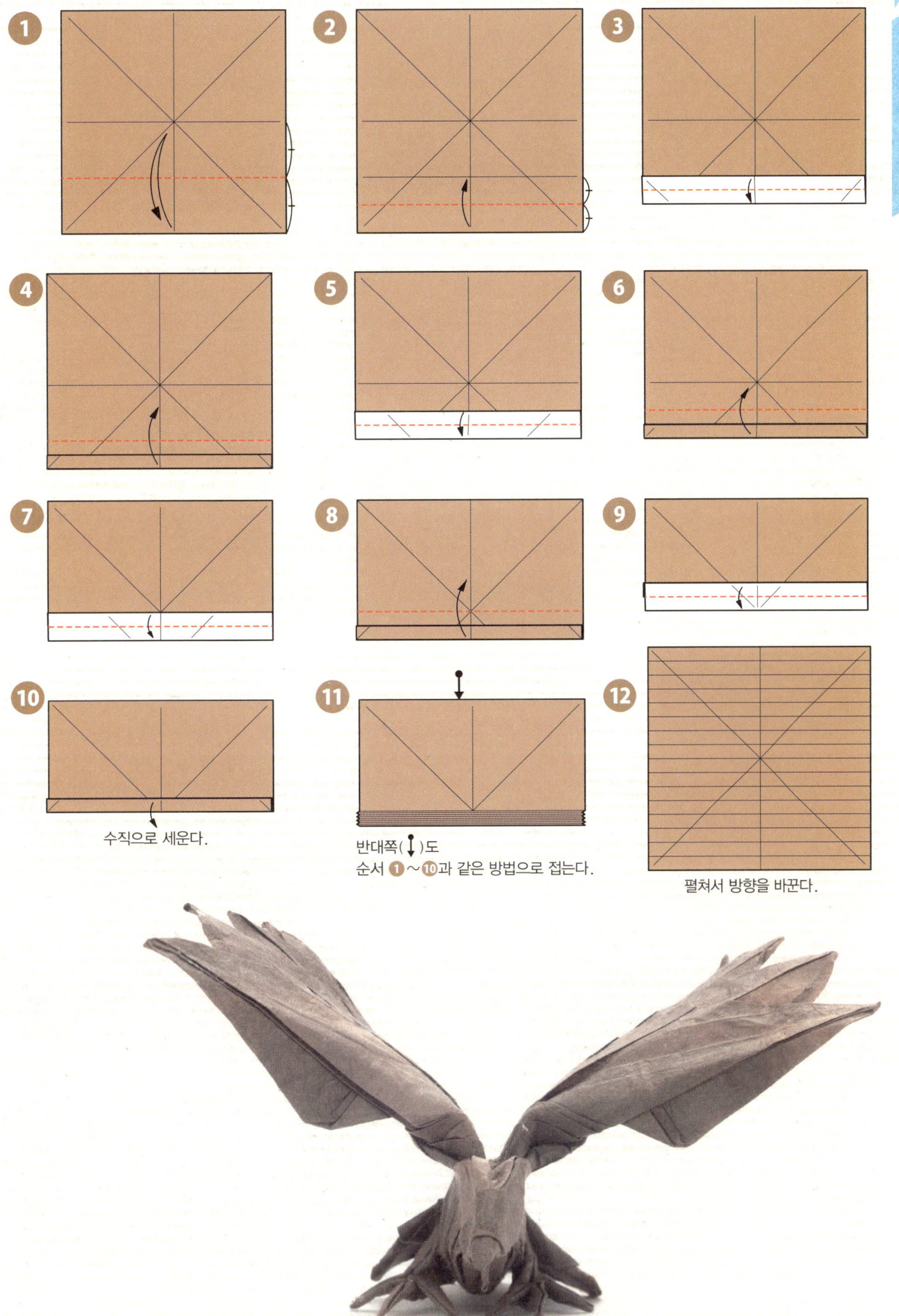
1
2
3
4
5
6
7
8
9
10
수직으로 세운다.
11
반대쪽( )도
순서 1~10과 같은 방법으로 접는다.
12
펼쳐서 방향을 바꾼다.

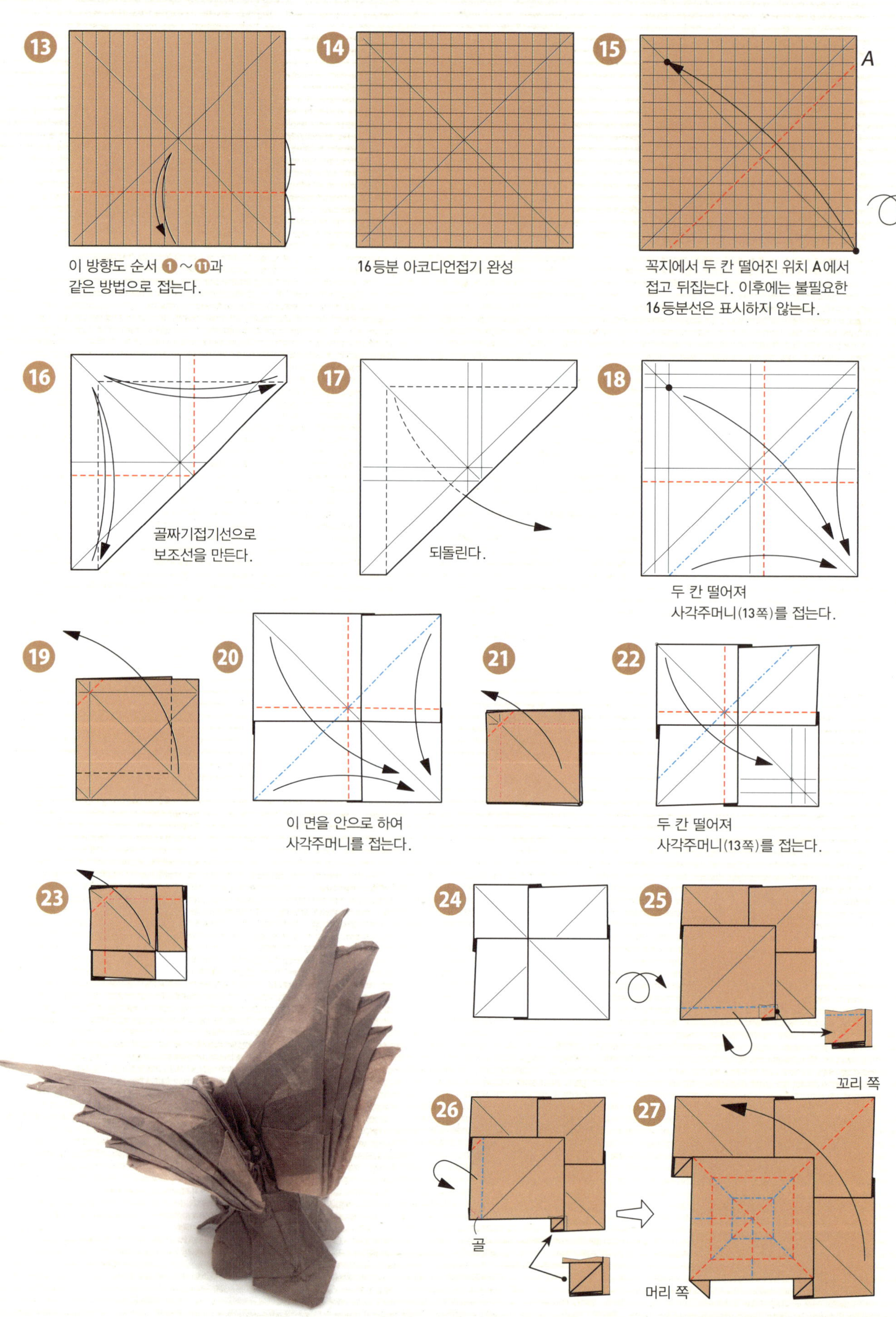
13
14
15
A
이 방향도 순서 1~11과
같은 방법으로 접는다.
16등분 아코디언접기 완성
꼭지에서 두 칸 떨어진 위치 A에서
접고 뒤집는다. 이후에는 불필요한
16등분선은 표시하지 않는다.
16
17
18
골짜기접기선으로
보조선을 만든다.
되돌린다.
두 칸 떨어져
사각주머니(13쪽)를 접는다.
19
20
21
22
이 면을 안으로 하여
사각주머니를 접는다.
두 칸 떨어져
사각주머니(13쪽)를 접는다.
23
24
25
26
27
꼬리 쪽
골
머리 쪽

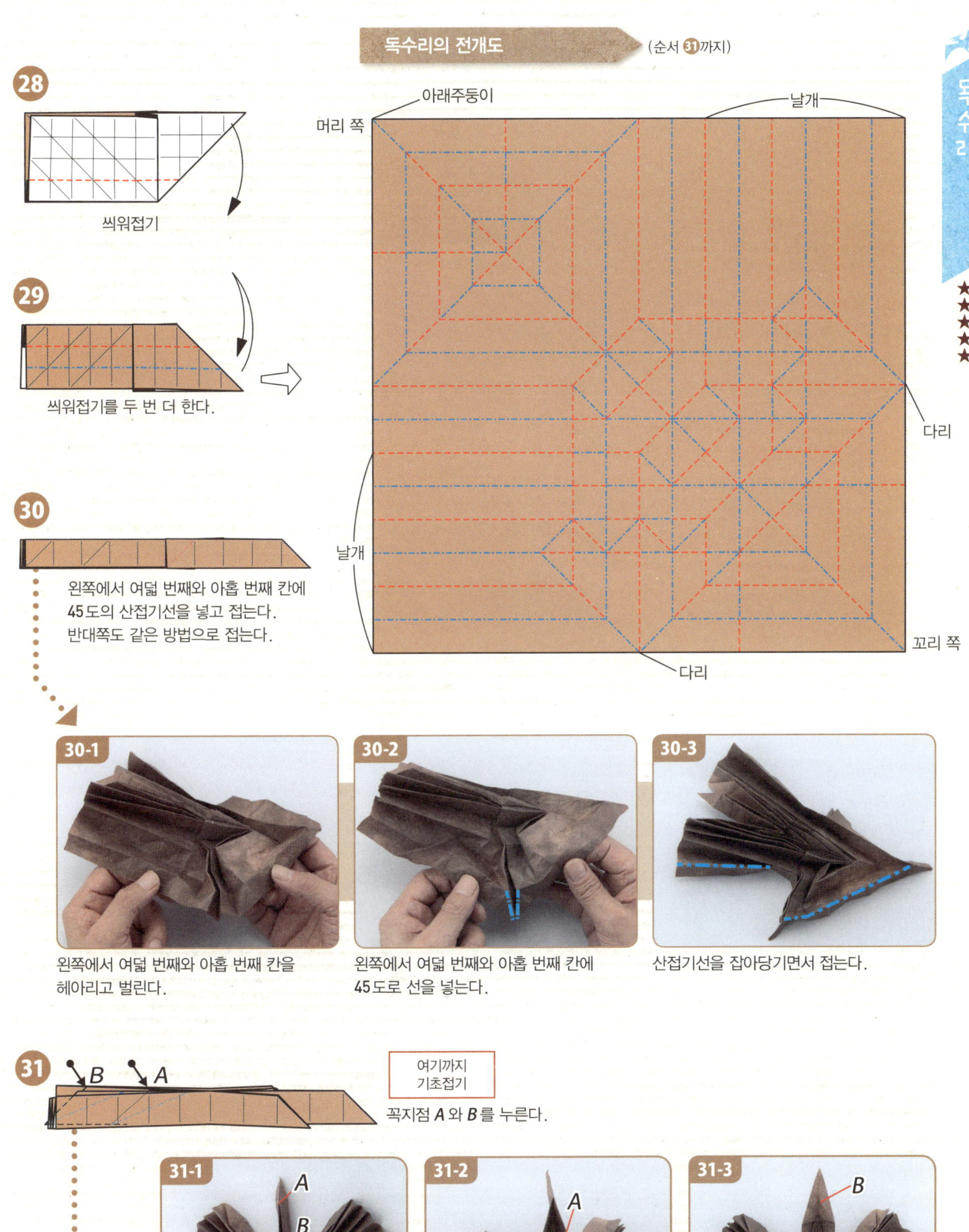

순서 31을 위에서 본 모습

꼭지점 A를 누른 모습

꼭지점 B를 누른 모습

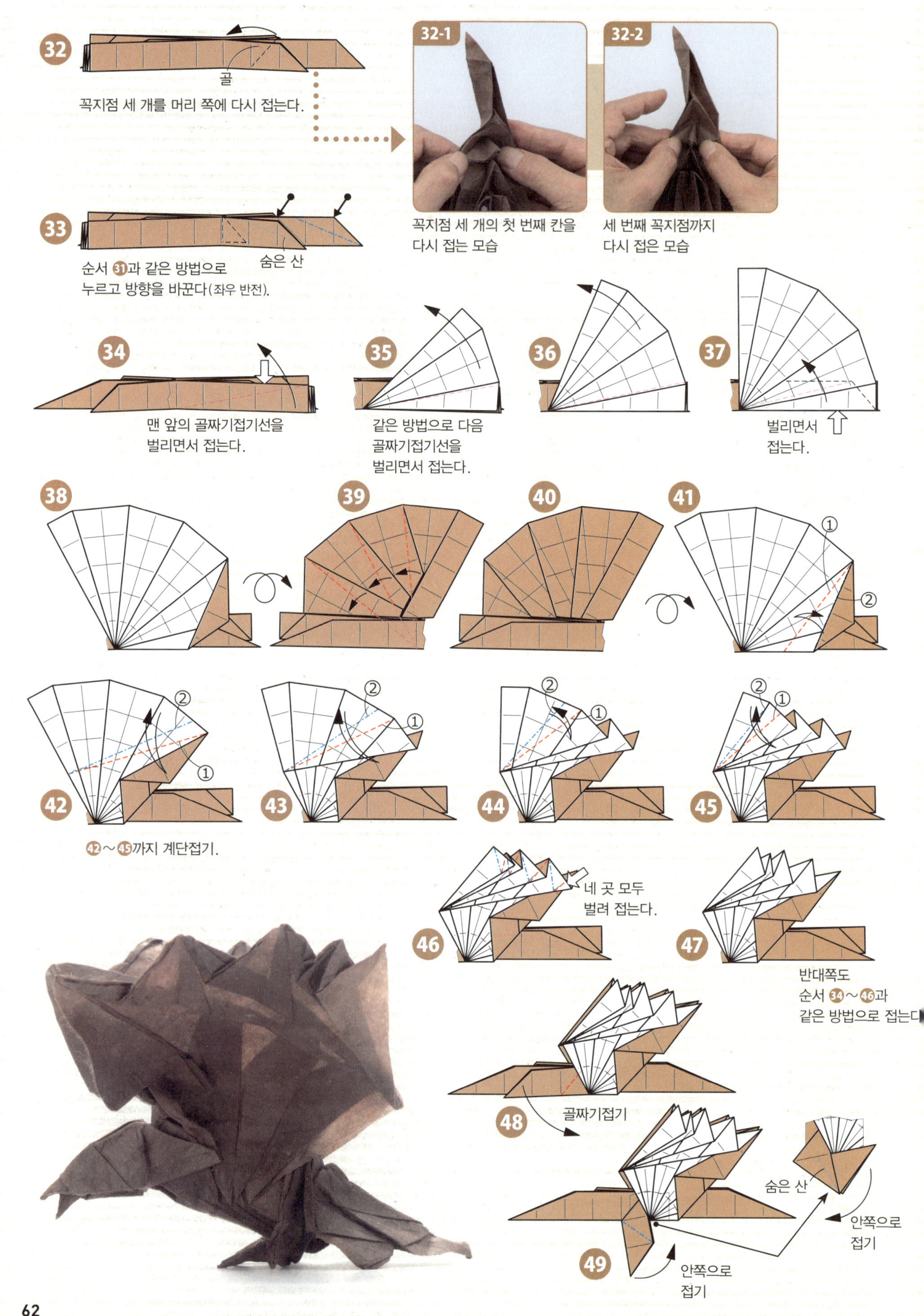
32
골
꼭지점 세 개를 머리 쪽에 다시 접는다.
32-1
32-2
꼭지점 세 개의 첫 번째 칸을
다시 접는 모습
세 번째 꼭지점까지
다시 접은 모습
33
숨은 산
순서 31과 같은 방법으로
누르고 방향을 바꾼다(좌우 반전).
34
맨 앞의 골짜기접기선을
벌리면서 접는다.
35
같은 방법으로 다음
골짜기접기선을
벌리면서 접는다.
36
37
벌리면서
접는다.
38
39
40
41
①
②
42
43
44
45
42~45까지 계단접기.
46
네 곳 모두
벌려 접는다.
47
반대쪽도
순서 34~46과
같은 방법으로 접는다
48
골짜기접기
49
숨은 산
안쪽으로
접기
안쪽으로
접기

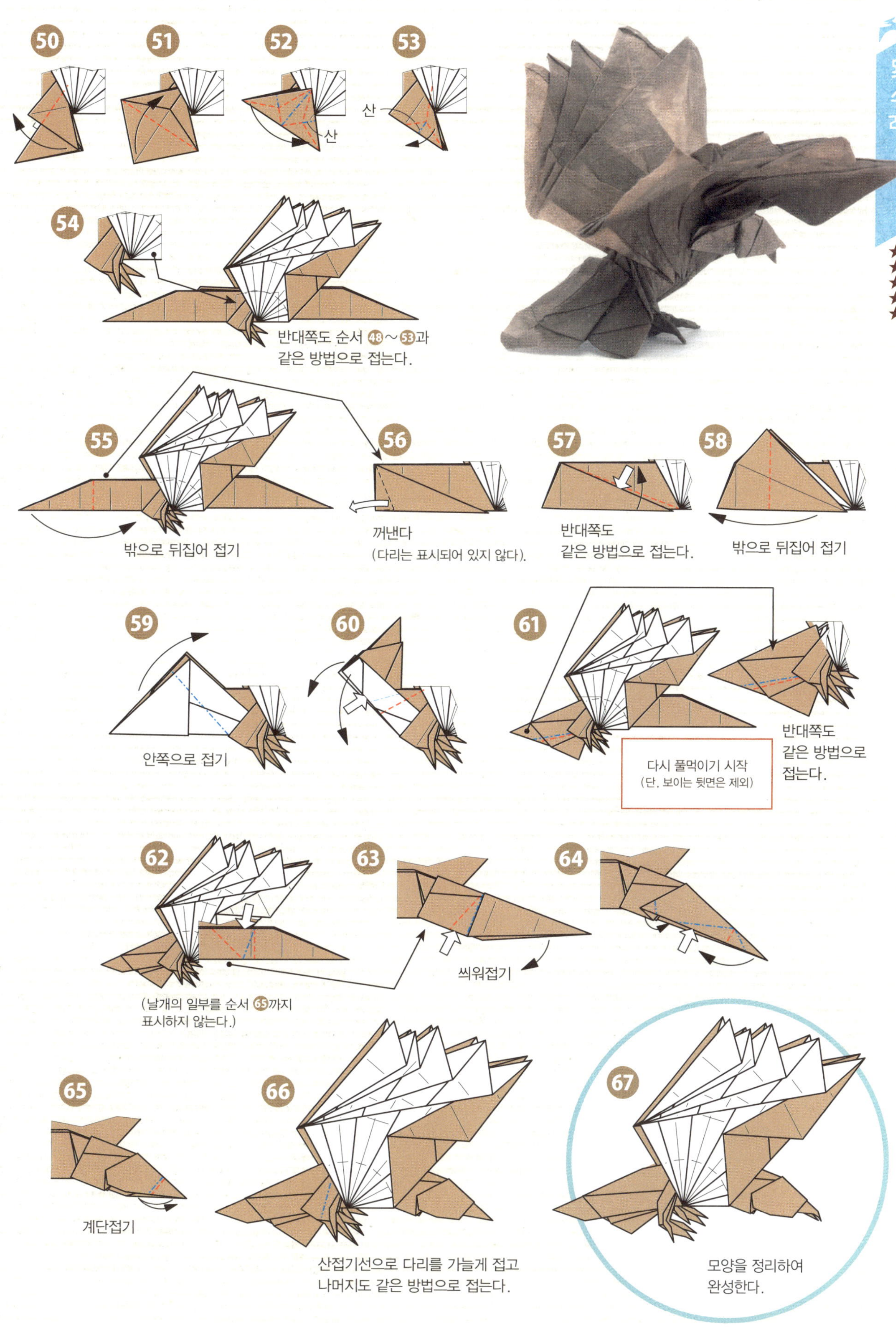
50
51
52
53
산
산
54
반대쪽도 순서 48~53과
같은 방법으로 접는다.
55
밖으로 뒤집어 접기
56
꺼낸다
(다리는 표시되어 있지 않다).
57
반대쪽도
같은 방법으로 접는다.
58
밖으로 뒤집어 접기
59
안쪽으로 접기
60
61
다시 풀먹이기 시작
(단, 보이는 뒷면은 제외)
반대쪽도
같은 방법으로
접는다.
62
(날개의 일부를 순서 65까지
표시하지 않는다.)
63
씌워접기
64
65
계단접기
66
산접기선으로 다리를 가늘게 접고
나머지도 같은 방법으로 접는다.
67
모양을 정리하여
완성한다.

▶ 난이도 ★★☆☆☆

풀무치

★ 사용한 종이

18×18cm 크기, 두 장

POINT

붓꽃 기본형(14쪽)부터 두 장으로 접는 작품이다. 한 장으로도 만들 수 있으나, 곤충의 다리 여섯 개를 한 장으로 만들면 모서리모서리※ 이외 모서리도 다리에 사용하지 않을 수 없게 되어 다리 굵기의 균형이 맞지 않는 경우가 있다. 두 장으로 접는 작품은 비교적 간단한 기본형부터 접을 수 있고 종이의 크기도 한 장으로 접는 경우의 약 반이면 되는 등 이점이 있다. 후반신에서 접는 다리 네 개는 가늘게 접기의 각도를 좀 더 예각으로 만들면 정교해진다. 순서 ⑩에서 다리를 올릴 때에는 제비(24쪽)의 날개와 같이 몸통의 일부도 다시 접으면 좋다. 다시 접은 다리를 유지하기 위해서는 풀을 먹일 필요가 있다. 위에서 보았을 때의 다리 각도도 참고한다.

※ 모서리모서리

모서리모서리란 정사각형 종이의 네 귀퉁이 모서리를 사용해 만드는 것으로, 변을 사용해 만드는 모서리는 변모서리(71쪽)라고 한다. 이 모서리모서리를 이용하면 다리를 비교적 쉽게 만들 수 있다.

전반신을 접는다

풀무치

★★☆☆☆

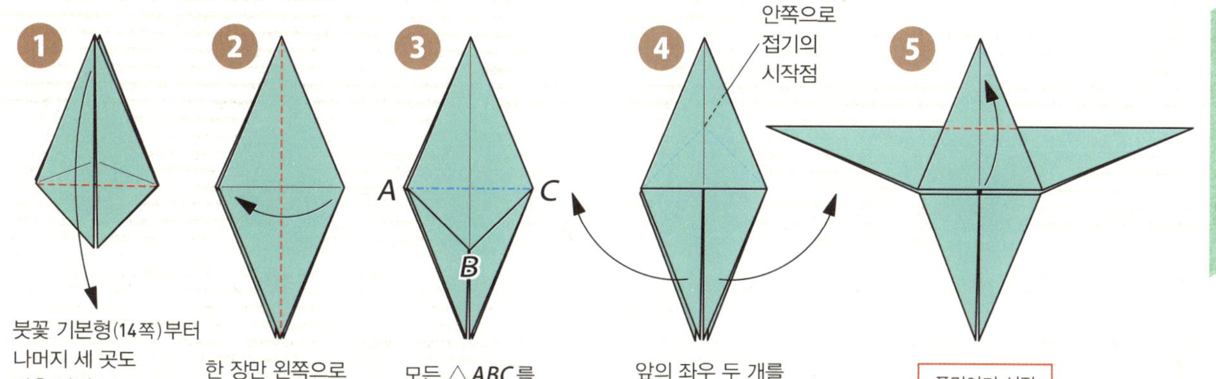

1 붓꽃 기본형(14쪽)부터 나머지 세 곳도 같은 방법으로 접는다.

2 한 장만 왼쪽으로 넘기고 좌우 대칭으로 만든 다음, 뒤쪽도 같은 방법으로 접는다.

3 모든 △*ABC*를 안으로 넣는다.

4 앞의 좌우 두 개를 안쪽으로 접는다.

5 풀먹이기 시작

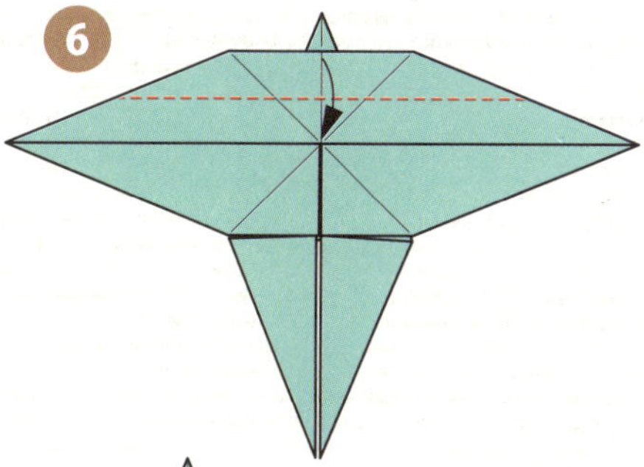

6

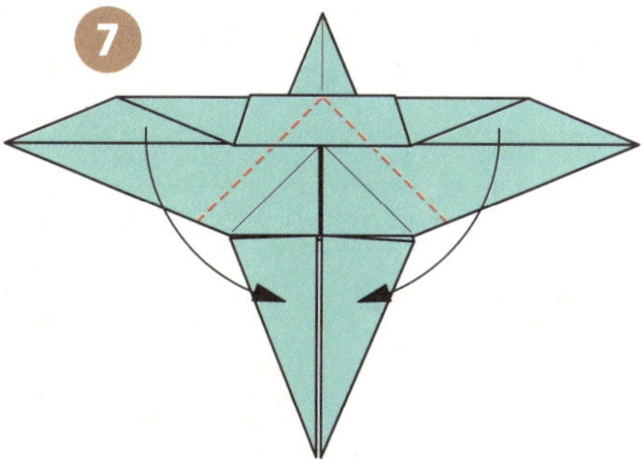

7

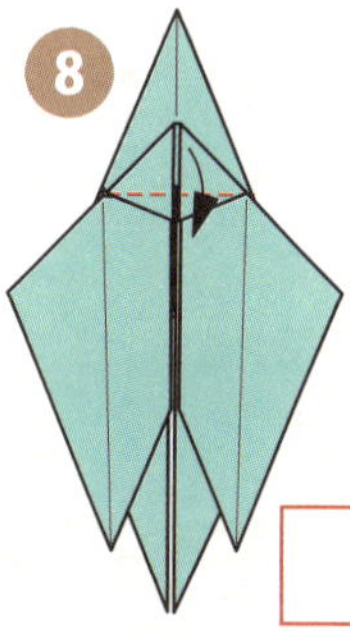

8 여기까지 기초접기

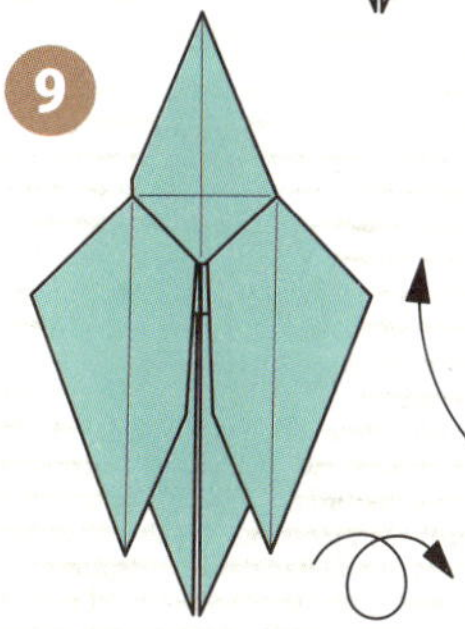

9

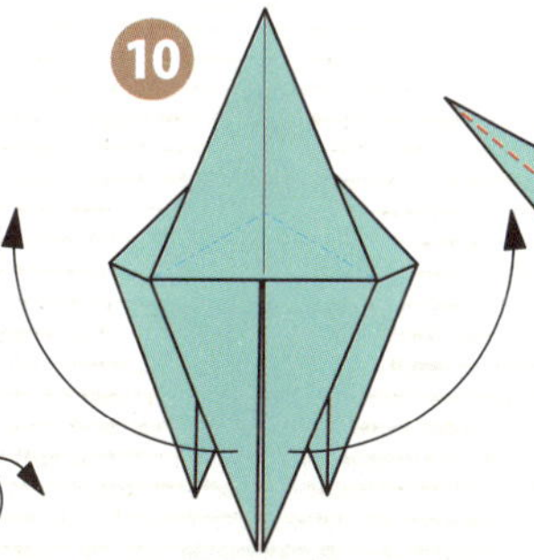

10 안쪽으로 접기

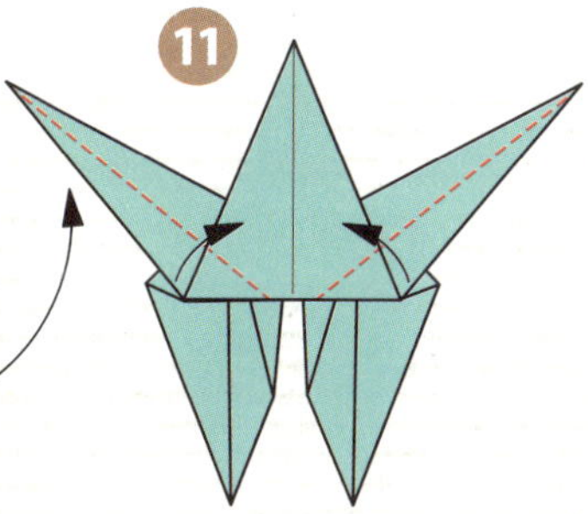

11 뒤쪽도 같은 방법으로 접는다.

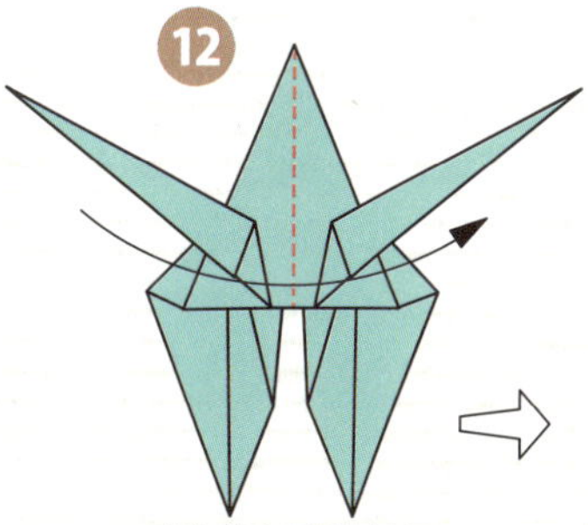

12 가운데의 중심선으로 반 접고 방향을 바꾼다.

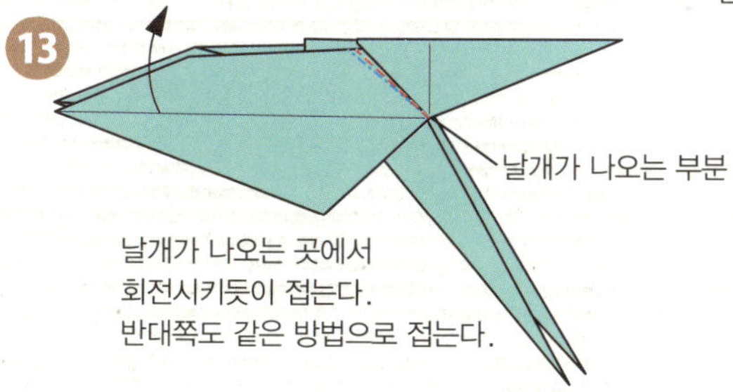

13 날개가 나오는 부분

날개가 나오는 곳에서 회전시키듯이 접는다. 반대쪽도 같은 방법으로 접는다.

14 A B C

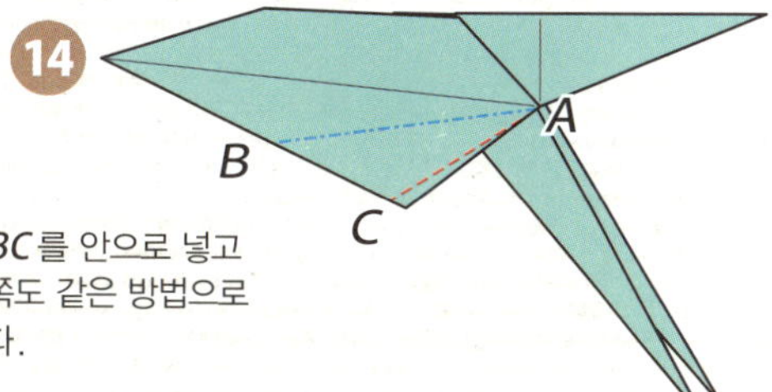

△*ABC*를 안으로 넣고 반대쪽도 같은 방법으로 접는다.

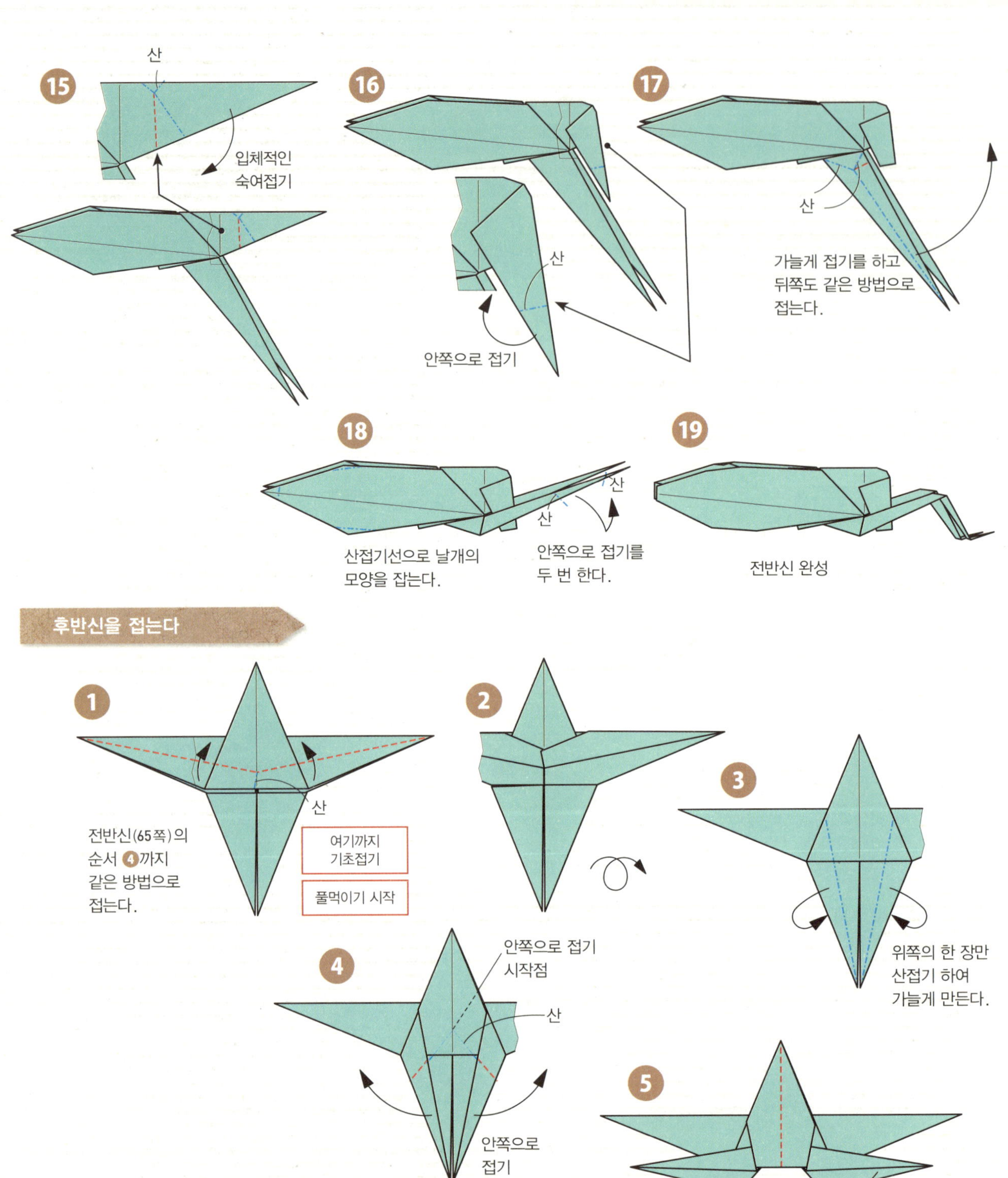
15
산
입체적인
숙여접기
16
산
안쪽으로 접기
17
산
가늘게 접기를 하고
뒤쪽도 같은 방법으로
접는다.
18
산
산
산접기선으로 날개의
모양을 잡는다.
안쪽으로 접기를
두 번 한다.
19
전반신 완성
후반신을 접는다
1
산
전반신(65쪽)의
순서 4까지
같은 방법으로
접는다.
여기까지
기초접기
풀먹이기 시작
2
3
위쪽의 한 장만
산접기 하여
가늘게 만든다.
4
안쪽으로 접기
시작점
산
안쪽으로
접기
5
한 장만 왼쪽으로 넘긴다.

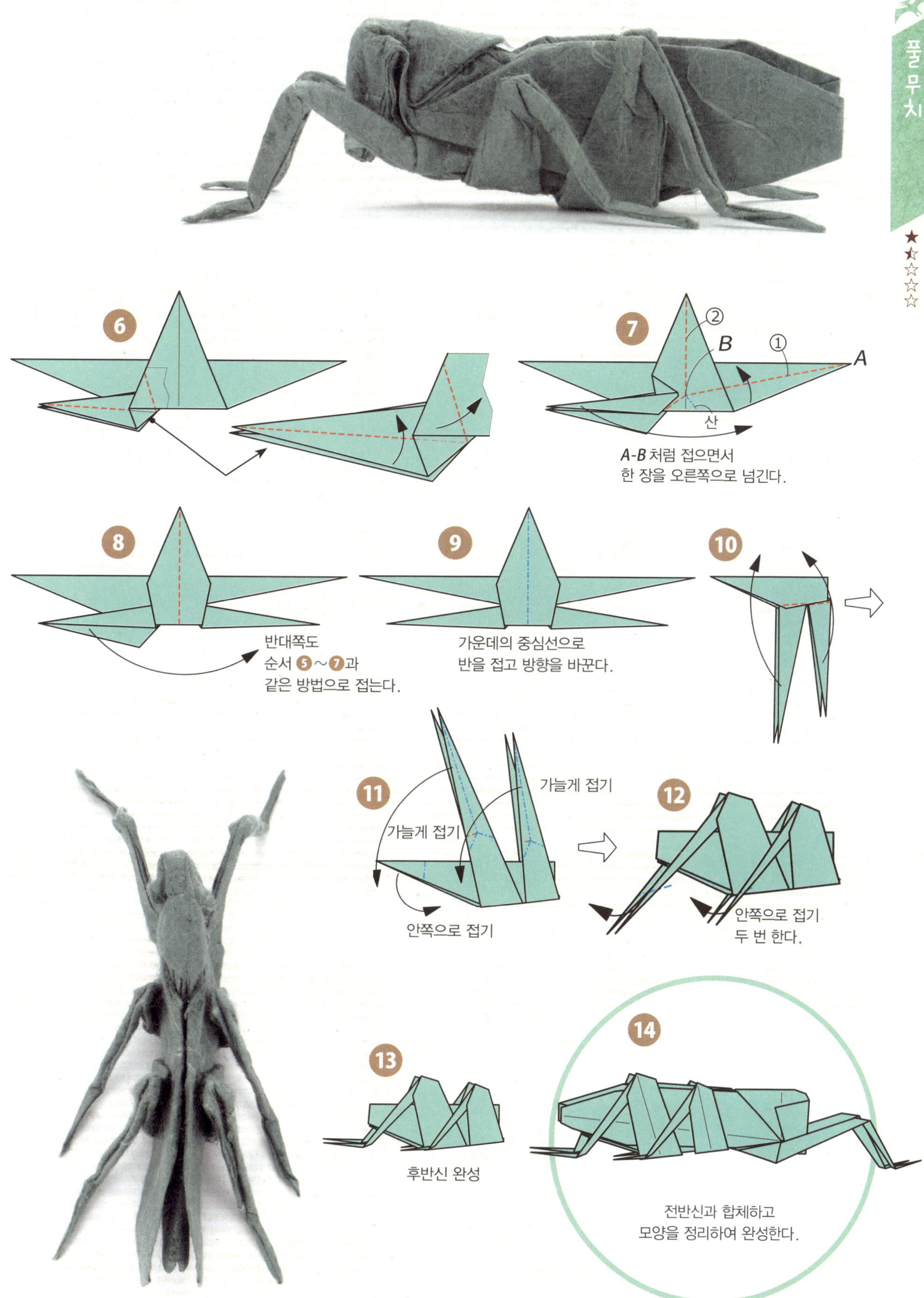
6
7
②
B
①
A
산
A-B 처럼 접으면서
한 장을 오른쪽으로 넘긴다.
8
반대쪽도
순서 5~7과
같은 방법으로 접는다.
9
가운데의 중심선으로
반을 접고 방향을 바꾼다.
10
11
가늘게 접기
가늘게 접기
안쪽으로 접기
12
안쪽으로 접기
두 번 한다.
13
후반신 완성
14
전반신과 합체하고
모양을 정리하여 완성한다.

▶ 난이도 ★★☆☆☆

나비

★ 사용한 종이

22×22cm 크기, 한 장

POINT

이 작품도 붓꽃 기본형(14쪽)부터 접기 시작한다. 풀먹이기는 순서 ❽의 누르는 과정을 끝낸 후 하면 좋다. 더듬이 부분을 좀 더 가늘게 만들고 머리에서 나오는 것처럼 보이게 하려면 아무래도 풀먹이기가 필요하다. 순서 ⓳에서 몸통의 중심선이 산접기선이 되도록 하고, 날개는 몸통의 아래쪽에서 나오는 것처럼 보이도록 접으면 한층 리얼해진다. 순서 ❸은 붓꽃이 아니라 개구리 기본형(13쪽) 가운데의 △를 내린 그림과 같으므로 개구리 기본형에서 접기 시작한다고도 생각할 수 있지만, 여기에서는 붓꽃 기본형에서 접는다고 설명한다. 붓꽃 기본형에서 접는 게 네 개의 모서리모서리가 깔끔하게 나오기 때문이다.

★★☆☆☆

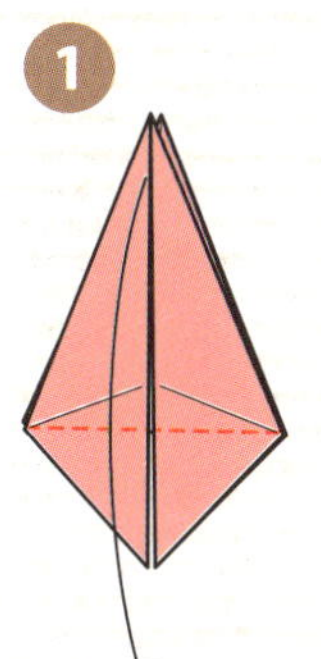

나머지 세 곳도
같은 방법으로
접는다.

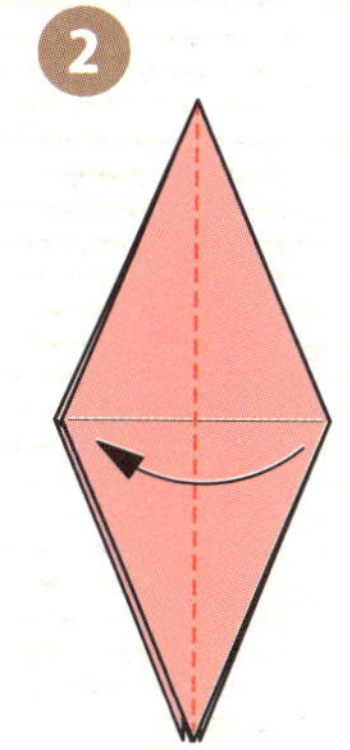

한 장만 왼쪽으로 넘겨
좌우 대칭으로 만든 다음
뒤도 같은 방법으로 접는다.

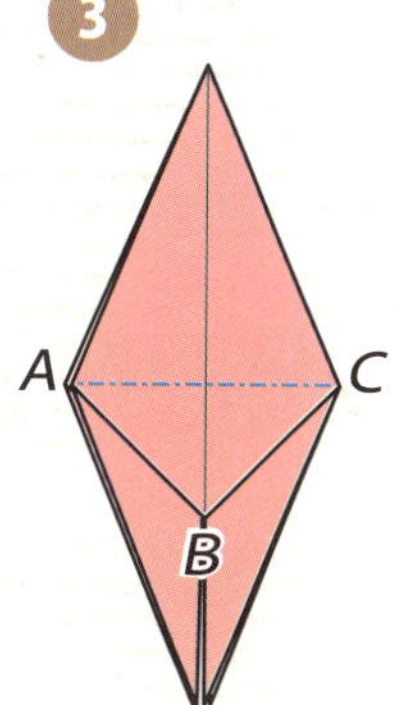

모든 △ABC를
안으로 넣는다.

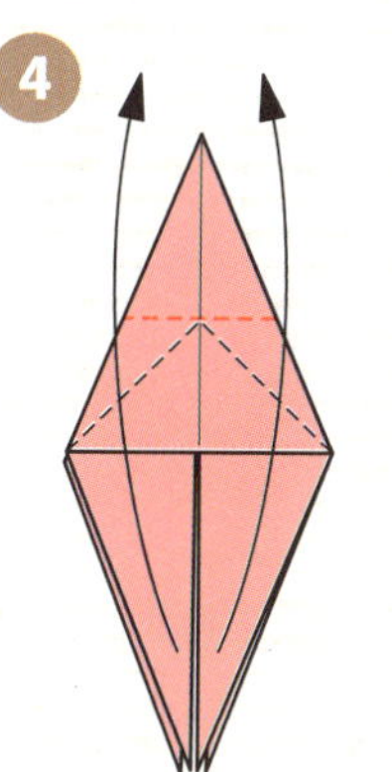

5

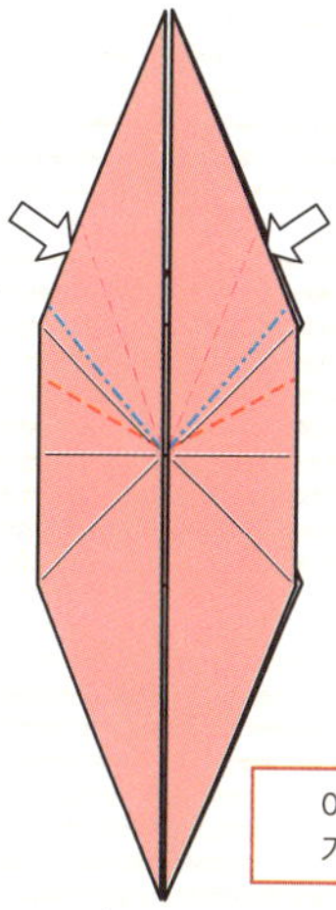

여기까지
기초접기

⇨ ⇦를 벌려 접은 다음
반대쪽도 같은 방법으로 접는다.

6

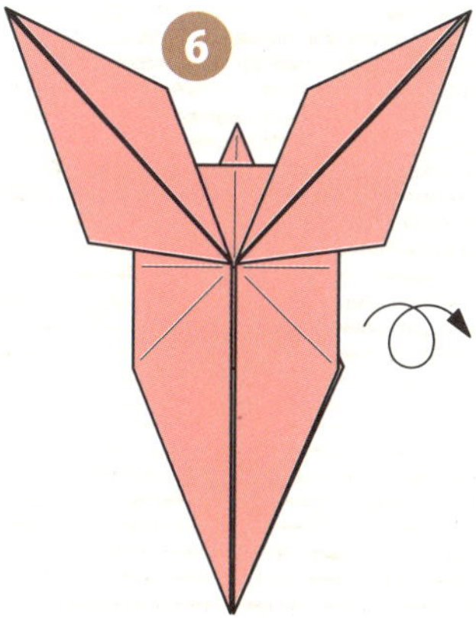

7

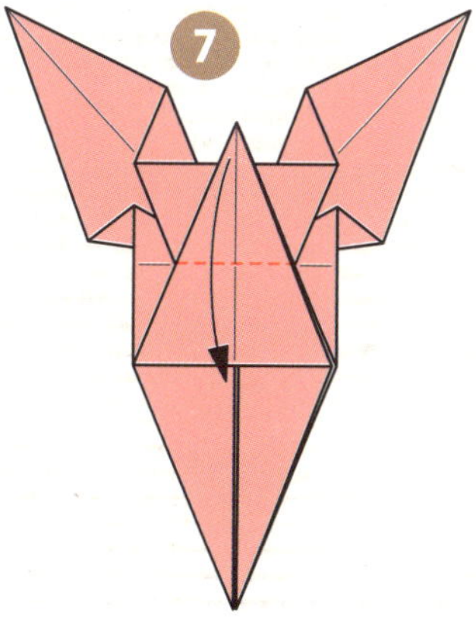

8

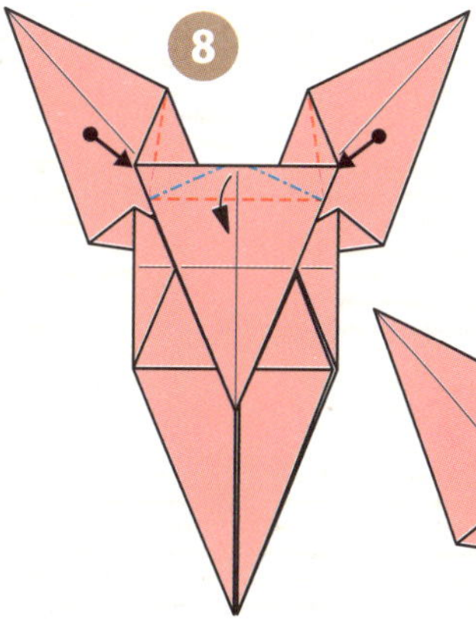

↘ ↙를 △모양이 나오도록
펼쳐 눌러접는다.
반대쪽도 같은 방법으로
접는다.

9

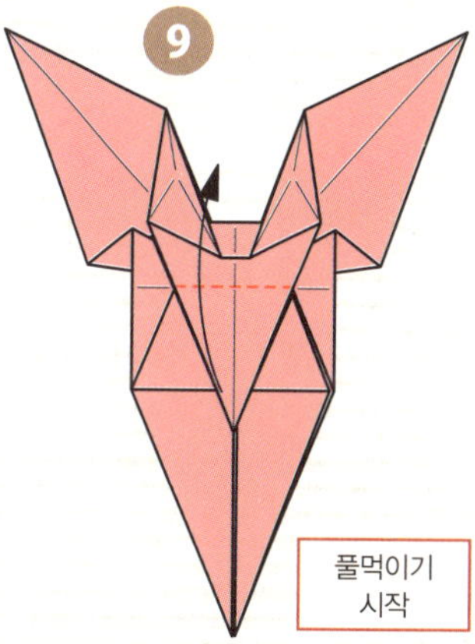

풀먹이기
시작

10

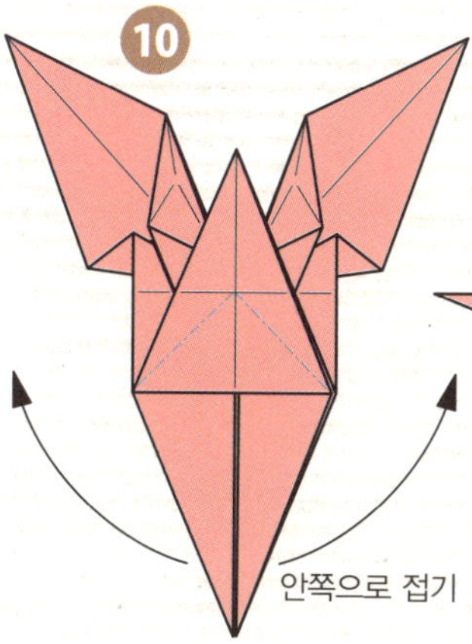

안쪽으로 접기

11

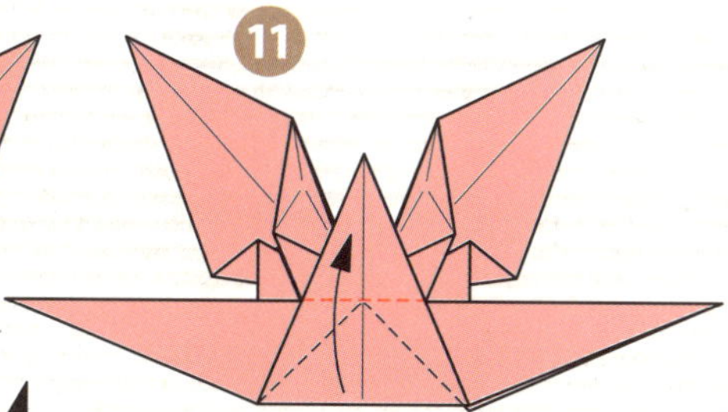

화살표 방향으로 접어 올리기.

12

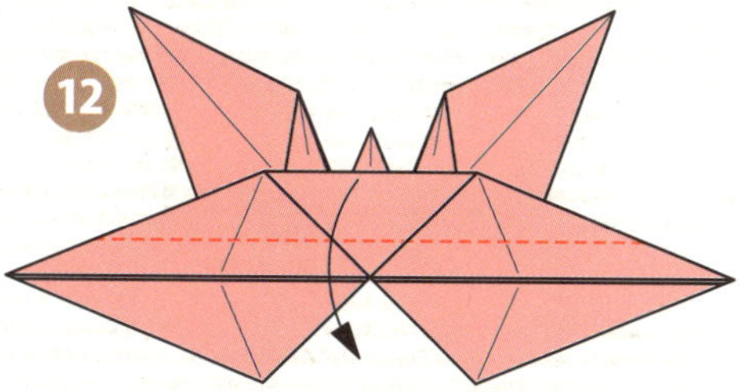

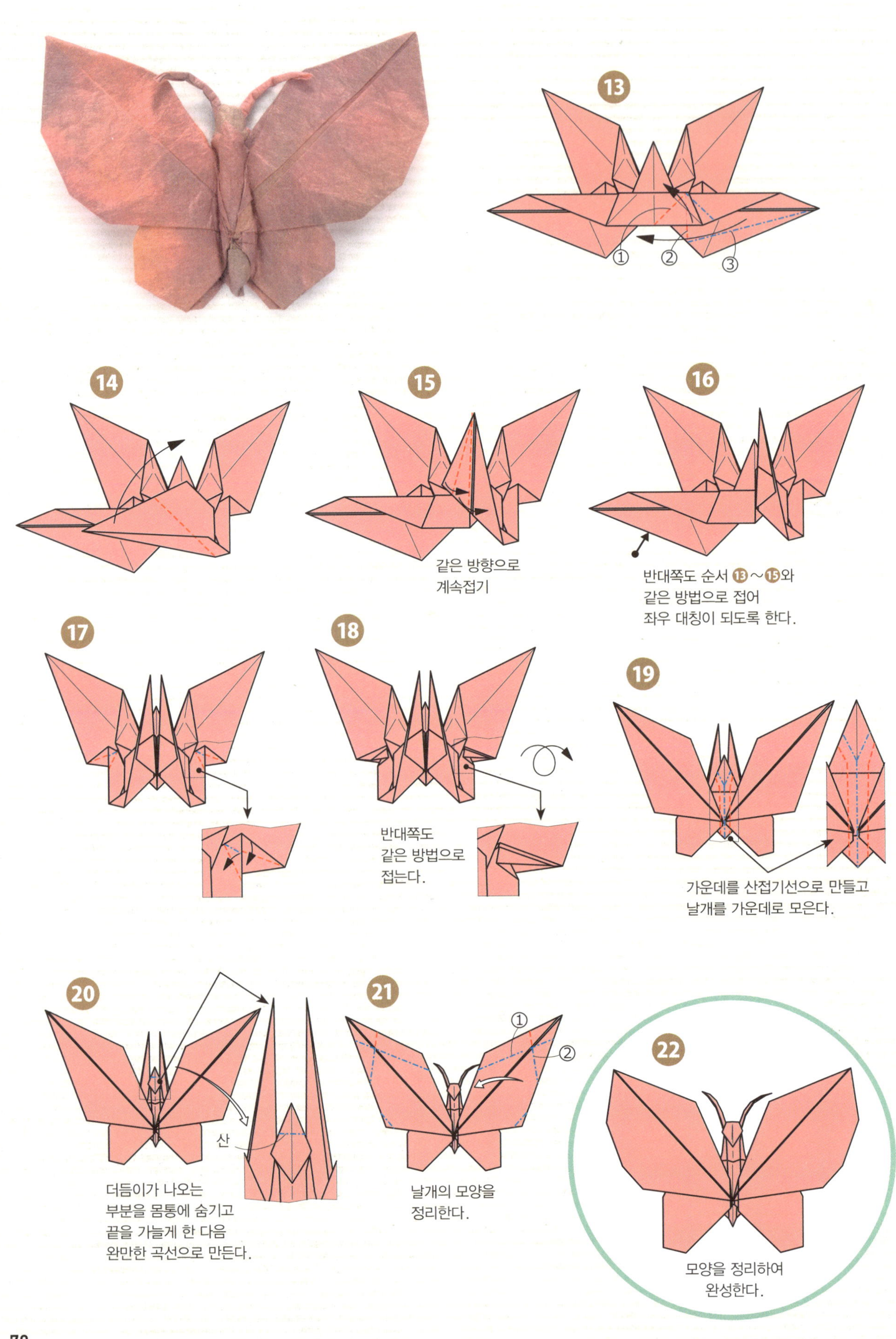
13
①
②
③
14
15
같은 방향으로
계속접기
16
반대쪽도 순서 13~15와
같은 방법으로 접어
좌우 대칭이 되도록 한다.
17
18
반대쪽도
같은 방법으로
접는다.
19
가운데를 산접기선으로 만들고
날개를 가운데로 모은다.
20
산
더듬이가 나오는
부분을 몸통에 숨기고
끝을 가늘게 한 다음
완만한 곡선으로 만든다.
21
①
②
날개의 모양을
정리한다.
22
모양을 정리하여
완성한다.

▶ 난이도 ★★☆☆☆

노린재

★ 사용한 종이

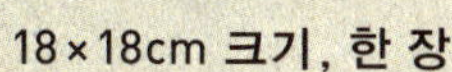

18×18cm 크기, 한 장

POINT

빼내어접기(12쪽)를 네 번 하는, 이른바 4학※이라는 기본형에서 접기 시작한다. 4학이 완성되면, 종이의 중심에서 만들어지는 모서리(순서 26에서 접는 모서리) 외에 여덟 개의 모서리를 만들 수 있다. 모서리 여덟 개 가운데 네 개는 모서리모서리(64쪽)이며, 나머지 네 개는 변모서리※다. 노린재는 사람들이 그다지 좋아하지 않는 곤충이지만, 등 부분에 다양한 무늬가 있어 이 작품에서도 그 이미지를 살려 보았다. 풀먹이기는 순서 10에서 누르는 과정을 끝내고 나서 하는 편이 좋다. 리얼한 완성품을 만들고 싶다면, 몸통이 뜨도록 다리 끝을 몸통보다 낮추고 머리를 동그스름하게 다듬으면 된다.

※ 4학

4학은 종이 한 장으로 학 기본형을 네 개 접을 수 있는 방법이다(순서 8).

※ 변모서리, 안모서리

변모서리는 정사각형의 네 변 위에 생기는 모서리이고, 변모서리와 모서리모서리(64쪽) 외에 생기는 모서리를 안모서리라고 부르기도 한다.

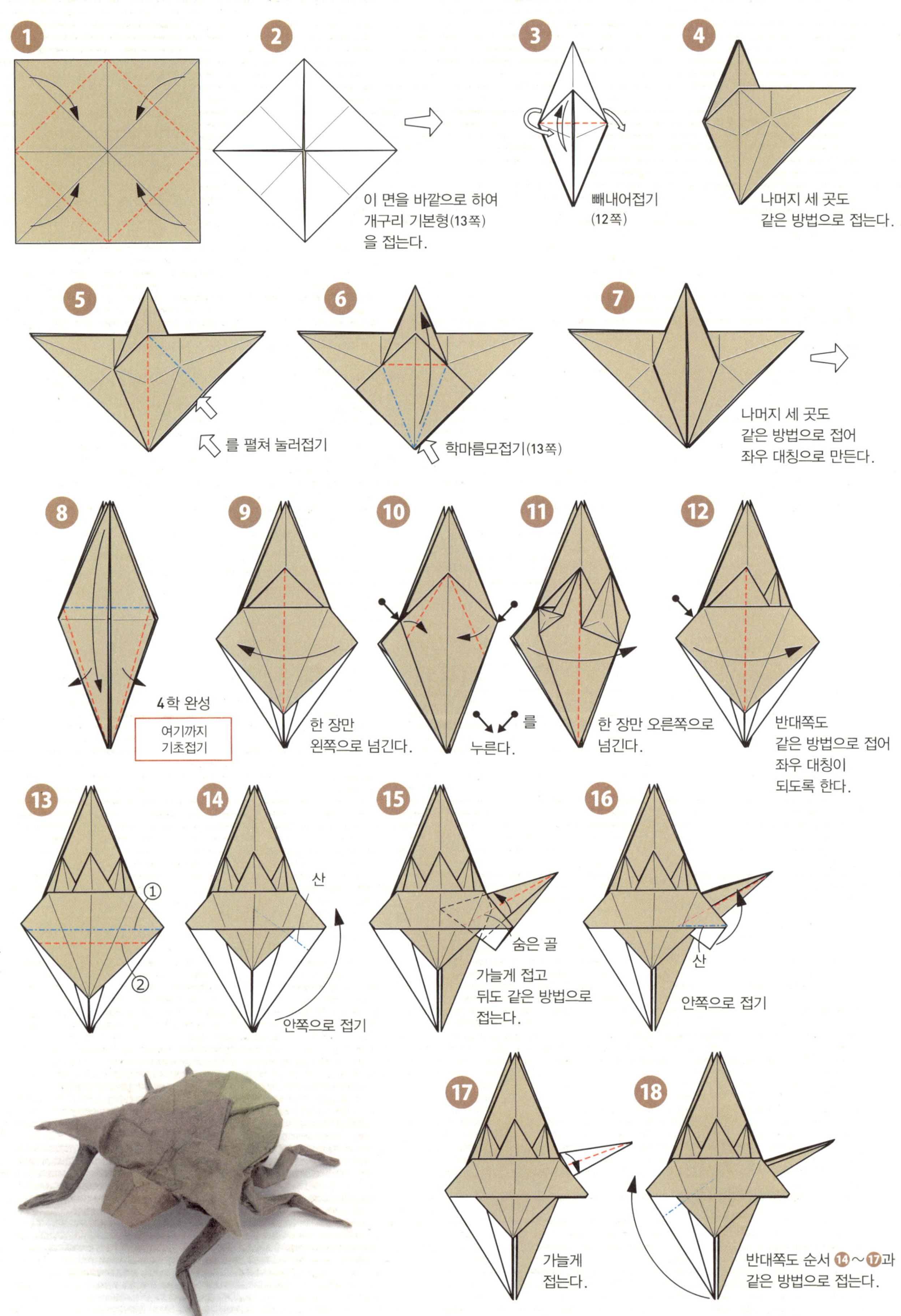
1
2
이 면을 바깥으로 하여
개구리 기본형(13쪽)
을 접는다.
3
빼내어접기
(12쪽)
4
나머지 세 곳도
같은 방법으로 접는다.
5
를 펼쳐 눌러접기
6
학마름모접기(13쪽)
7
나머지 세 곳도
같은 방법으로 접어
좌우 대칭으로 만든다.
8
4학 완성
여기까지
기초접기
9
한 장만
왼쪽으로 넘긴다.
10
를
누른다.
11
한 장만 오른쪽으로
넘긴다.
12
반대쪽도
같은 방법으로 접어
좌우 대칭이
되도록 한다.
13
①
②
14
산
안쪽으로 접기
15
숨은 골
가늘게 접고
뒤도 같은 방법으로
접는다.
16
산
안쪽으로 접기
17
가늘게
접는다.
18
반대쪽도 순서 14~17과
같은 방법으로 접는다.

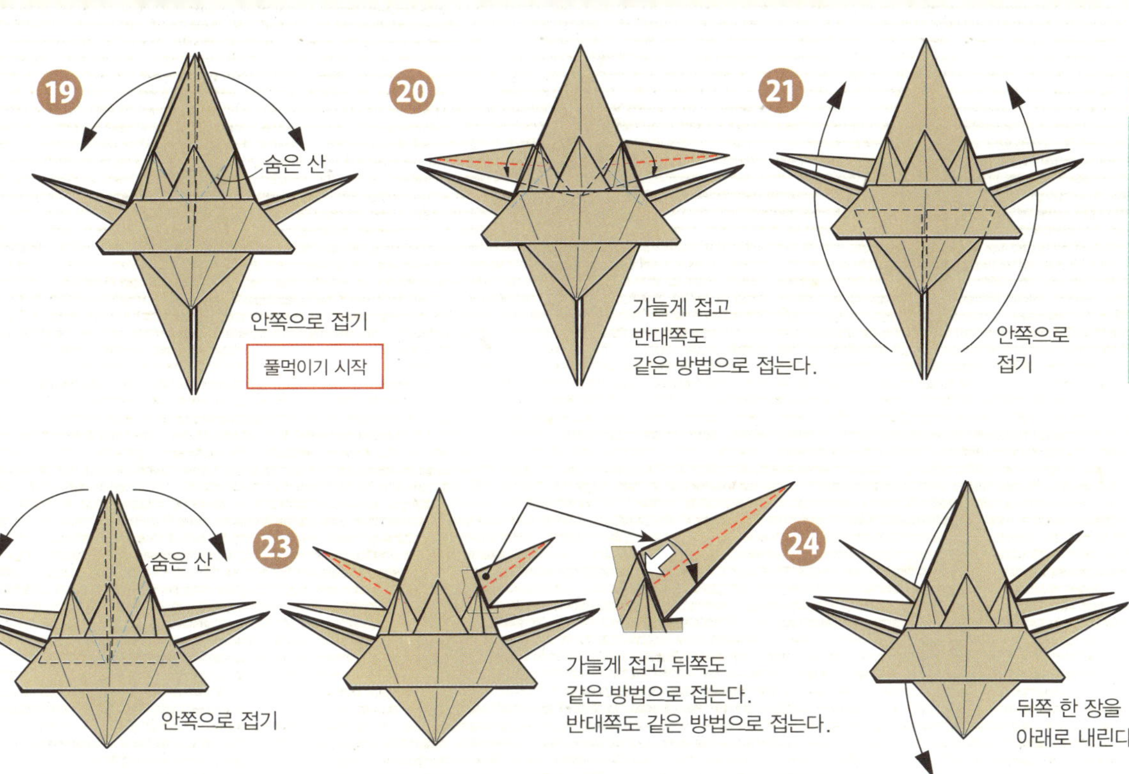

25

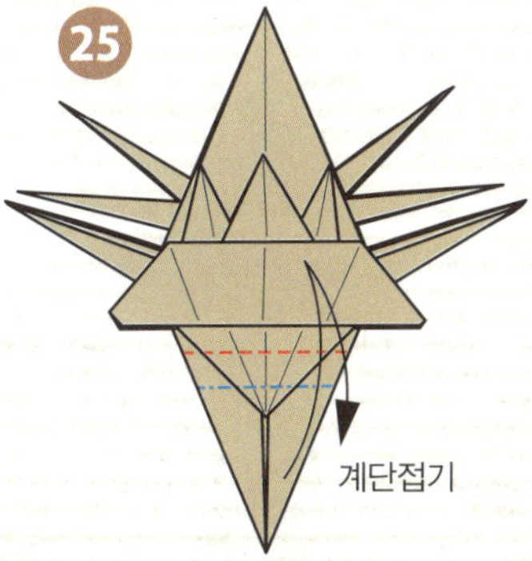

계단접기

26

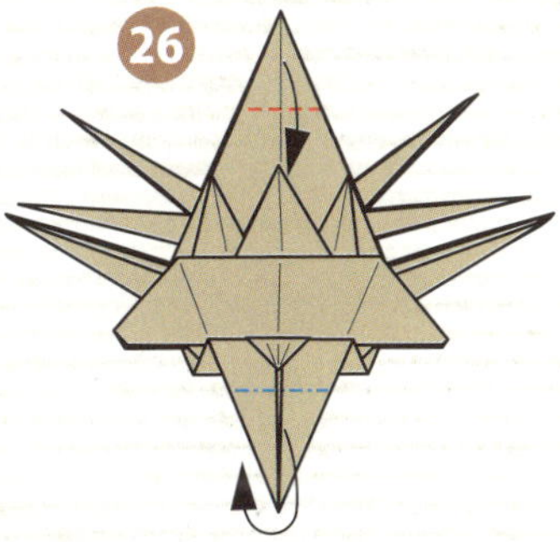

27

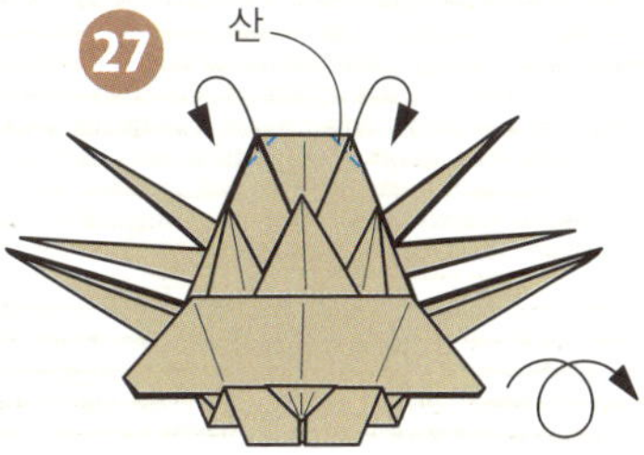

산

28

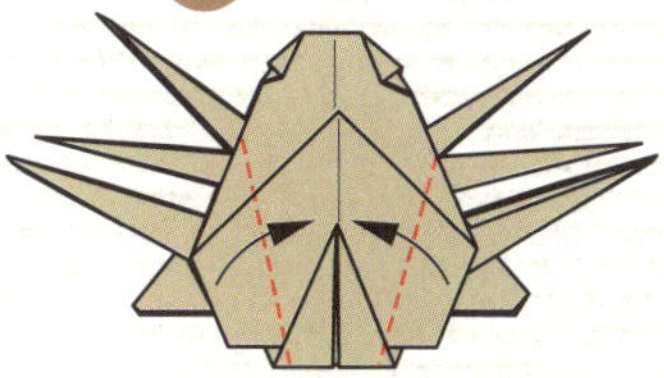

29

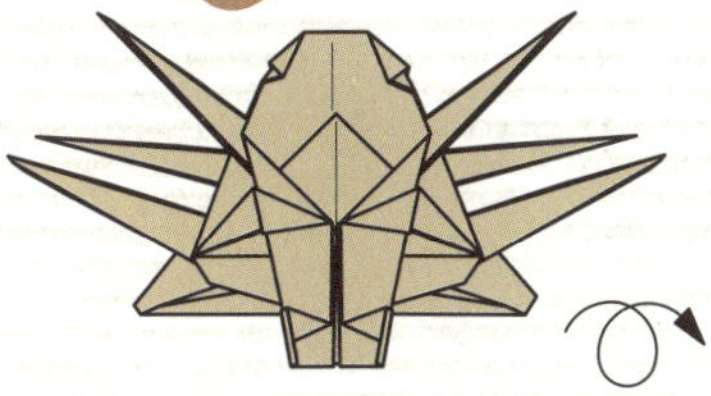

30

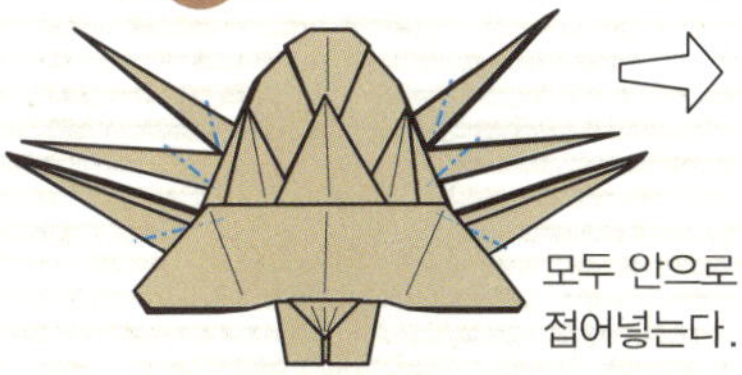

모두 안으로
접어넣는다.

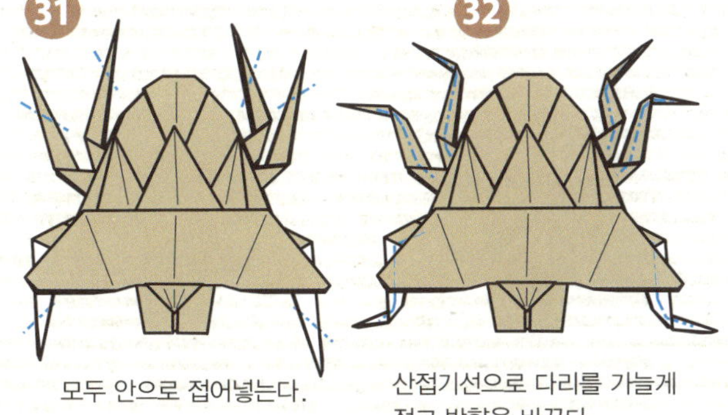

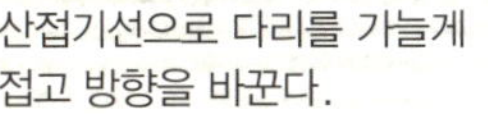

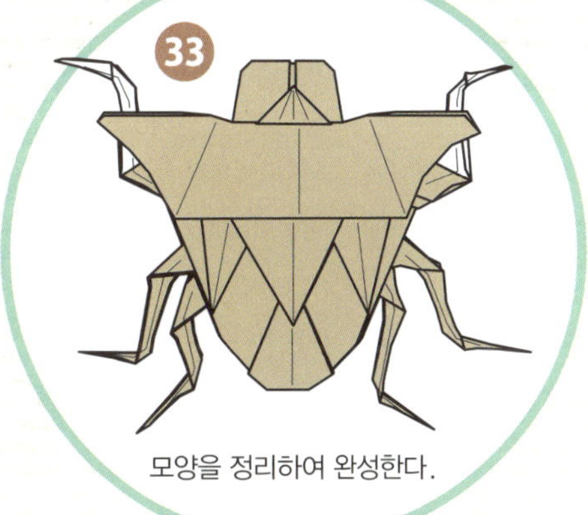

▶ 난이도 ★★★☆☆

매미

★ 사용한 종이

32×32cm 크기, 한 장

POINT

매미와 다음에 나오는 비상하는 장수풍뎅이(80쪽)는 같은 기본형에서 접기 시작하지만, 이 기본형에는 이름이 따로 없다. 순서 25의 날개가 되는 부분을 꺼내는 방법은 어렵지는 않지만, 설명과 그림만으로는 이해하기 어려우니 사진을 참고한다. 순서 39에서 씌워져 있는 한 장을 꺼내는 과정과 순서 45에서 누르는 과정이 있으므로 풀먹이기는 그후에 하는 것이 좋다. 더듬이는 조금이라도 머리보다 앞으로 나오도록 접는다. 순서 30~38에서 접은 부분이 짧은 다리가 되는데, 종이가 꽤 두꺼워지므로 얇은 종이를 선택한다. 작품 사진을 참고하여 마무리할 때 머리의 양쪽에서 눈이 되는 부분을 만들면 더욱 리얼해진다. 몸통의 가운데를 산으로 만들어 너무 평편한 느낌이 들지 않도록 하는 편이 입체감이 생긴다.

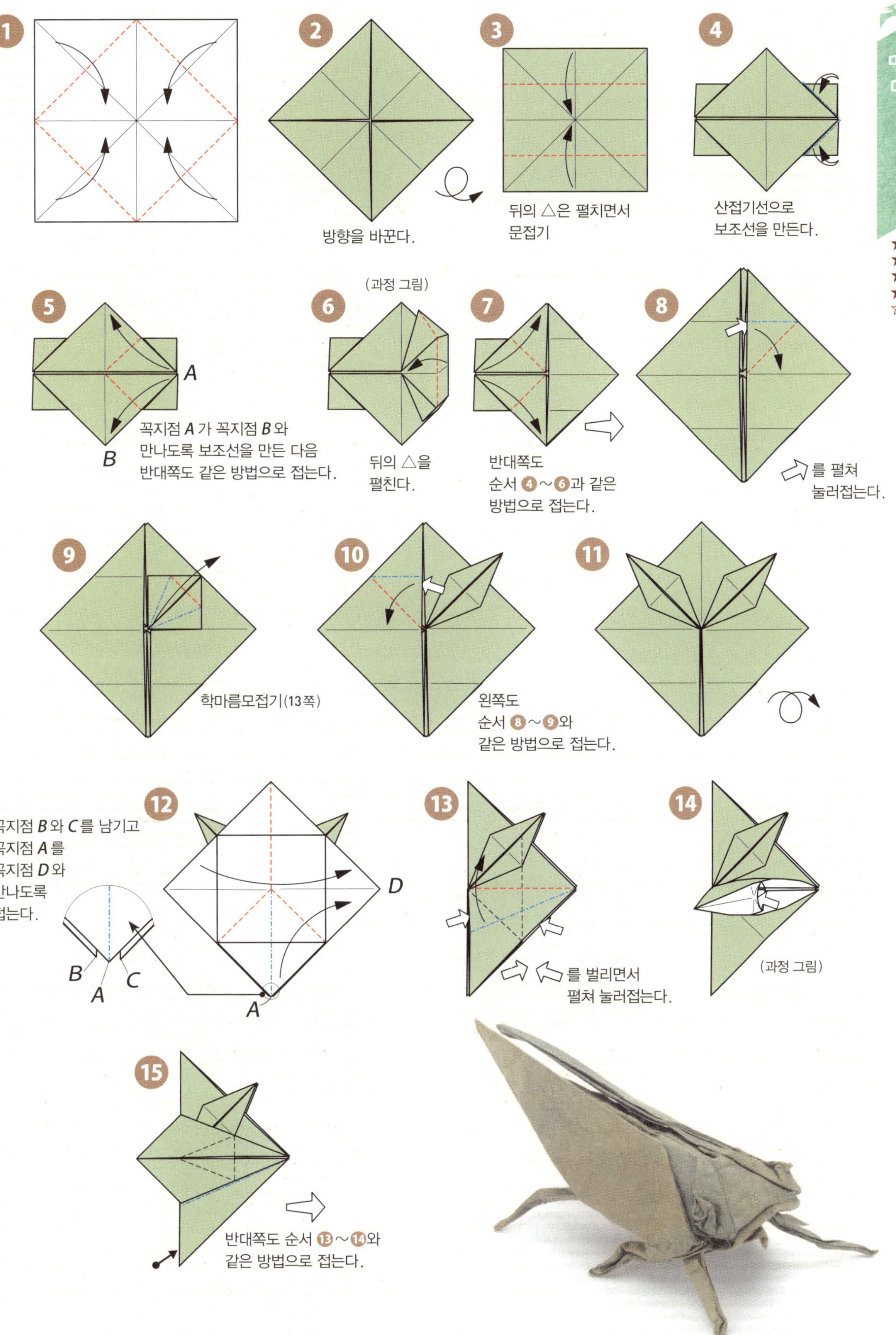
1
2
방향을 바꾼다.
3
뒤의 △은 펼치면서
문접기
4
산접기선으로
보조선을 만든다.
★★★☆☆
5
A
B
꼭지점 A 가 꼭지점 B 와
만나도록 보조선을 만든 다음
반대쪽도 같은 방법으로 접는다.
(과정 그림)
6
뒤의 △을
펼친다.
7
반대쪽도
순서 4~6과 같은
방법으로 접는다.
8
를 펼쳐
눌러접는다.
9
학마름모접기(13쪽)
10
왼쪽도
순서 8~9와
같은 방법으로 접는다.
11
12
꼭지점 B와 C를 남기고
꼭지점 A를
꼭지점 D와
만나도록
접는다.
B
A
C
A
D
13
를 벌리면서
펼쳐 눌러접는다.
14
(과정 그림)
15
반대쪽도 순서 13~14와
같은 방법으로 접는다.

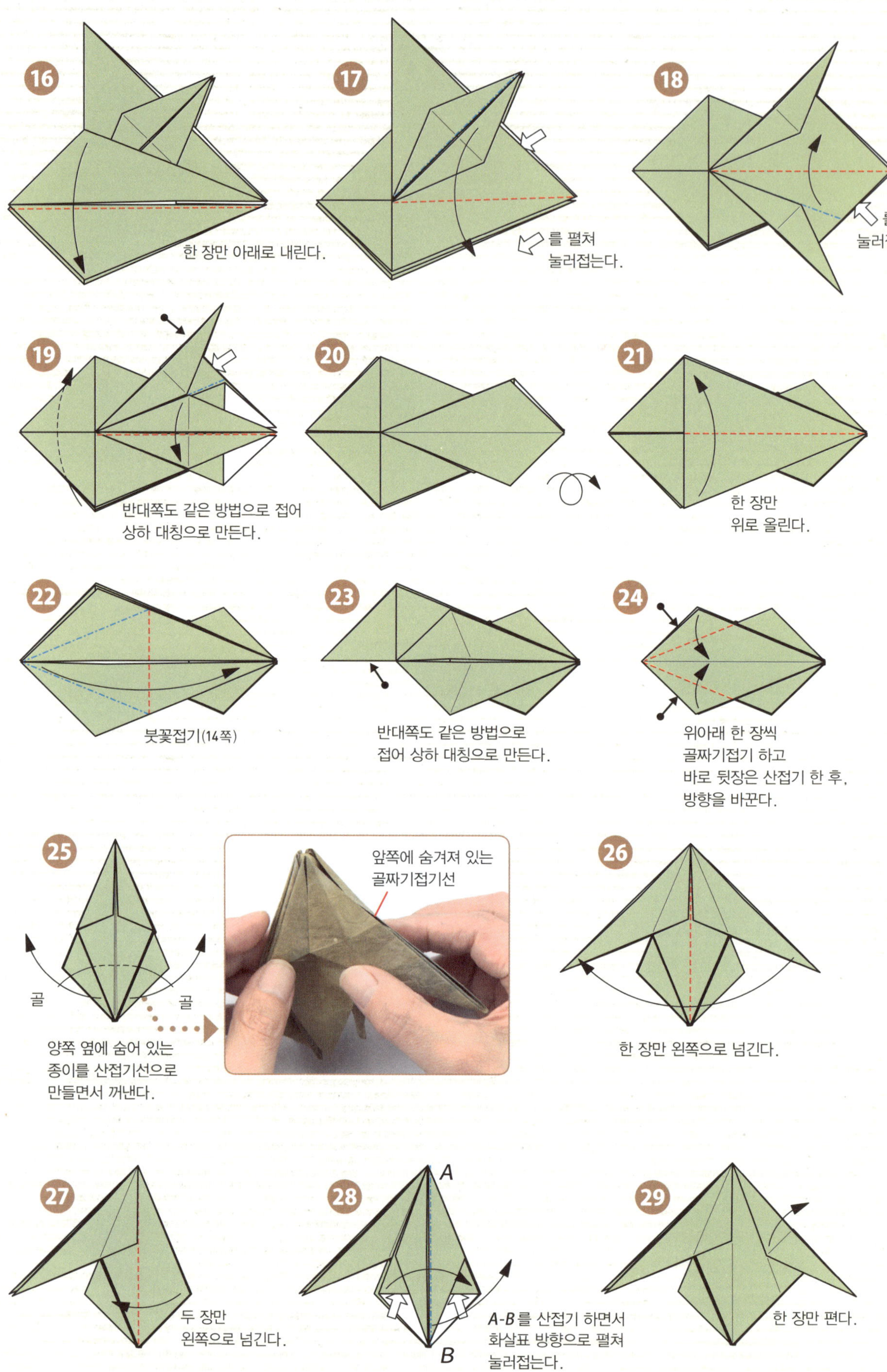
16
한 장만 아래로 내린다.
17
를 펼쳐
눌러접는다.
18
를 펼쳐
눌러접는다.
19
반대쪽도 같은 방법으로 접어
상하 대칭으로 만든다.
20
21
한 장만
위로 올린다.
22
붓꽃접기(14쪽)
23
반대쪽도 같은 방법으로
접어 상하 대칭으로 만든다.
24
위아래 한 장씩
골짜기접기 하고
바로 뒷장은 산접기 한 후,
방향을 바꾼다.
25
골
골
양쪽 옆에 숨어 있는
종이를 산접기선으로
만들면서 꺼낸다.
앞쪽에 숨겨져 있는
골짜기접기선
26
한 장만 왼쪽으로 넘긴다.
27
두 장만
왼쪽으로 넘긴다.
28
A
B
A-B를 산접기 하면서
화살표 방향으로 펼쳐
눌러접는다.
29
한 장만 편다.

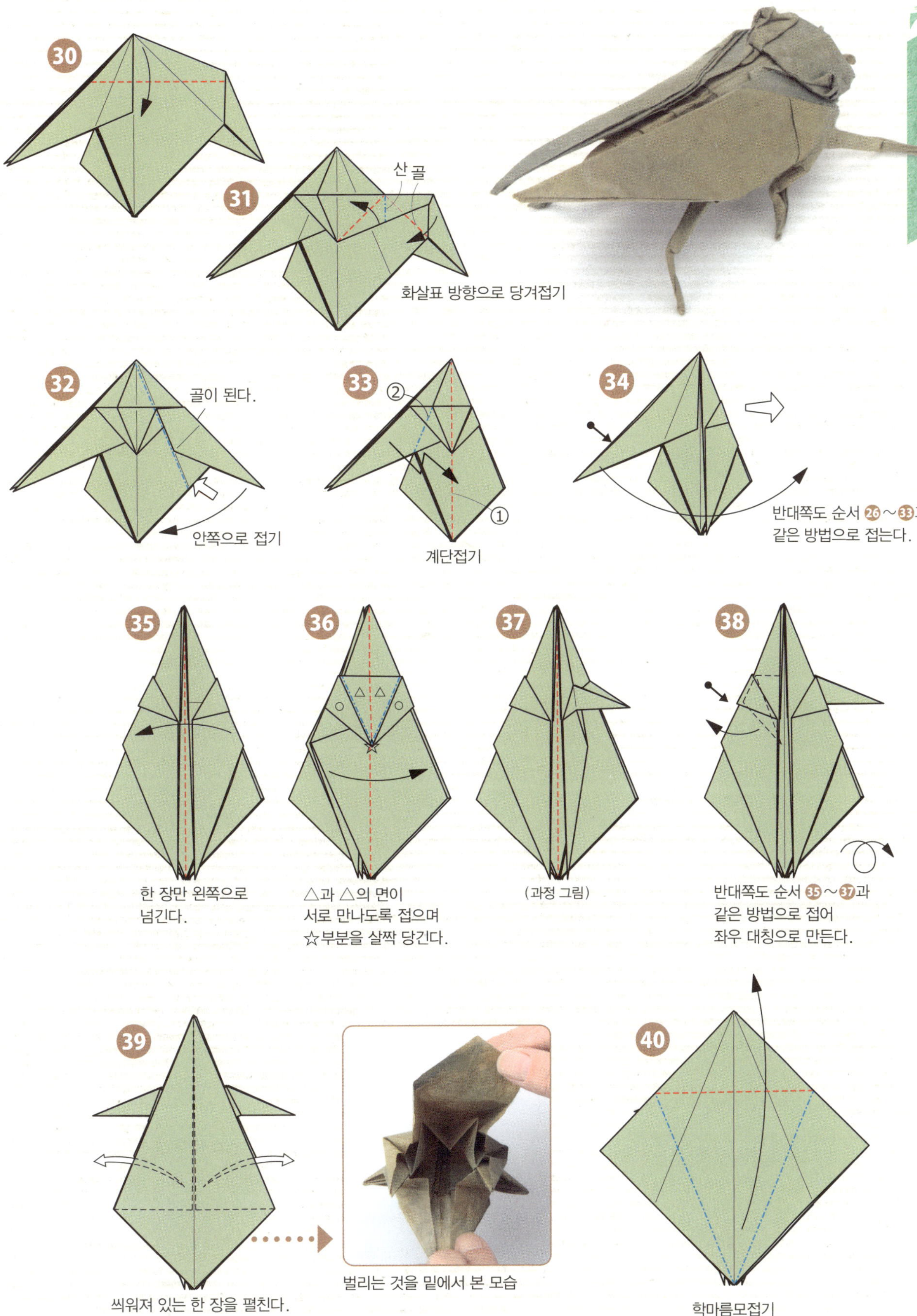

매미
30
31
산 골
화살표 방향으로 당겨접기
32
골이 된다.
안쪽으로 접기
33
②
①
계단접기
34
반대쪽도 순서 26~33과
같은 방법으로 접는다.
35
한 장만 왼쪽으로
넘긴다.
36
△과 △의 면이
서로 만나도록 접으며
☆부분을 살짝 당긴다.
37
(과정 그림)
38
반대쪽도 순서 35~37과
같은 방법으로 접어
좌우 대칭으로 만든다.
39
씌워져 있는 한 장을 펼친다.
벌리는 것을 밑에서 본 모습
40
학마름모접기

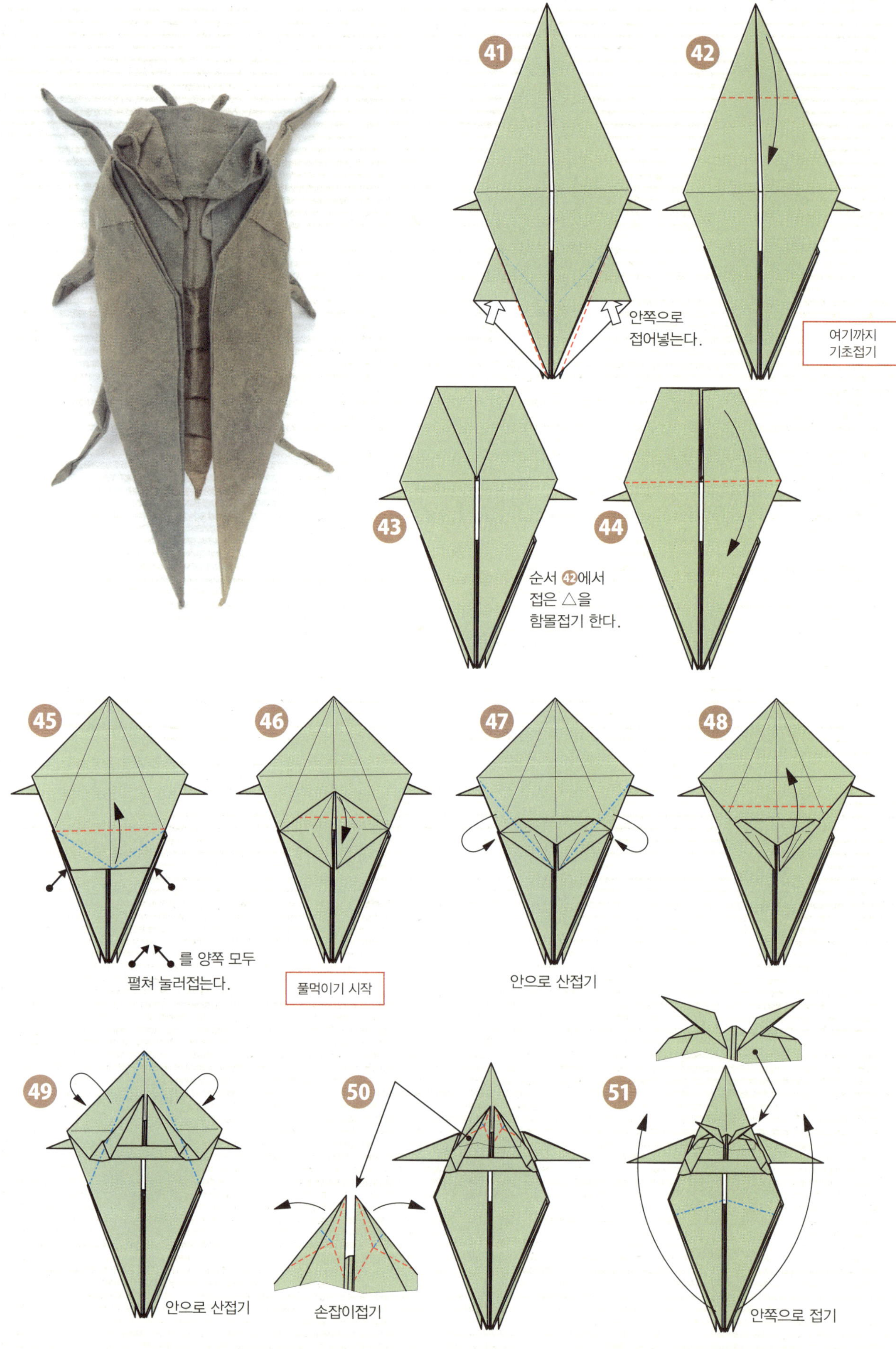
41
42
안쪽으로
접어넣는다.
여기까지
기초접기
43
44
순서 42에서
접은 △을
함몰접기 한다.
45
46
47
48
를 양쪽 모두
펼쳐 눌러접는다.
풀먹이기 시작
안으로 산접기
49
50
51
안으로 산접기
손잡이접기
안쪽으로 접기

★★★½☆

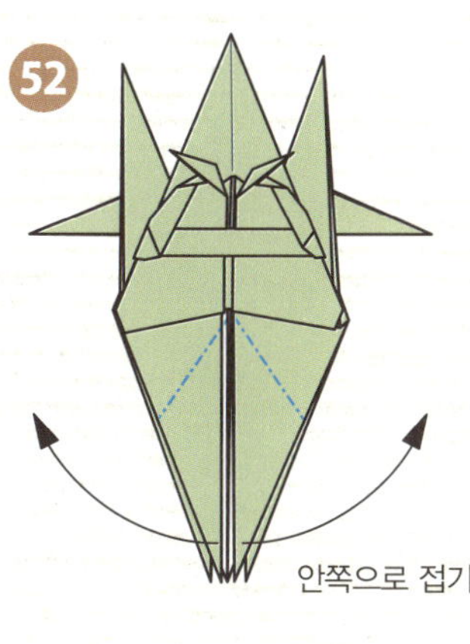

안쪽으로 접기

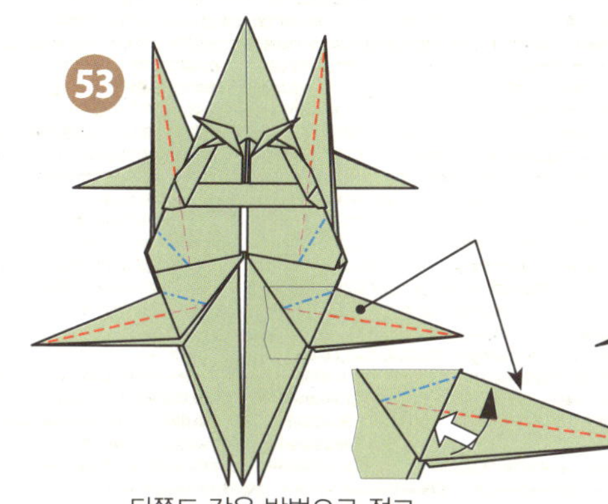

뒤쪽도 같은 방법으로 접고
나머지 세 곳도 같은 방법으로 접는다.

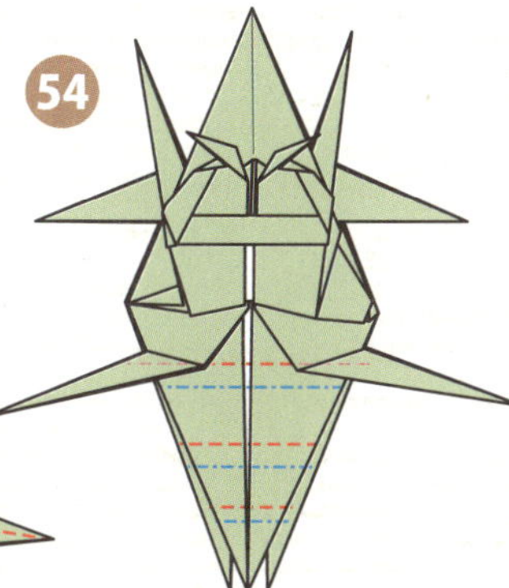

계단접기를 세 번 한다.

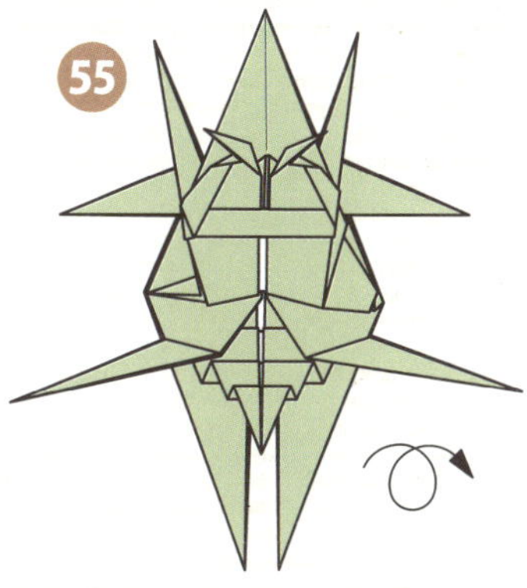

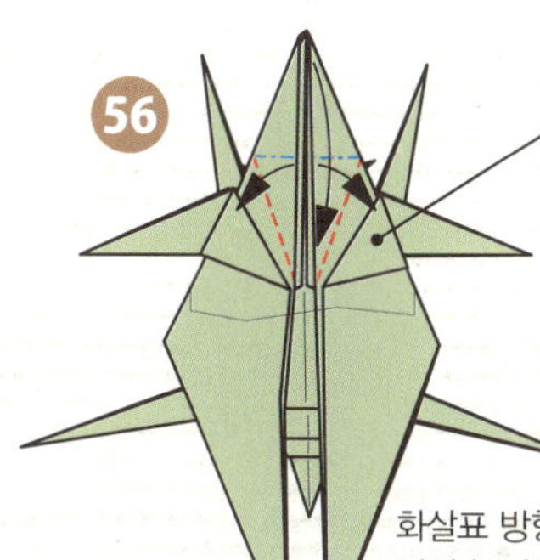

화살표 방향으로
펼쳐 눌러접는다.

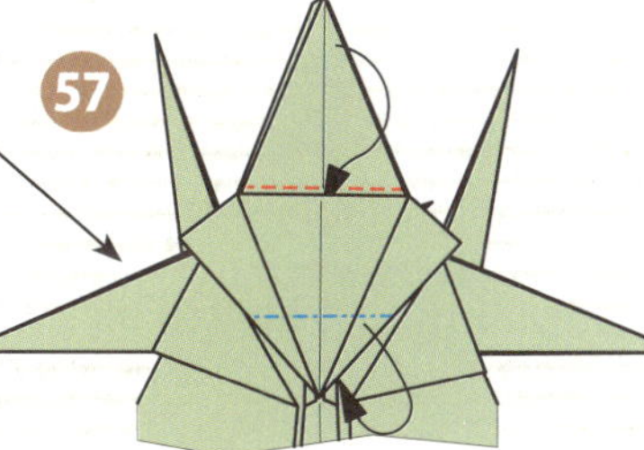

안으로 접어넣는다.

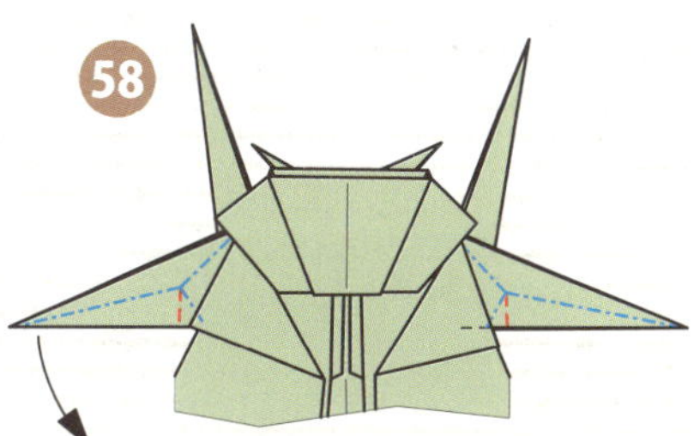

가늘게 접고 반대쪽도
같은 방법으로 접는다.

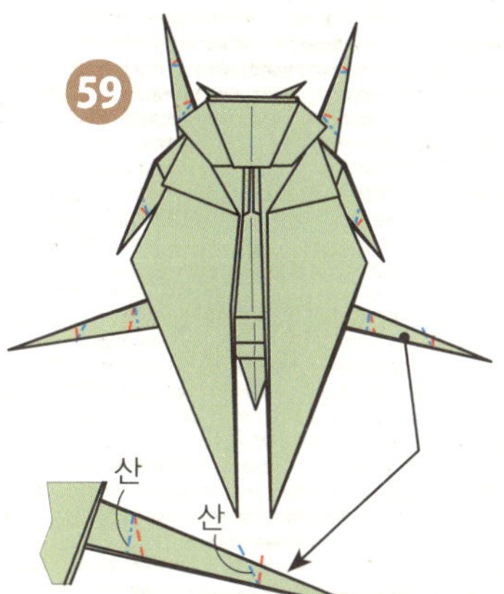

다리 여섯 개에 관절을 만든다.

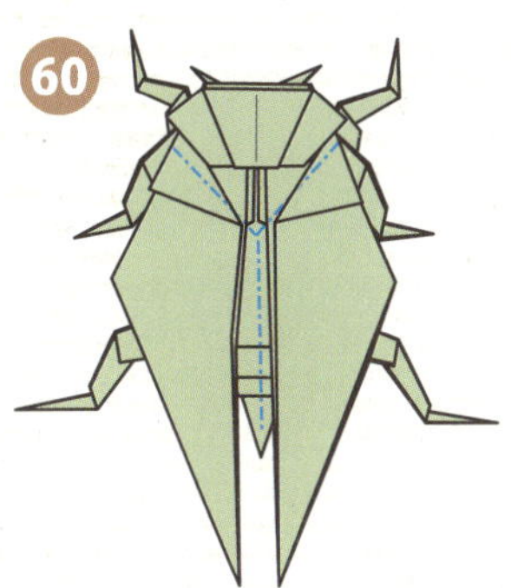

다리를 산접기선으로
가늘게 만들고
몸통을 입체적으로 다듬는다.

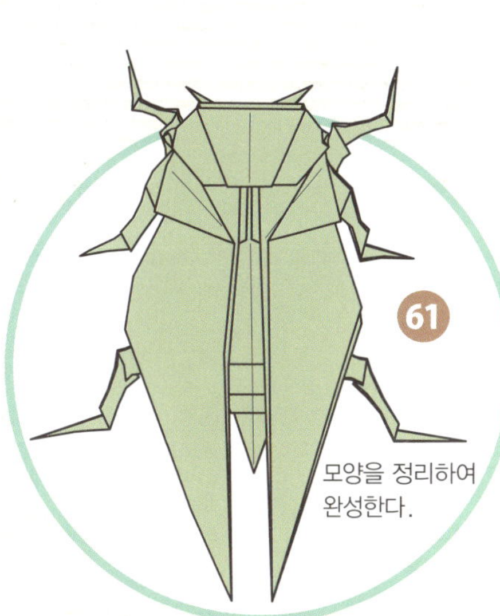

모양을 정리하여
완성한다.

▶난이도 ★★★☆☆

비상하는 장수풍뎅이

★ 사용한 종이

32×32cm 크기, 한 장

POINT

순서 ⑤의 누르는 과정에서 긴 뿔을 만들기 때문에 풀먹이기는 이 과정 다음에 한다. 매미(74쪽)의 순서 ㉚~㊳에서 만드는 모서리가 짧은 다리가 되는데, 이것이 앞다리다. 완성품을 위에서 볼 때 이 앞다리가 날개에 가려지지 않도록 한다. 순서 ⑯에서는 두꺼워진 종이를 누르므로 종이는 아무래도 얇은 것을 택하는 것이 좋다. 순서 ①~③은 두 번째 다리의 두께를 줄이기 위해 하는 과정이다. 머리 부분의 가운데를 산으로 만들어 입체감을 주면 한층 리얼하게 마무리된다. 위에서 보아 긴 뿔이 너무 가늘면 보기에 좋지 않으니 뿔이 나오는 부분부터 앞을 향해 조금씩 가늘어지도록 모양을 잡으면 된다.

매미의 순서 ㊷번(78쪽)부터

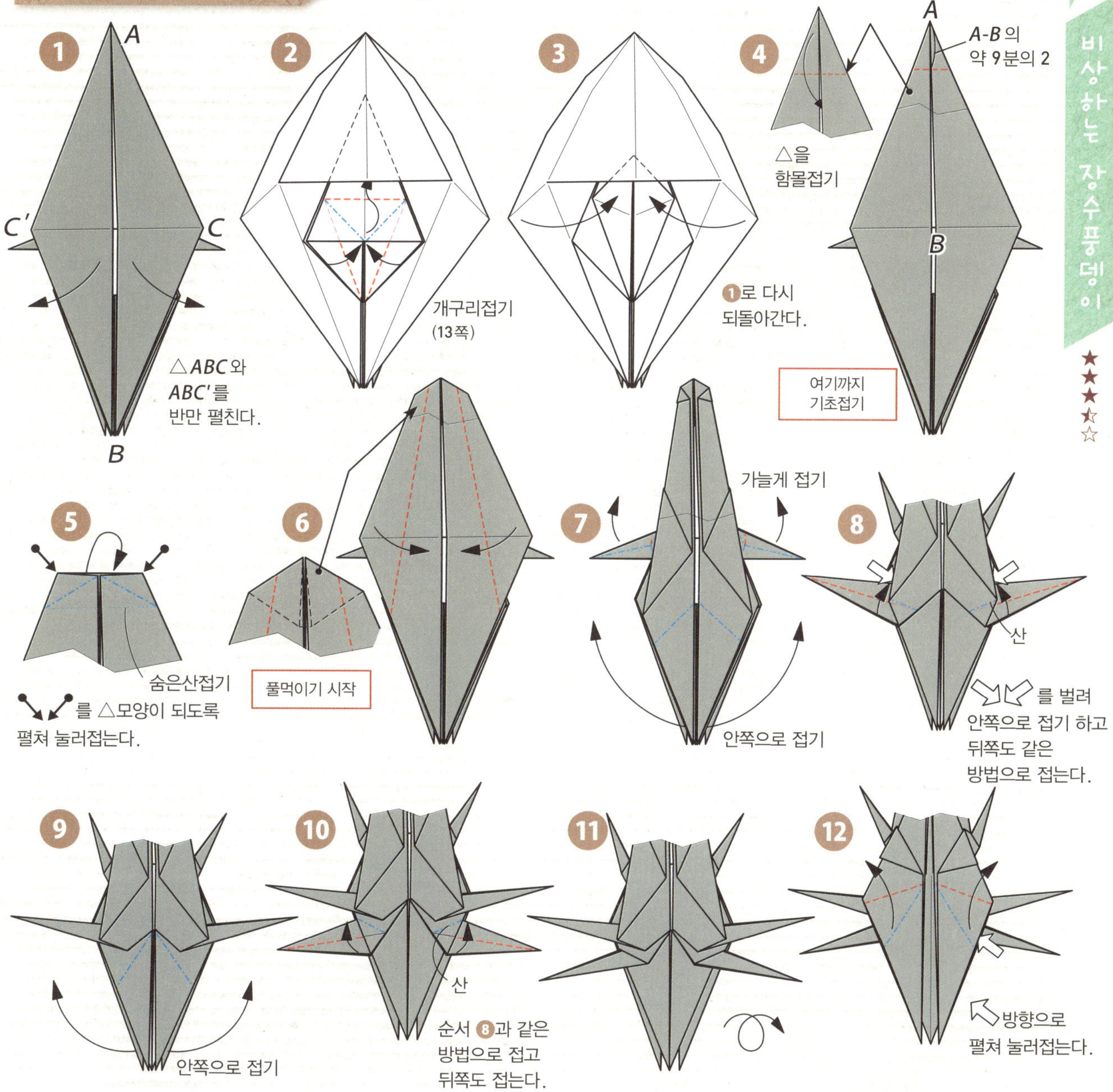

★★★☆☆

1
A
C′ C
B
△ABC와 ABC′를 반만 펼친다.

2
개구리접기 (13쪽)

3

4
△을 함몰접기
A
A-B의 약 9분의 2
B
❶로 다시 되돌아간다.

여기까지 기초접기

5
숨은산접기
를 △모양이 되도록 펼쳐 눌러접는다.

6
풀먹이기 시작

7
가늘게 접기
안쪽으로 접기

8
산
를 벌려 안쪽으로 접기 하고 뒤쪽도 같은 방법으로 접는다.

9
안쪽으로 접기

10
산
순서 ❽과 같은 방법으로 접고 뒤쪽도 접는다.

11

12
방향으로 펼쳐 눌러접는다.

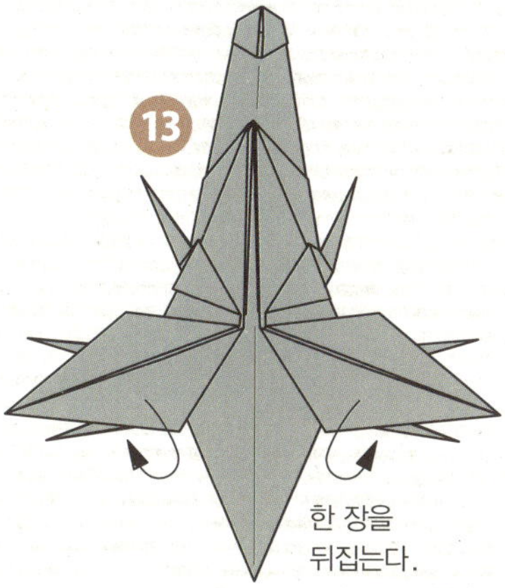

13
한 장을 뒤집는다.

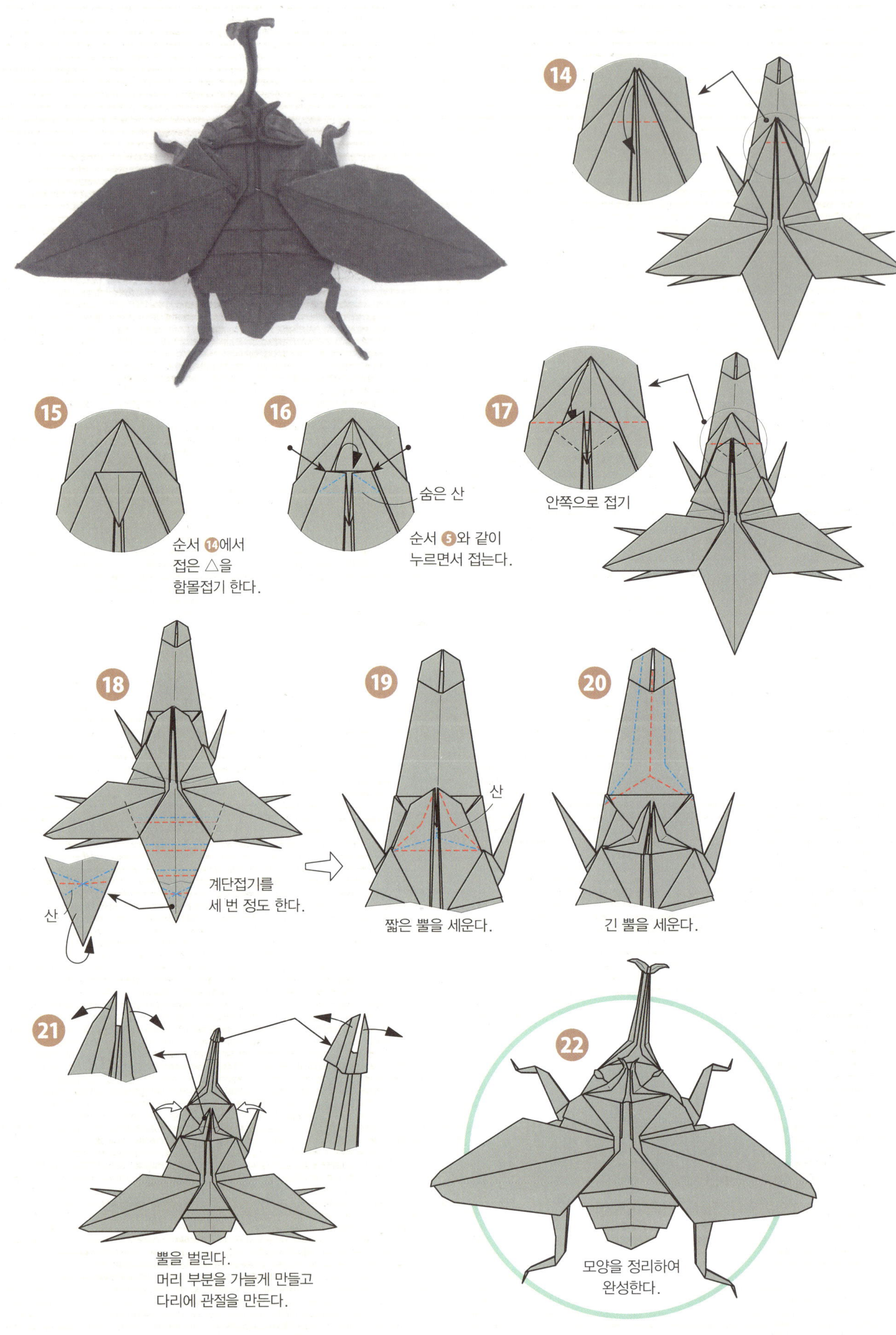
14
15
순서 14에서
접은 △을
함몰접기 한다.
16
숨은 산
순서 5와 같이
누르면서 접는다.
17
안쪽으로 접기
18
산
계단접기를
세 번 정도 한다.
19
산
짧은 뿔을 세운다.
20
긴 뿔을 세운다.
21
뿔을 벌린다.
머리 부분을 가늘게 만들고
다리에 관절을 만든다.
22
모양을 정리하여
완성한다.

▶ 난이도 ★★★★☆

오각장수풍뎅이

★ 사용한 종이

30×30cm 크기,
한 장

POINT

한 변을 3등분하고 나서 접기 시작한다※. 3등분한 후 4학(71쪽)을 접기 때문에 일반적인 4학보다 모서리를 네 개 더 많게 함으로써 뿔이 다섯 개 만들어진다. 3등분하는 방법은 순서 ①~③에서 설명하고 있지만, 오른쪽 아래의 그림처럼 해도 된다. 짧은 뿔 네 개는 상당히 두꺼워지므로 얇은 종이를 택하는 것이 좋다. 순서 ⑦~⑲는 크기는 다르지만 봉황(110쪽)과 같다. 순서 ⑱에서 다시 접는 과정은 사진을 참고하자. 풀먹이기는 순서 ㉕의 뿔 두 개가 완성된 시점에서 뿔 부분의 안쪽에 한다. 순서 64에서 접혀 있는 한 장을 꺼내 머리를 만드는데, 이때 머리가 지나치게 커지지 않도록 주의한다. 짧은 뿔 네 개가 나오는 부분은 머리 안에 풀을 먹여 두면 좋다.

※ 3등분 접기

순서 ①~③의 방법으로 한 변을 3등분할 수 있으나, 아래 그림처럼 보조선으로 3단으로 접고 세 개의 폭이 같아지도록 조정해도 된다.

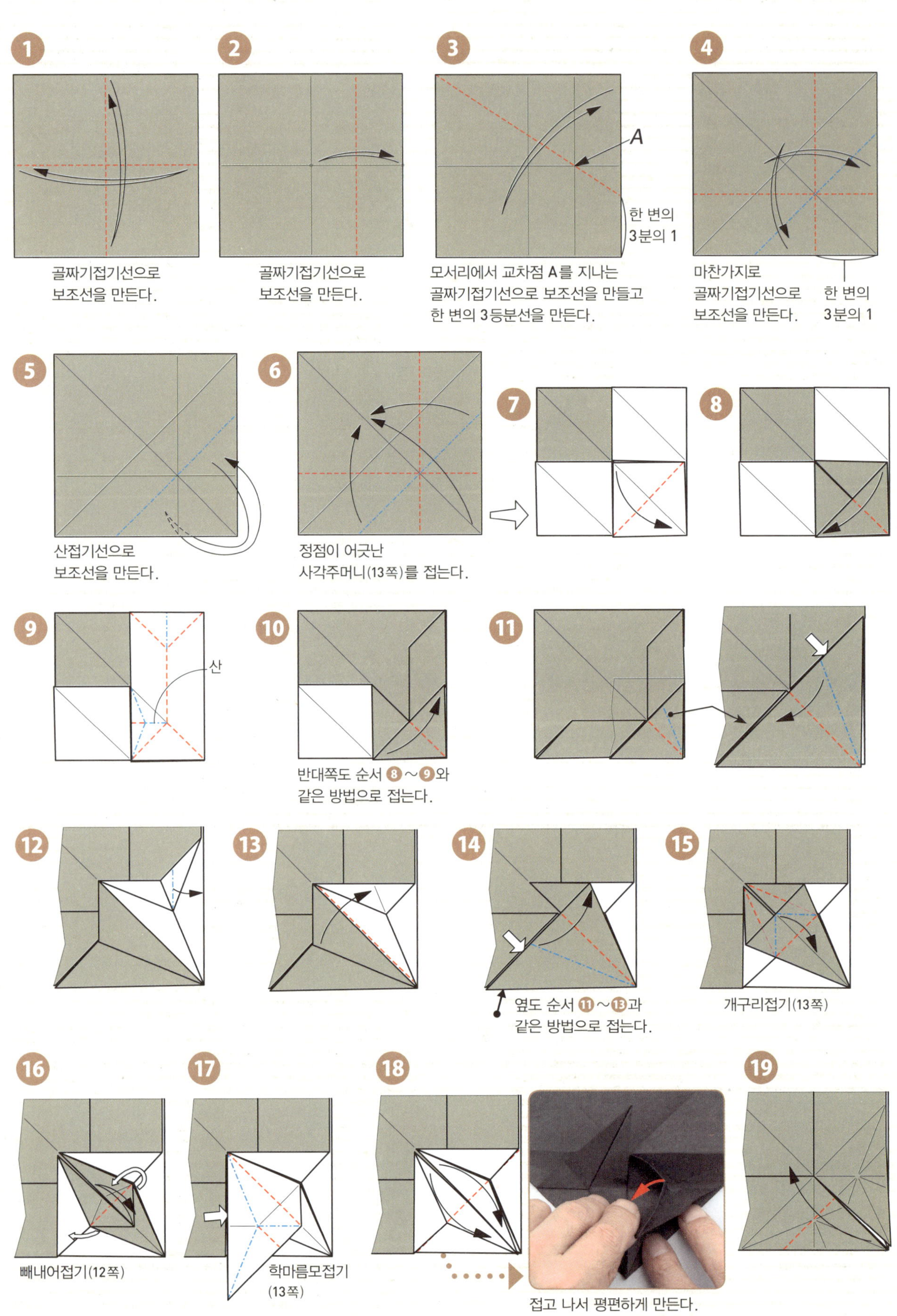
1
골짜기접기선으로
보조선을 만든다.
2
골짜기접기선으로
보조선을 만든다.
3
A
한 변의
3분의 1
모서리에서 교차점 A를 지나는
골짜기접기선으로 보조선을 만들고
한 변의 3등분선을 만든다.
4
마찬가지로
골짜기접기선으로
보조선을 만든다.
한 변의
3분의 1
5
산접기선으로
보조선을 만든다.
6
정점이 어긋난
사각주머니(13쪽)를 접는다.
7
8
9
산
10
반대쪽도 순서 8~9와
같은 방법으로 접는다.
11
12
13
14
옆도 순서 11~13과
같은 방법으로 접는다.
15
개구리접기(13쪽)
16
빼내어접기(12쪽)
17
학마름모접기
(13쪽)
18
접고 나서 평편하게 만든다.
19

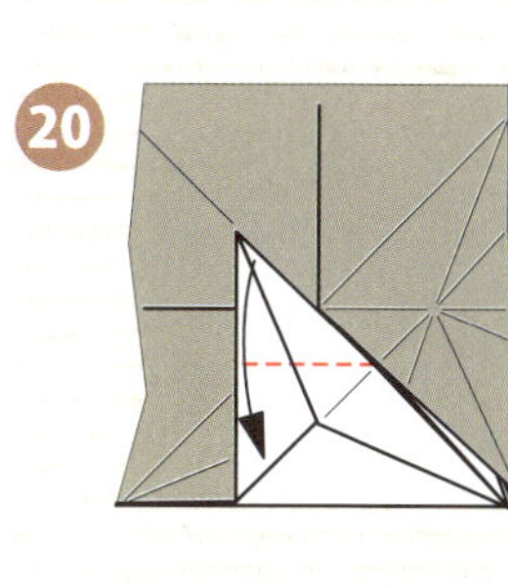

20

21
안쪽으로 접기

22
안쪽으로 접기

23
안쪽으로 접기

24
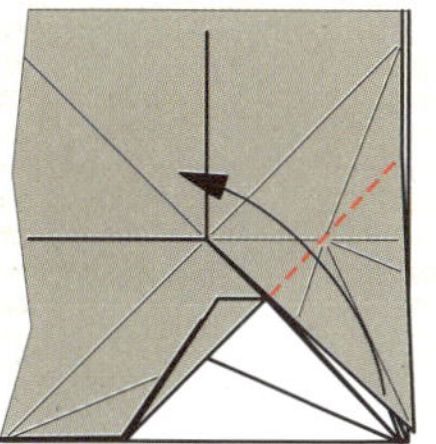
반대쪽도 순서 19~23과 같은 방법으로 접는다.

25
확대 부분만 풀먹이기
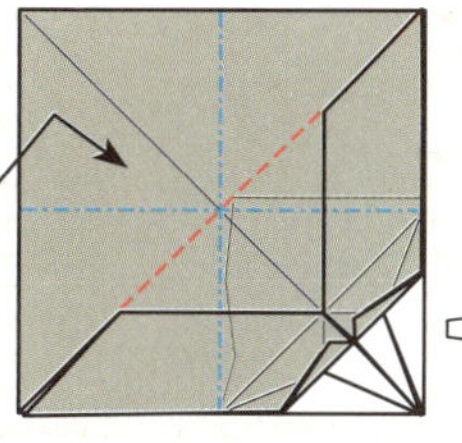
이 면을 바깥으로 하여 사각주머니를 접고 방향을 바꾼다.

26
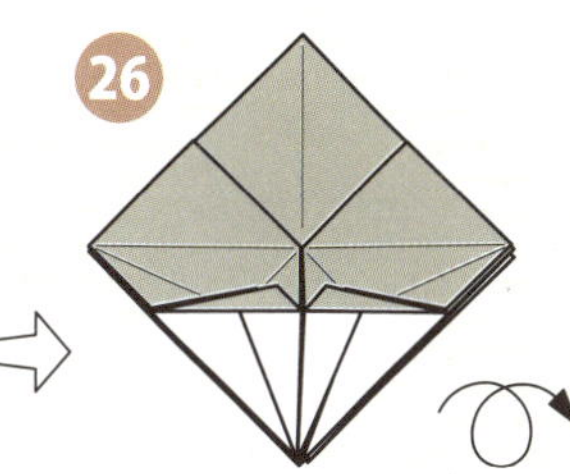

27
이웃해 있는 두 곳도 같은 방법으로 접는다.

28
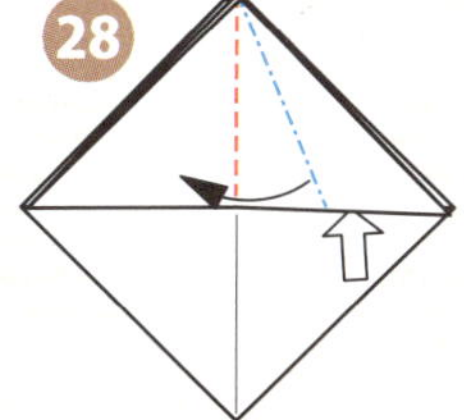
화살표 방향으로 펼쳐 눌러접는다.

29
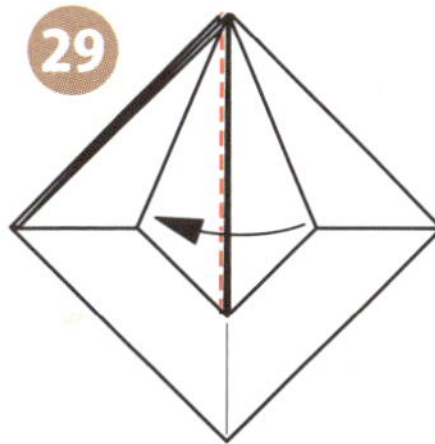
한 장만 왼쪽으로 넘긴다.

30
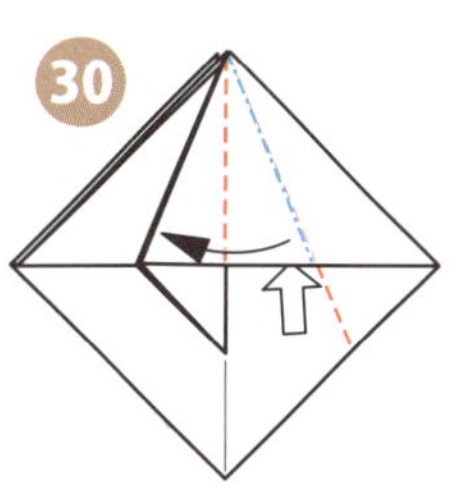

31
세 장을 오른쪽으로 보낸다.

32
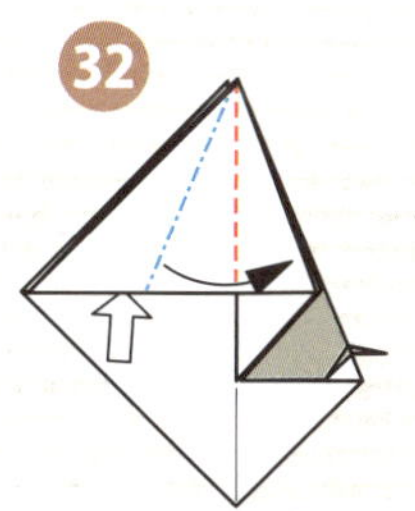
반대쪽도 순서 28~31과 같은 방법으로 접어 좌우 대칭으로 만든다.

33
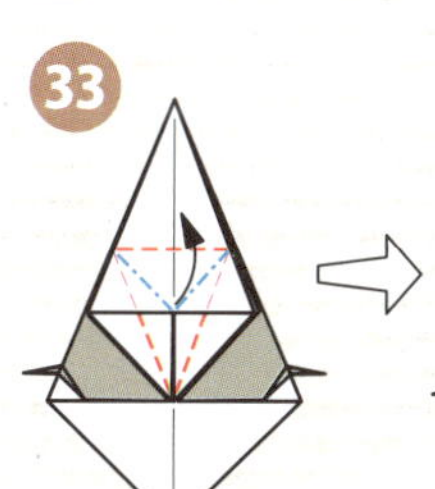
개구리접기

34
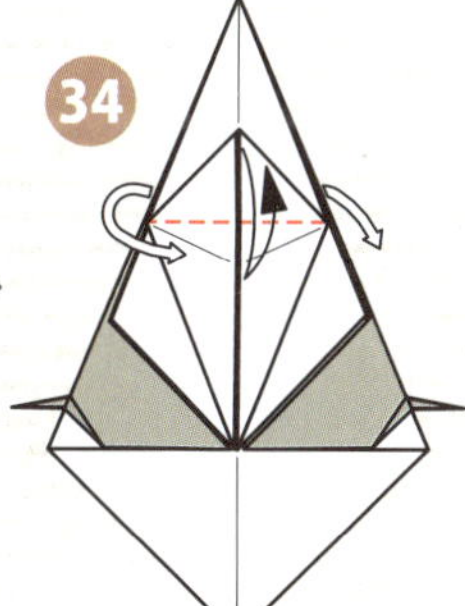
빼내어접기

35
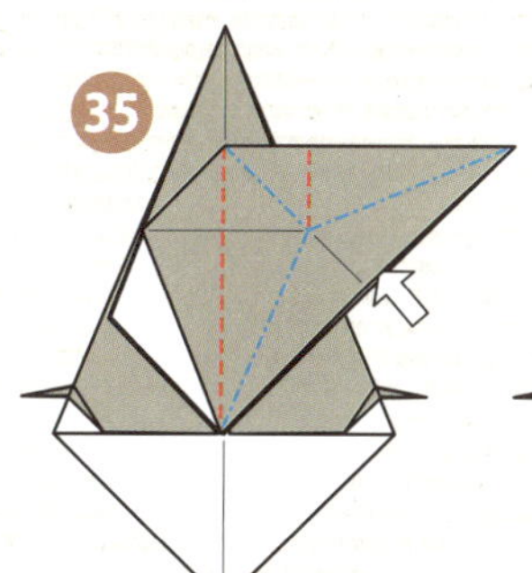
학마름모접기

36
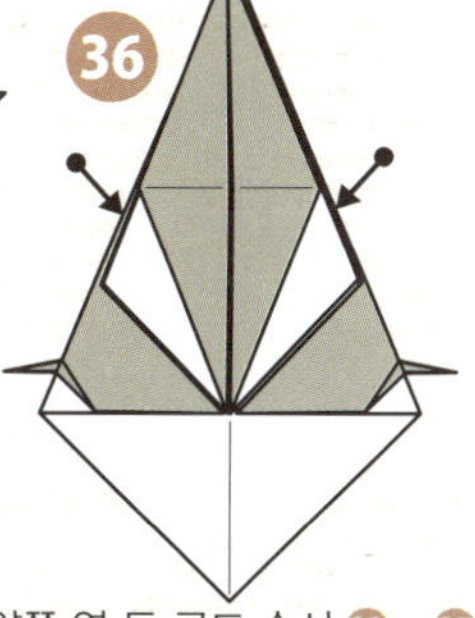
양쪽 옆 두 곳도 순서 33~35와 같은 방법으로 접는데, 학마름모는 접지 않는다.

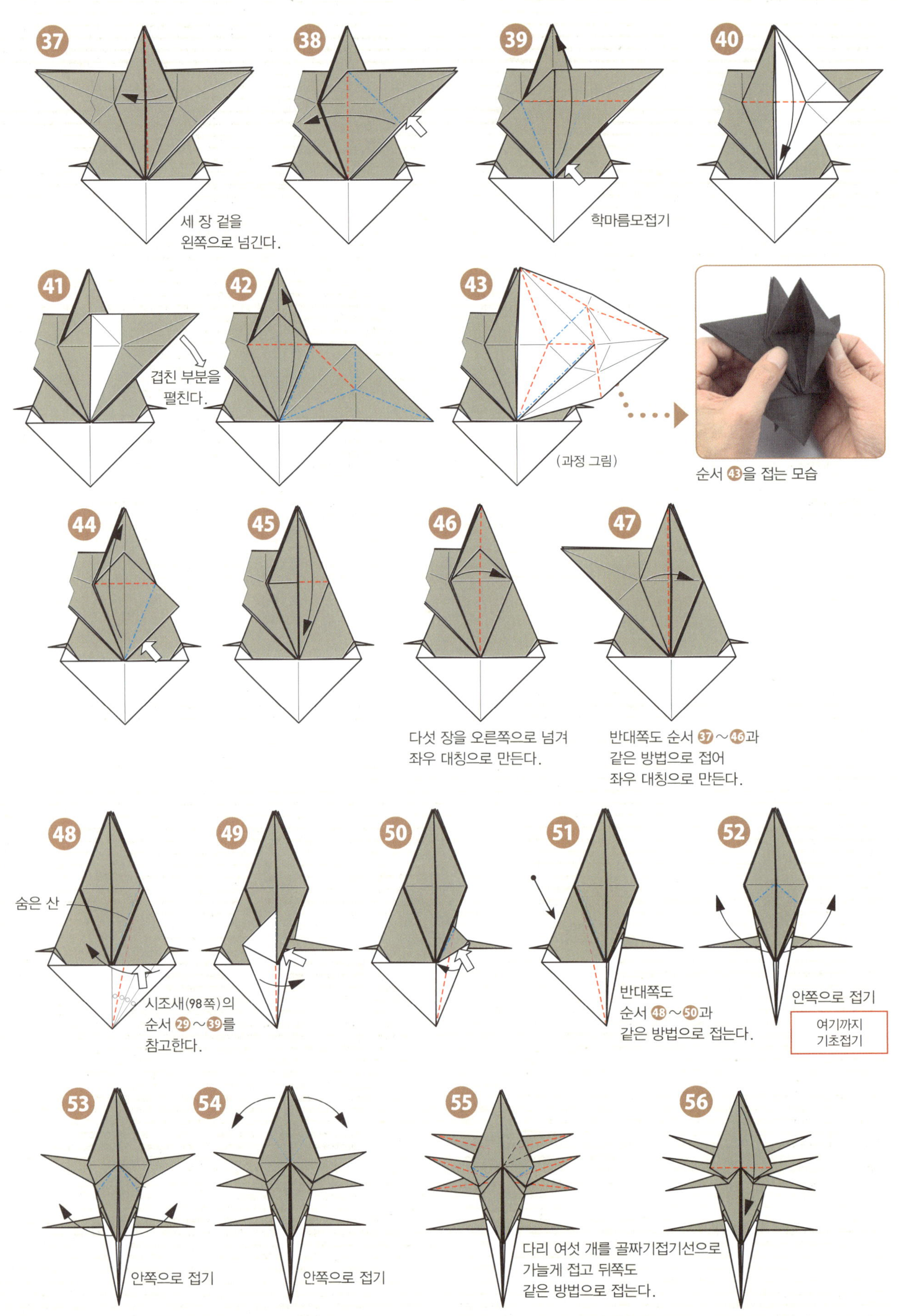
37
38
39
40
세 장 겉을
왼쪽으로 넘긴다.
학마름모접기
41
42
43
겹친 부분을
펼친다.
(과정 그림)
순서 43을 접는 모습
44
45
46
47
다섯 장을 오른쪽으로 넘겨
좌우 대칭으로 만든다.
반대쪽도 순서 37~46과
같은 방법으로 접어
좌우 대칭으로 만든다.
48
49
50
51
52
숨은 산
시조새(98쪽)의
순서 29~39를
참고한다.
반대쪽도
순서 48~50과
같은 방법으로 접는다.
안쪽으로 접기
여기까지
기초접기
53
54
55
56
안쪽으로 접기
안쪽으로 접기
다리 여섯 개를 골짜기접기선으로
가늘게 접고 뒤쪽도
같은 방법으로 접는다.

★★★★☆

57

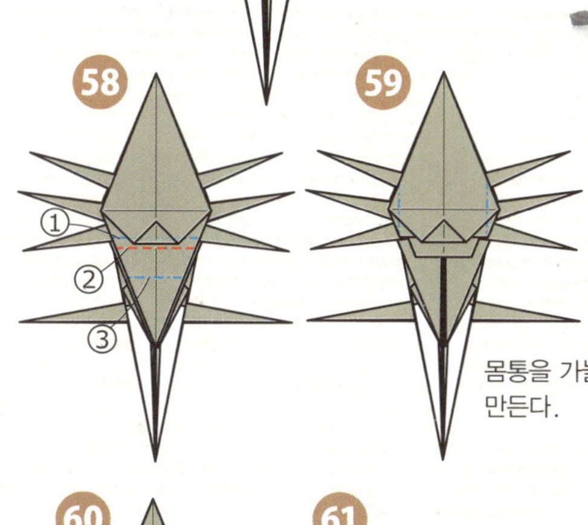

몸통을 가늘게 만든다.

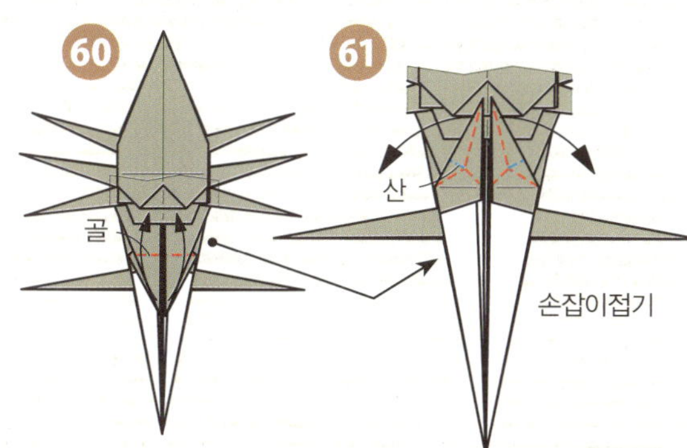

손잡이접기

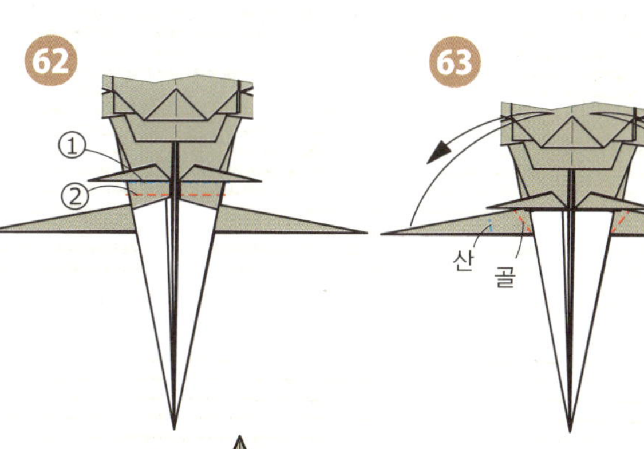

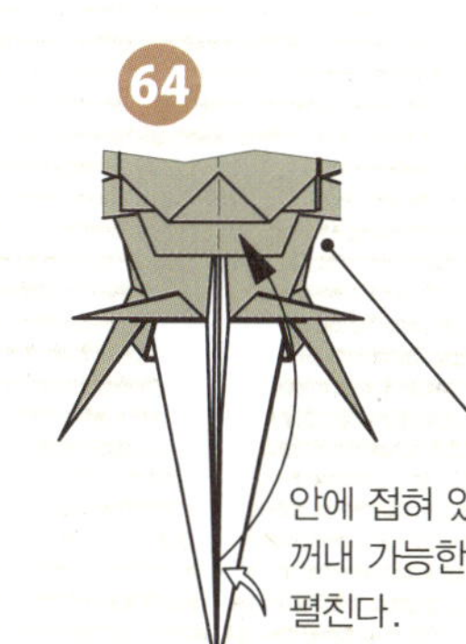

안에 접혀 있는 한 장을 꺼내 가능한 한 크게 펼친다.

65

풀먹이기 시작

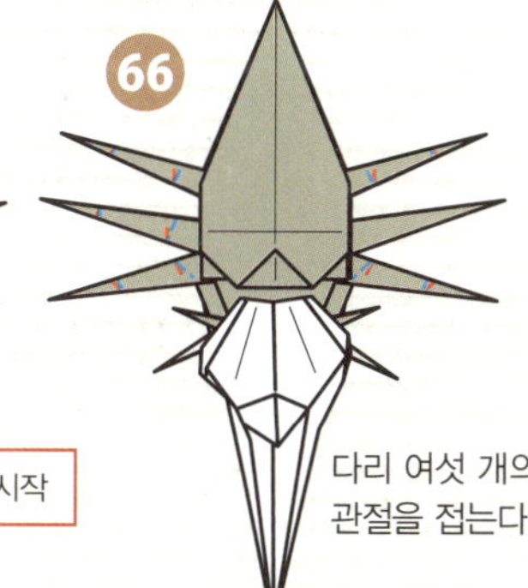

다리 여섯 개의 관절을 접는다.

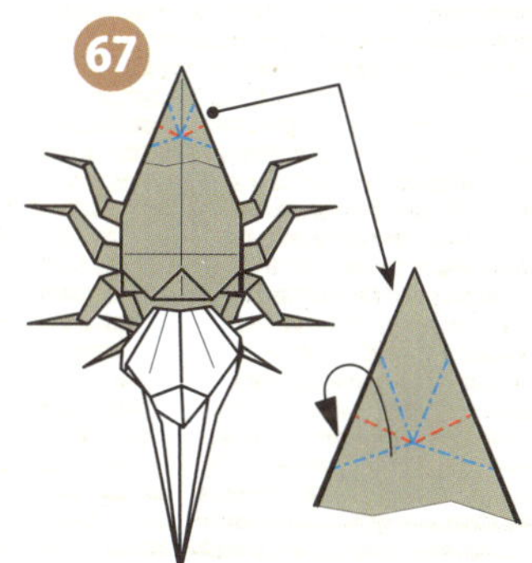

68

를 가늘게 만든다.

다리 여섯 개를 가늘게 만들고, 뿔을 활 모양으로 들어올린 다음 방향을 바꾼다.

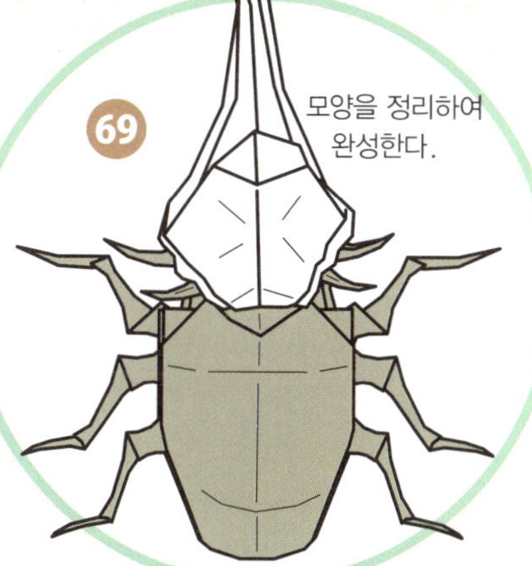

모양을 정리하여 완성한다.

REAL ORIGAMI

▶ 난이도 ★★★★★

잠자리

★ 사용한 종이

32×32cm 크기, 한 장

POINT

이 책에서 가장 과정이 긴 작품인데, 대부분이 기초접기이므로 그림과 사진을 참고하며 접는다. 노린재(71쪽)에 등장한 4학을 발전시킨 이른바 8학이라고도 할 수 있는 것으로, 곳곳에 빼내어접기(12쪽)나 뒤집기 과정이 있다. 기초접기 완성까지는 순서 22까지 접은 보조선의 산을 골, 혹은 골을 산으로 할 뿐 새로 보조선을 만들지 않는다. 쓸모없는 보조선을 추가하지 않도록 주의한다. 날개 네 개를 뒤집기 때문에 인사이드아웃(24쪽)이라고도 할 수 있으나, 이 경우에는 날개 가운데에 생기는 선을 지우는 것이 목적이다. 날개를 뒤집고 나서 풀을 먹이면 좋겠지만, 뒷면을 충분히 풀먹일 수 없기 때문에 겉면의 빈틈에도 자주 풀먹이기를 하는 편이 좋다. 순서 108에서 몸을 가늘게 만드는 과정은 충분히 풀먹이기가 되어 있지 않으면 어렵다.

1

2 사각주머니(13쪽)를 접는다.

3 화살표 방향으로 펼쳐 눌러접는다.

4 개구리접기 (13쪽)

5 빼내어접기(12쪽)

6 방향으로 펼쳐 눌러접는다.

7

8

9 두 장을 왼쪽으로 넘긴다.

10

11 A B C 모든 △ABC를 오른쪽으로 넘긴다.

12

13 한 장만 왼쪽으로 넘긴다.

14

15

16

17

18 를 펼쳐 눌러접는다.

19 나머지 두 곳도 같은 방법으로 접어 좌우 대칭이 되도록 한다.

20 붓꽃접기(14쪽)

21 나머지 두 곳도 같은 방법으로 접어 좌우 대칭이 되도록 한다.

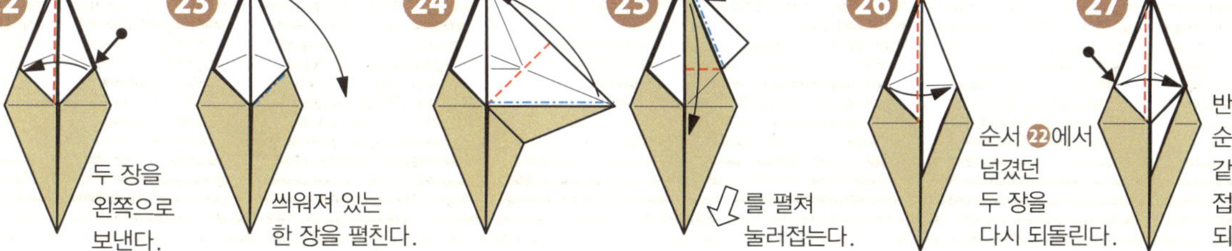

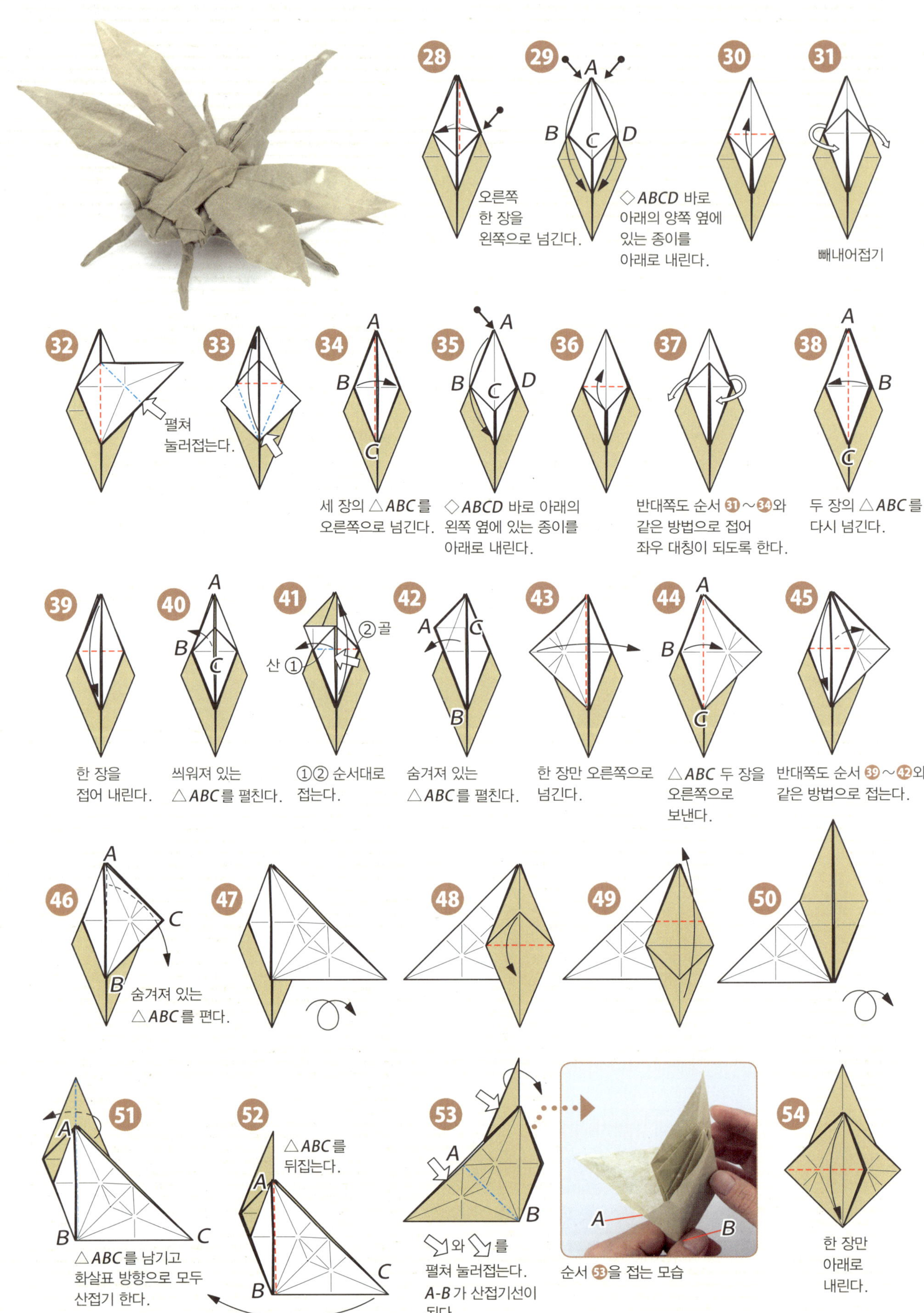
28
오른쪽
한 장을
왼쪽으로 넘긴다.
29
A
B
C
D
◇ABCD 바로
아래의 양쪽 옆에
있는 종이를
아래로 내린다.
30
31
빼내어접기
32
펼쳐
눌러접는다.
33
34
A
B
C
세 장의 △ABC를
오른쪽으로 넘긴다.
35
A
B
C
D
◇ABCD 바로 아래의
왼쪽 옆에 있는 종이를
아래로 내린다.
36
37
반대쪽도 순서 31~34와
같은 방법으로 접어
좌우 대칭이 되도록 한다.
38
A
B
C
두 장의 △ABC를
다시 넘긴다.
39
한 장을
접어 내린다.
40
A
B
C
씌워져 있는
△ABC를 펼친다.
41
②골
산①
①② 순서대로
접는다.
42
A
C
B
숨겨져 있는
△ABC를 펼친다.
43
한 장만 오른쪽으로
넘긴다.
44
A
B
C
△ABC 두 장을
오른쪽으로
보낸다.
45
반대쪽도 순서 39~42와
같은 방법으로 접는다.
46
A
C
B
숨겨져 있는
△ABC를 편다.
47
48
49
50
51
A
B
C
△ABC를 남기고
화살표 방향으로 모두
산접기 한다.
52
A
B
C
△ABC를
뒤집는다.
53
A
B
와 를
펼쳐 눌러접는다.
A-B가 산접기선이
된다.
A
B
순서 53을 접는 모습
54
한 장만
아래로
내린다.

55

두 장을 왼쪽으로 넘긴다.

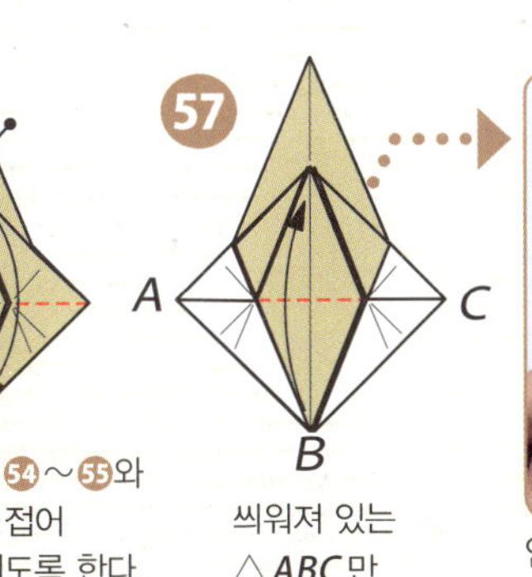

56

반대쪽도 순서 54~55와 같은 방법으로 접어 좌우 대칭이 되도록 한다.

57

씌워져 있는 △*ABC*만 위로 올린다.

안에 있는 꼭지점을 남기고 접는다.

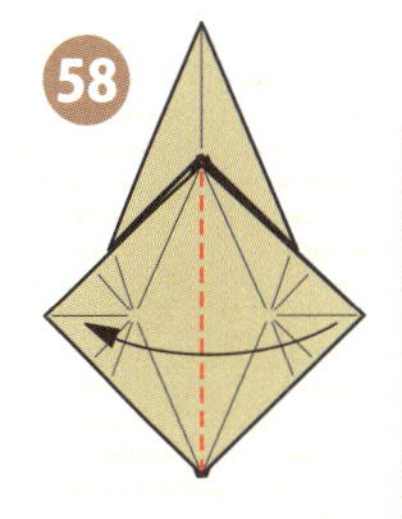

59

한 장만 아래로 내린다.

60

펼쳐 눌러접기

61

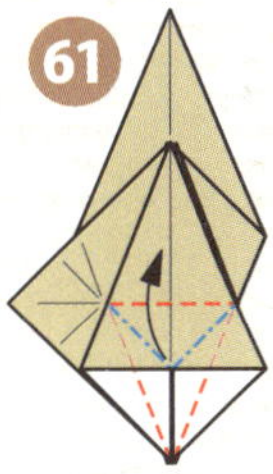

개구리접기

62

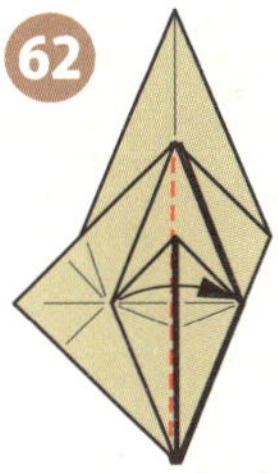

63

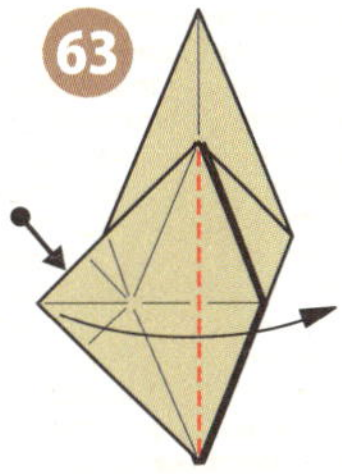

반대쪽도 순서 58~62와 같은 방법으로 접어 좌우 대칭이 되도록 한다.

64

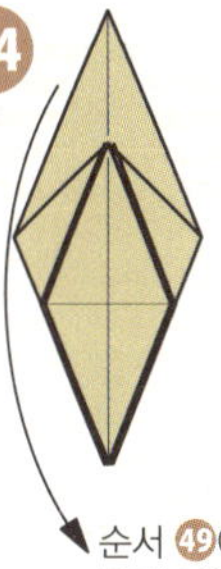

순서 49에서 올린 부분을 내린다.

65

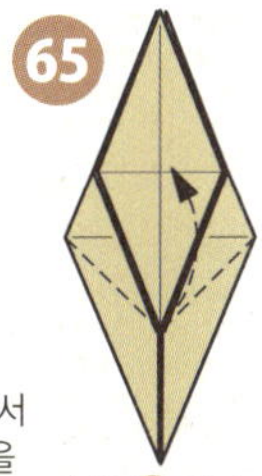

순서 48에서 내린 △(뒤쪽)을 올린다.

66

△*ABC* 세 장을 왼쪽으로 넘긴다.

67

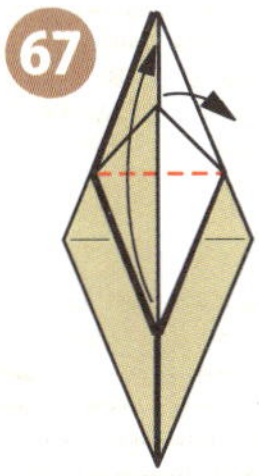

순서 40~42와 같은 방법으로 접는다.

68

씌워져 있는 나머지 부분도 펼친다.

69

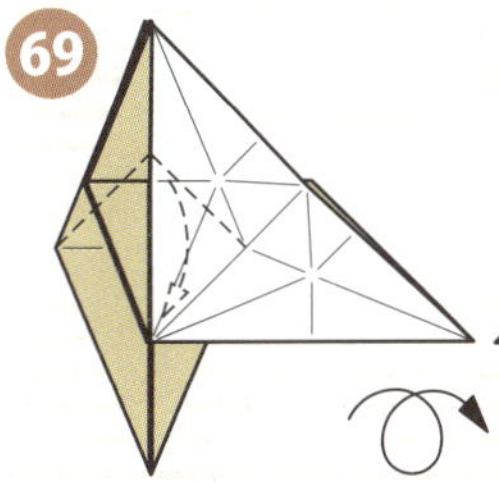

뒤의 △을 내린다.

70

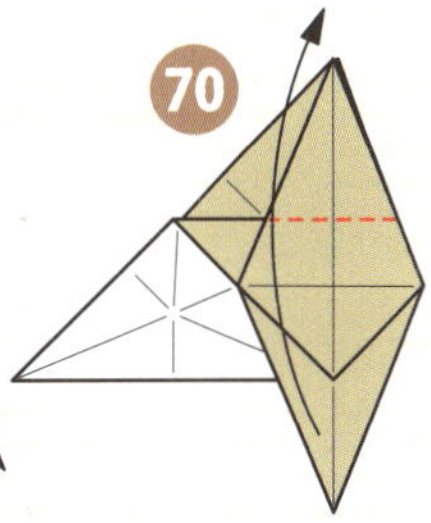

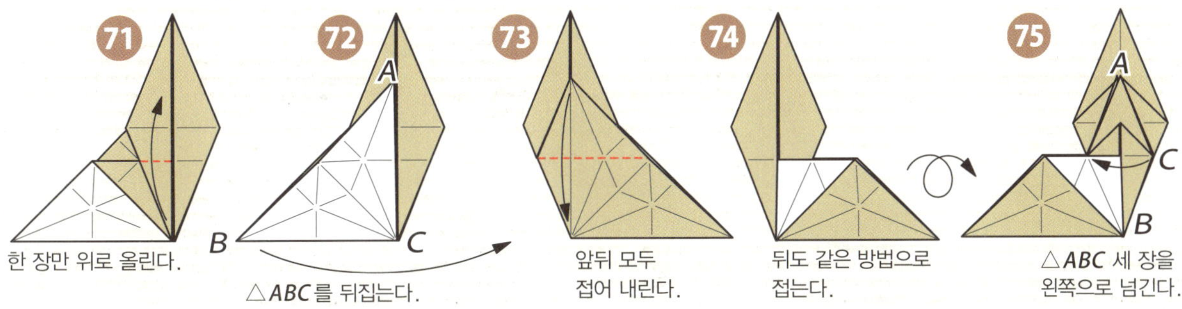

71 한 장만 위로 올린다.

72 △*ABC*를 뒤집는다.

73 앞뒤 모두 접어 내린다.

74 뒤도 같은 방법으로 접는다.

75 △*ABC* 세 장을 왼쪽으로 넘긴다.

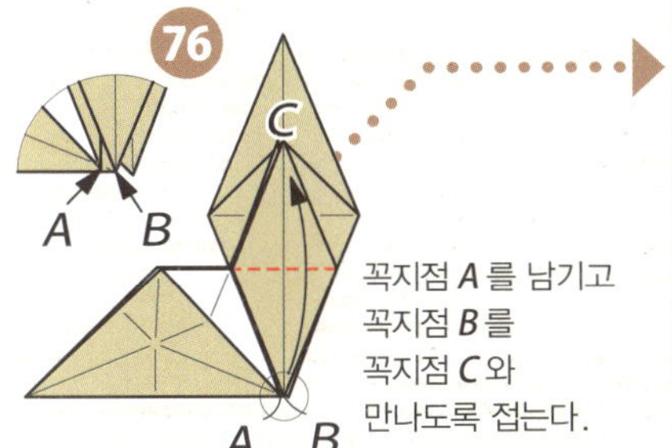

꼭지점 *A*를 남기고 꼭지점 *B*를 꼭지점 *C*와 만나도록 접는다.

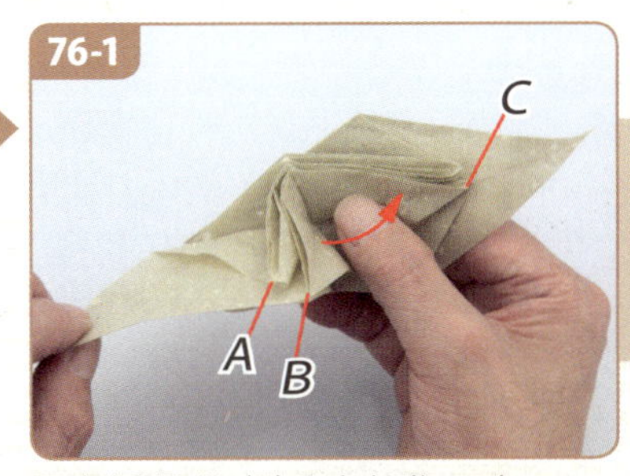

꼭지점 *B*를 꼭지점 *C*까지 접는 모습

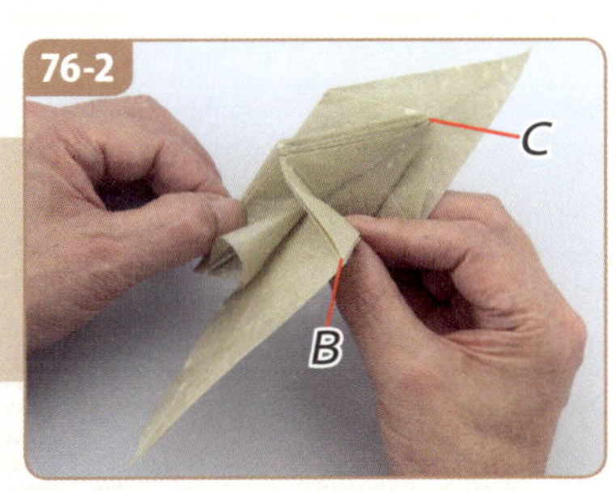

꼭지점 *A*가 남듯이 오른손으로 누르면서 꼭지점 *B*를 꼭지점 *C*와 만나도록 접는다.

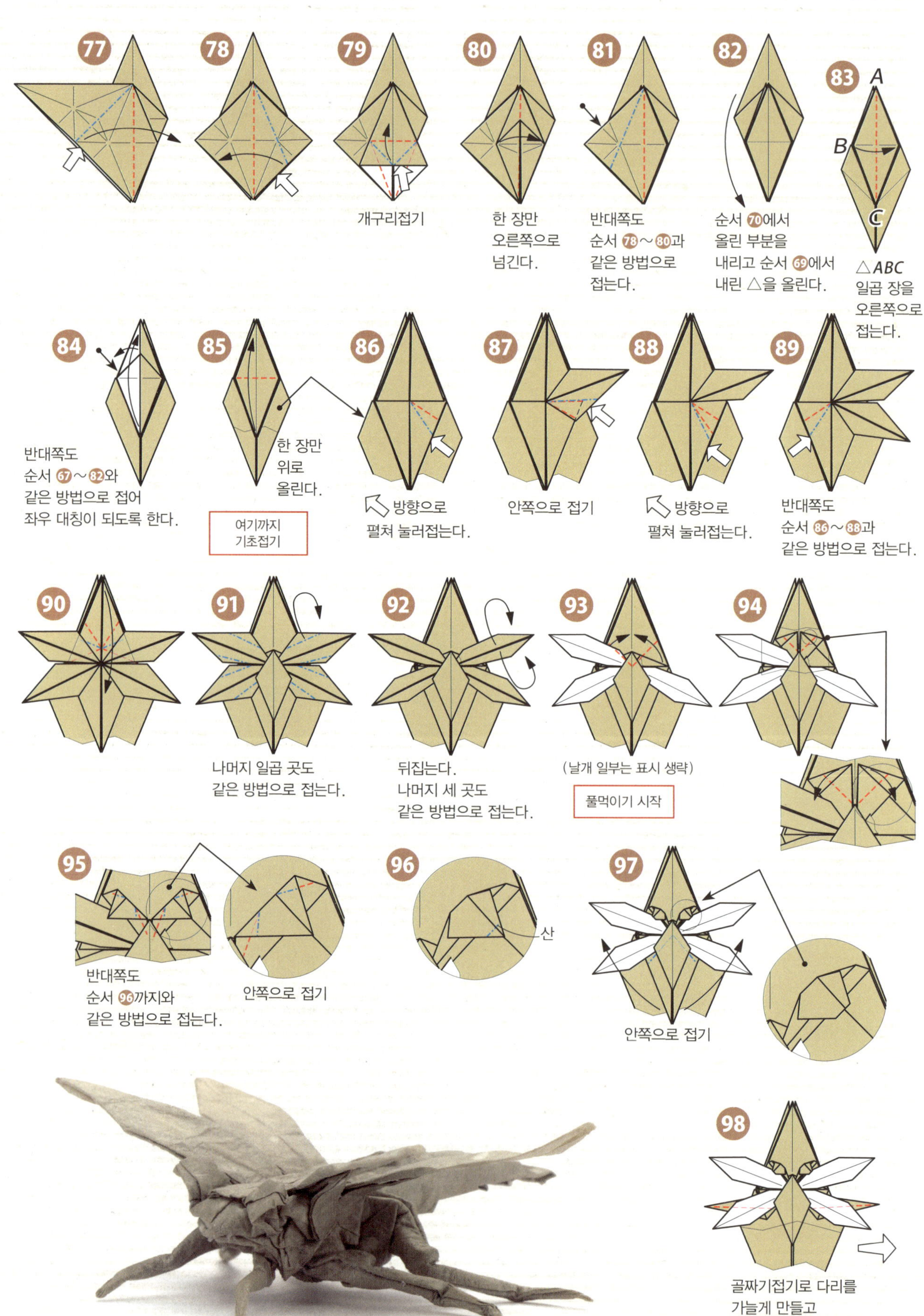
77
78
79
개구리접기
80
한 장만
오른쪽으로
넘긴다.
81
반대쪽도
순서 78~80과
같은 방법으로
접는다.
82
순서 70에서
올린 부분을
내리고 순서 69에서
내린 △을 올린다.
83
A
B
C
△ABC
일곱 장을
오른쪽으로
접는다.
84
반대쪽도
순서 67~82와
같은 방법으로 접어
좌우 대칭이 되도록 한다.
85
한 장만
위로
올린다.
여기까지
기초접기
86
방향으로
펼쳐 눌러접는다.
87
안쪽으로 접기
88
방향으로
펼쳐 눌러접는다.
89
반대쪽도
순서 86~88과
같은 방법으로 접는다.
90
91
나머지 일곱 곳도
같은 방법으로 접는다.
92
뒤집는다.
나머지 세 곳도
같은 방법으로 접는다.
93
(날개 일부는 표시 생략)
풀먹이기 시작
94
95
반대쪽도
순서 96까지와
같은 방법으로 접는다.
안쪽으로 접기
96
산
97
안쪽으로 접기
98
골짜기접기로 다리를
가늘게 만들고
뒤쪽도 같은 방법으로
접는다.

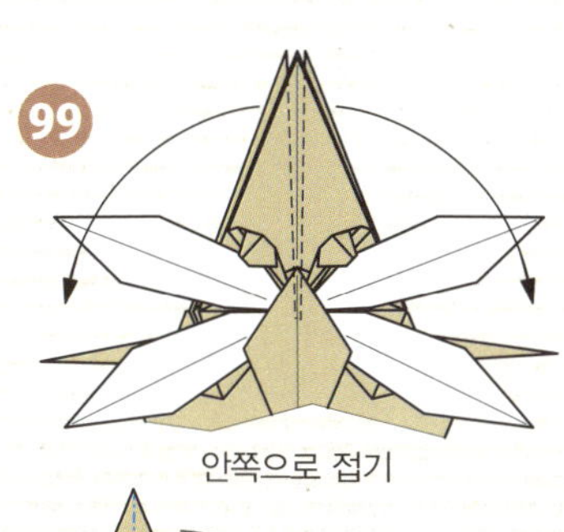

안쪽으로 접기

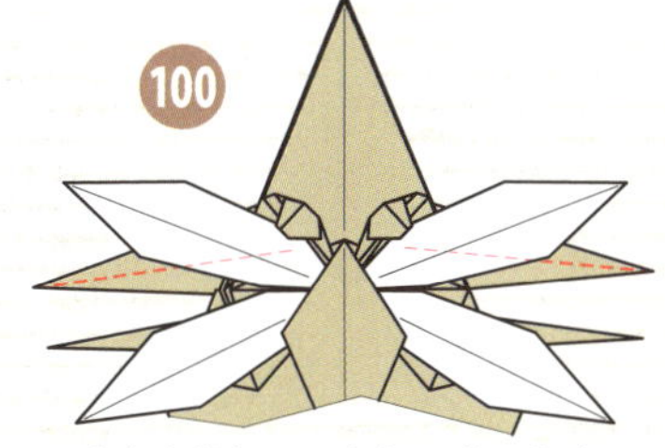

골짜기접기선으로 다리를 가늘게 만들고
뒤도 같은 방법으로 접는다.

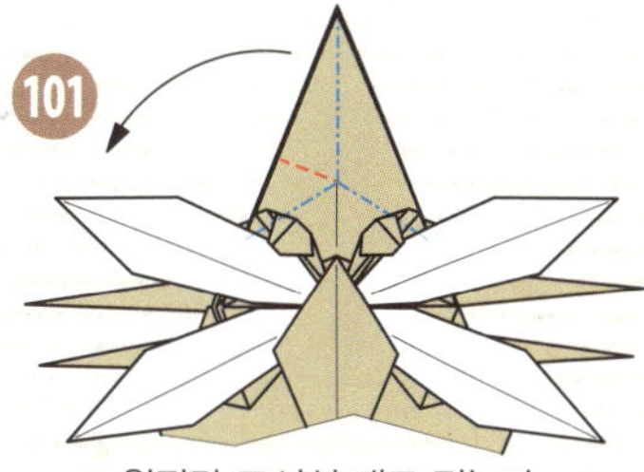

윗장만 표시선 대로 접는다.

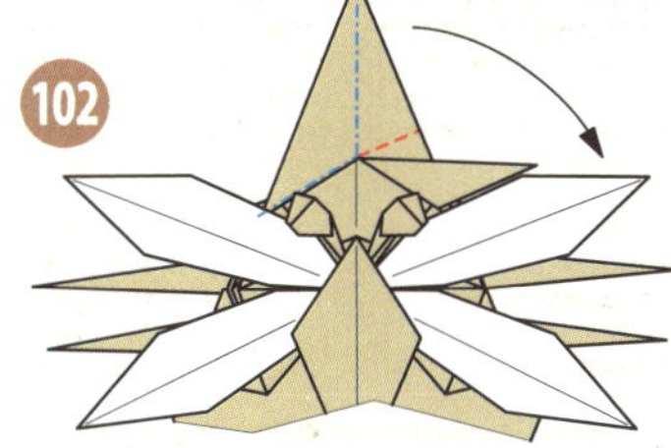

아랫장만 표시선 대로 접는다.

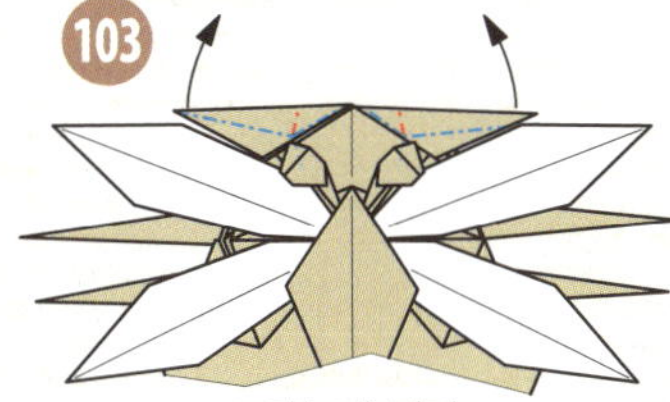

가늘게 접기

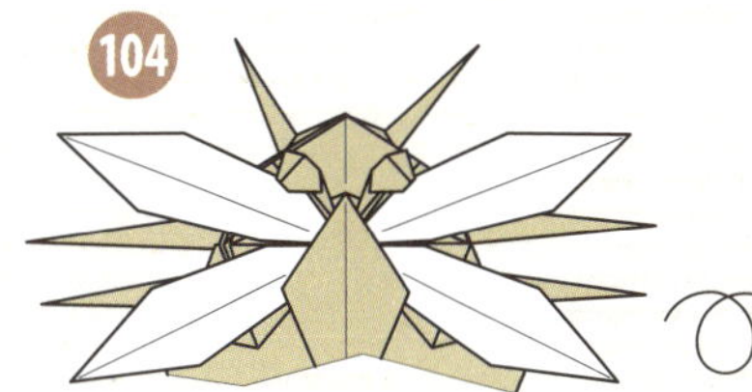

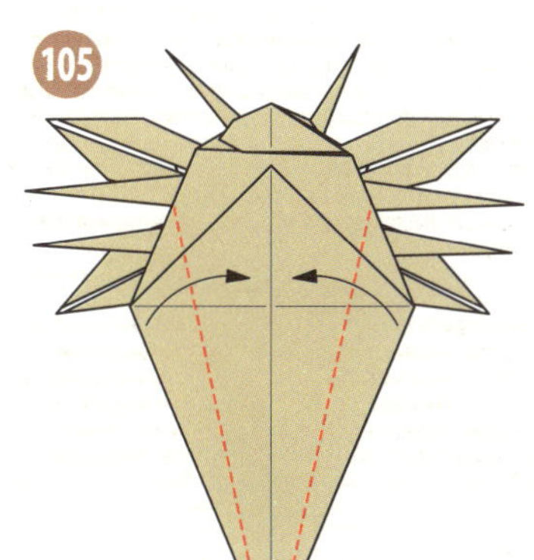

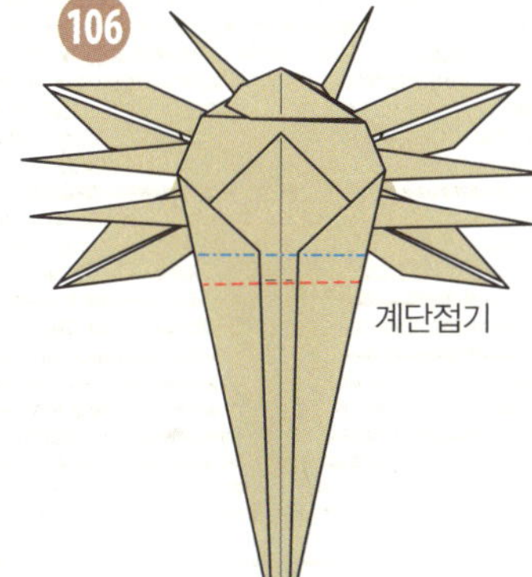

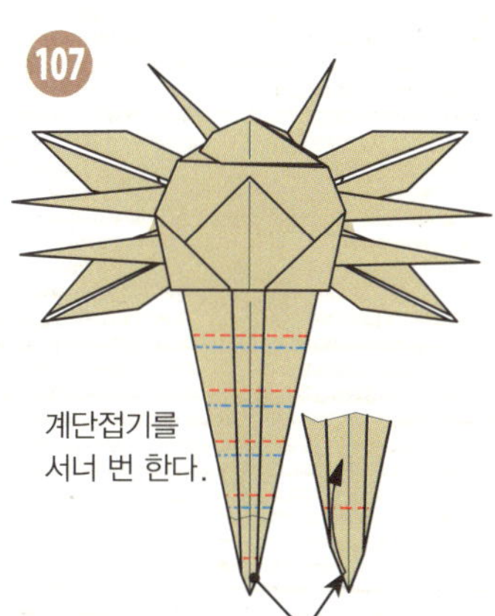

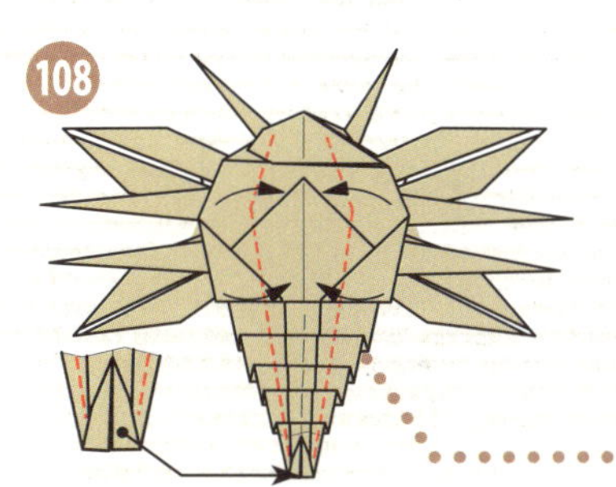

골짜기접기선으로
수직으로 접는다.

몸통도 포함하여
꼬리를 수직으로 세운다.

위에서 보아 날개가
두꺼워지지 않도록 누른다.

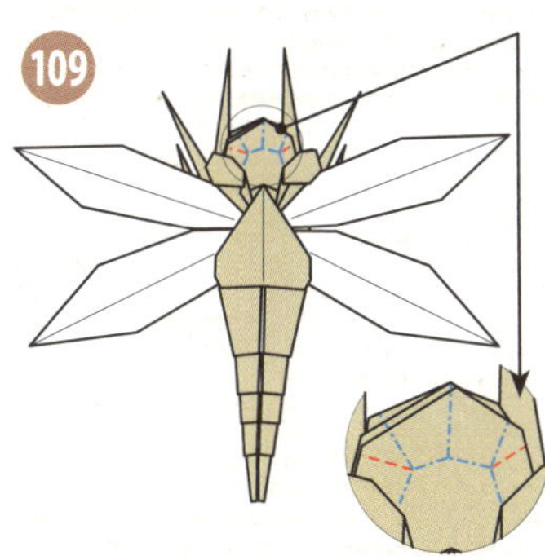

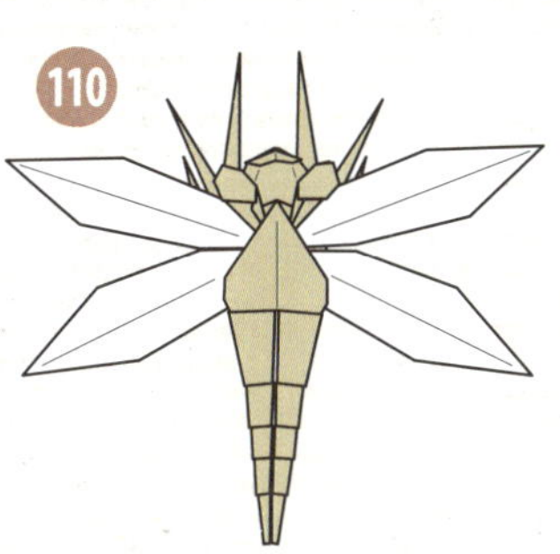

다리의 모양을 다듬는다.

모양을 정리하여 완성한다.

▶난이도 ★★☆☆☆

프테라노돈

★ 사용한 종이

22×22cm 크기, 한 장

POINT

학 기본형(13쪽)에서 시작하는 작품이다. 순서 ⑳의 과정은 간단하지만, 그림으로 나타내기는 어렵기 때문에 사진을 참조한다. 순서 ㉚~㊱은 발톱을 접는 과정인데, 발톱은 짧더라도 있으면 더욱 리얼해 보인다. 머리 부분은 특징인 볏을 길게 접는다. 풀먹이기를 한 것과 하지 않은 것을 비교할 수 있도록 사진을 실었으나(15쪽), 역시 풀을 먹인 쪽이 특히 머리 부분이 섬세해지므로 중급자 이상이라면 반드시 도전해 보기 바란다. 풀먹이기는 다리를 가늘게 한 순서 ⑮ 다음에 하는 편이 좋은데, 순서 ㉔의 가늘게 접기에서 다리의 관절을 만드는 부분이 있으므로 주의한다. 완성품은 정면에서 보아 날개가 완만한 곡선으로 보이도록 모양을 잡으면 생생함이 더해진다.

★★☆☆☆

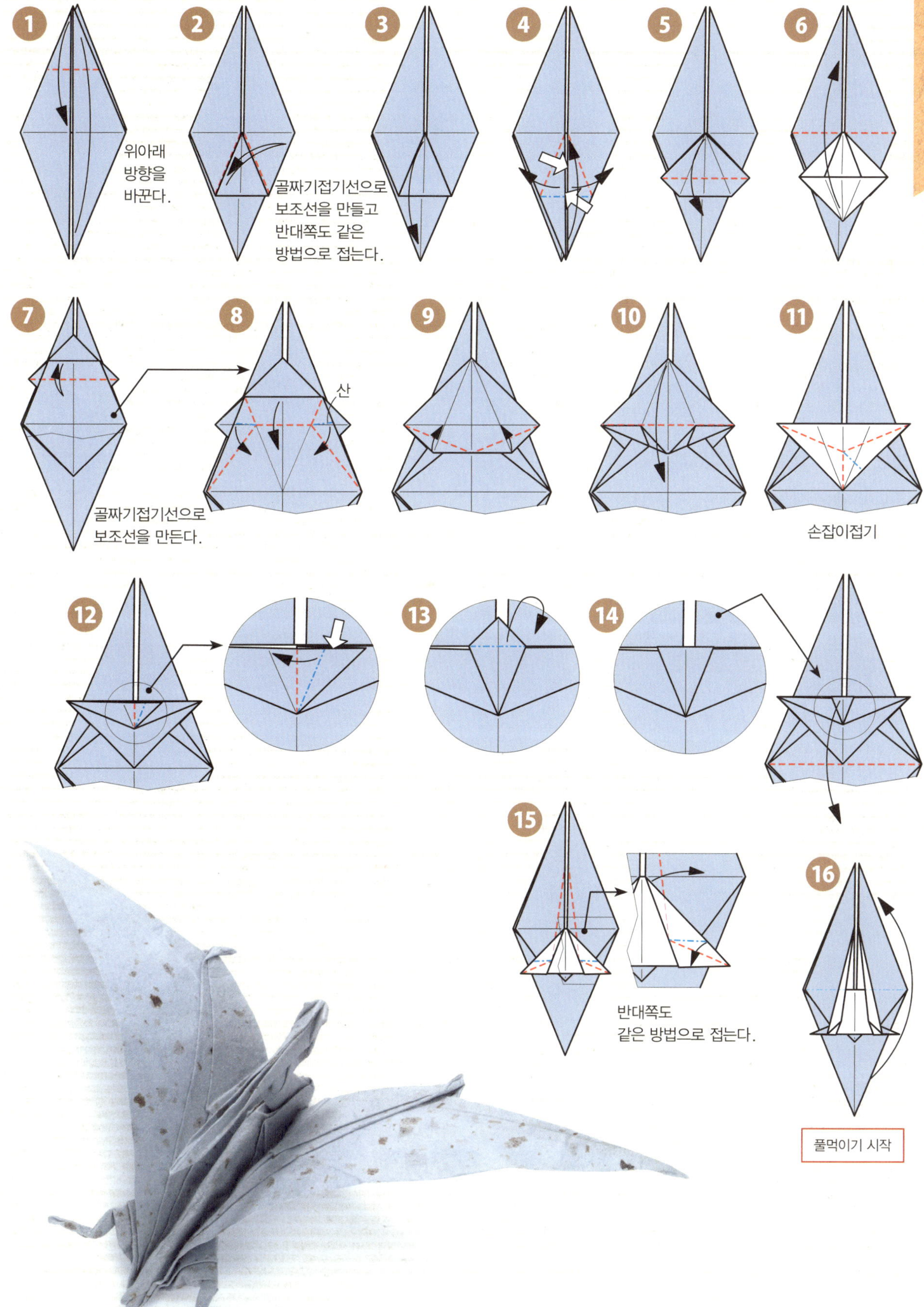
1
위아래
방향을
바꾼다.
2
3
골짜기접기선으로
보조선을 만들고
반대쪽도 같은
방법으로 접는다.
4
5
6
7
골짜기접기선으로
보조선을 만든다.
8
산
9
10
11
손잡이접기
12
13
14
15
반대쪽도
같은 방법으로 접는다.
16
풀먹이기 시작

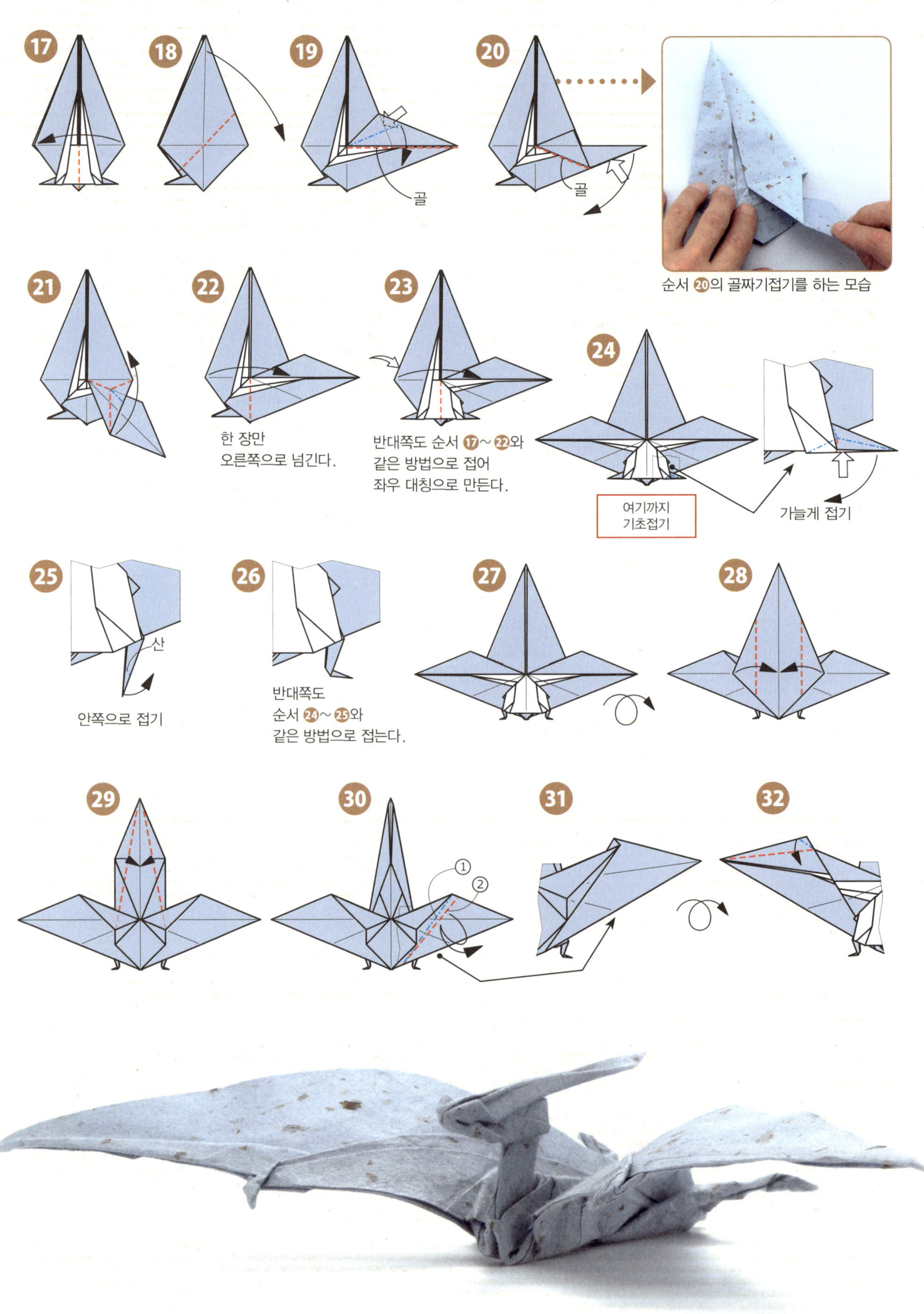
17
18
19
골
20
골
순서 20의 골짜기접기를 하는 모습
21
22
한 장만
오른쪽으로 넘긴다.
23
반대쪽도 순서 17~22와
같은 방법으로 접어
좌우 대칭으로 만든다.
24
여기까지
기초접기
가늘게 접기
25
산
안쪽으로 접기
26
반대쪽도
순서 24~25와
같은 방법으로 접는다.
27
28
29
30
①
②
31
32

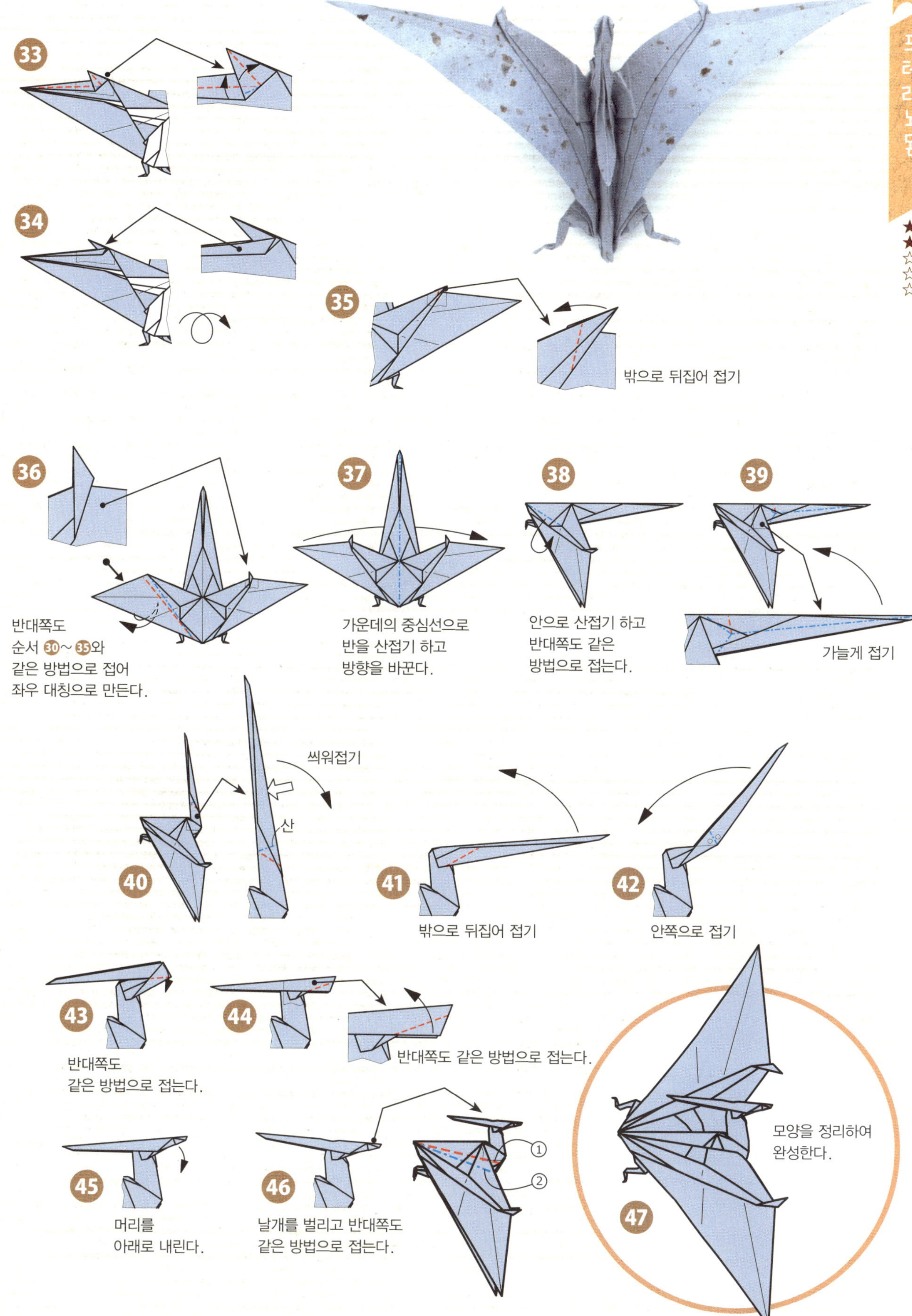
프테라노돈
33
34
35
밖으로 뒤집어 접기
36
반대쪽도
순서 30~35와
같은 방법으로 접어
좌우 대칭으로 만든다.
37
가운데의 중심선으로
반을 산접기 하고
방향을 바꾼다.
38
안으로 산접기 하고
반대쪽도 같은
방법으로 접는다.
39
가늘게 접기
씌워접기
산
40
41
밖으로 뒤집어 접기
42
안쪽으로 접기
43
반대쪽도
같은 방법으로 접는다.
44
반대쪽도 같은 방법으로 접는다.
45
머리를
아래로 내린다.
46
날개를 벌리고 반대쪽도
같은 방법으로 접는다.
①
②
47
모양을 정리하여
완성한다.

▶ 난이도 ★★☆☆☆

시조새 (아르케오프테리쿠스)

★ 사용한 종이

31×31cm 크기, 한 장

POINT

시조새는 일반적으로 알려져 있는 이름으로, 원래는 아르케오프테리쿠스라고 한다. 3등분 하여 기초접기로 접는다(순서 1~3). 발톱 부분을 접어올린 시점(순서 26)에서 발톱 안쪽에 풀먹이기를 하면 좋다. 다리는 3등분으로 가늘게 만든다(순서 41~42). 이 방법으로 가늘게 만들면, 다리를 꼬리 쪽에서 보아도 골짜기접기선이 생기므로 발접기로 다리 끝을 접을 수 있다. 꼬리 부분은 공작 A(26쪽)와 같이 뒤집어서 뒷면을 꺼내는데, 앞뒤 색이 같은 일반 종이로 만들 경우에는 뒤집지 않아도 된다. 다리는 무릎 부분을 제외하고 산접기선으로 가늘게 만들면 리얼함이 한층 살아난다. 머리는 새를 이미지화하면서 주둥이 끝을 뾰족하게 하여 아래턱을 벌리면 멋있게 완성된다.

★★★☆☆

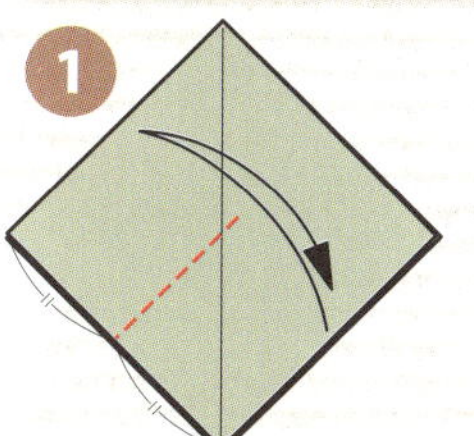

위의 한 장만
접었다 편다.

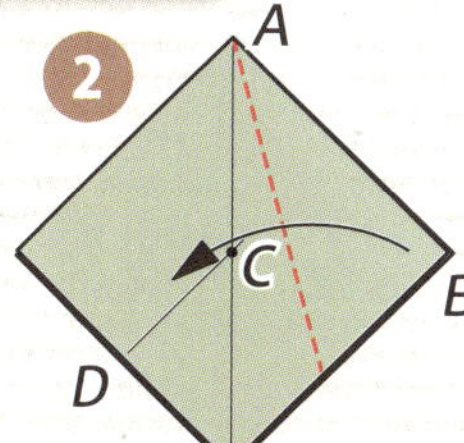

A를 중심으로 하여
꼭지점 B가 C-D 위로
올라가도록 접는다.

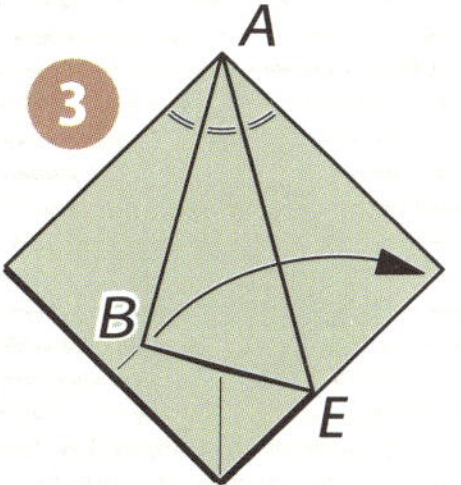

원래로 되돌리면
BAE가 3등분 각이
된다.

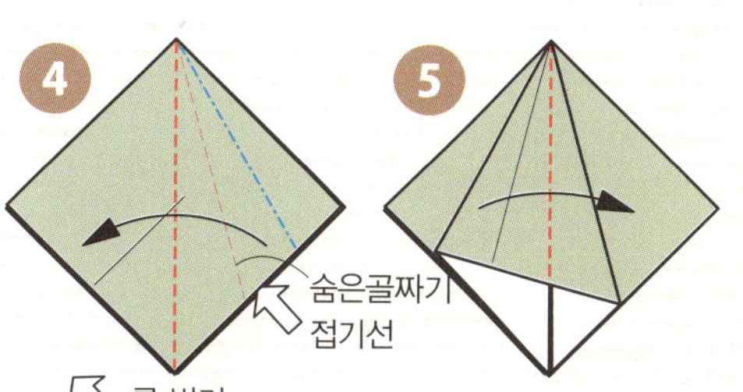

를 벌려
숨은 골짜기접기선을 접으면
산접기선이 만들어진다.

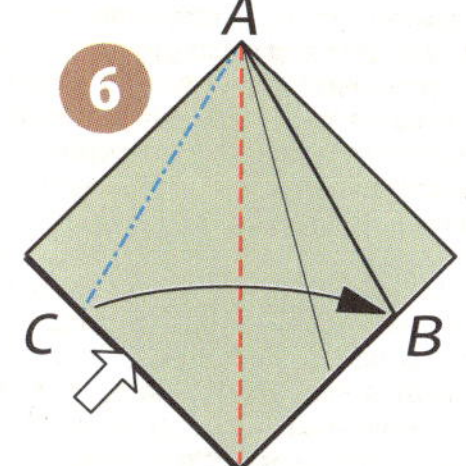

를 펼쳐 눌러접고
산접기선 A-C가 A-B와
만나도록 접는다.

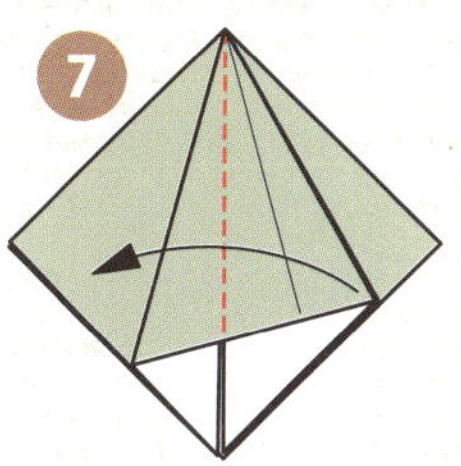

한 장만
왼쪽으로 넘긴다.

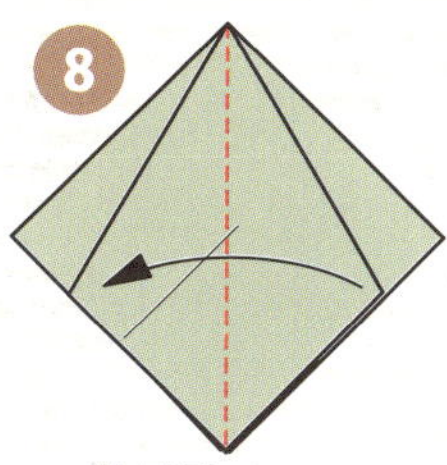

한 장만
왼쪽으로 넘긴다.

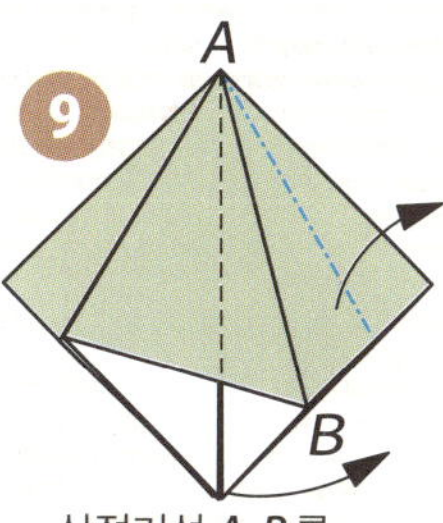

산접기선 A-B를
평편하게 만들어 접는다.

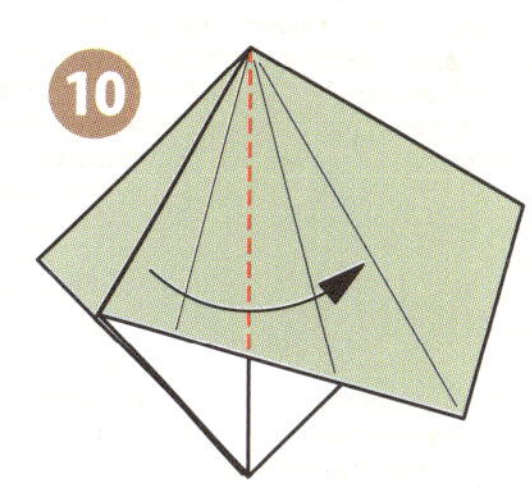

한 장만
오른쪽으로 넘긴다.

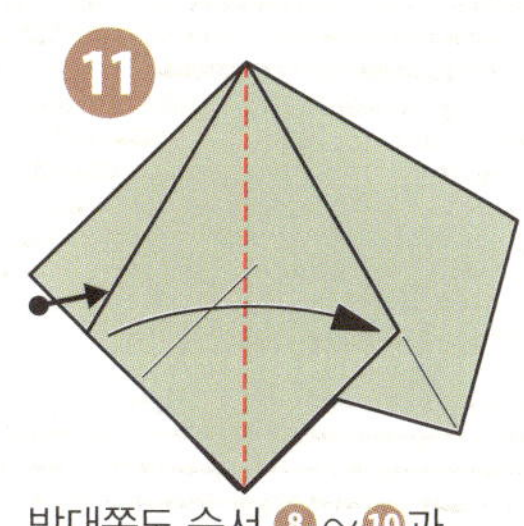

반대쪽도 순서 8~10과
같은 방법으로 접어 좌우 대칭으로 만든다.

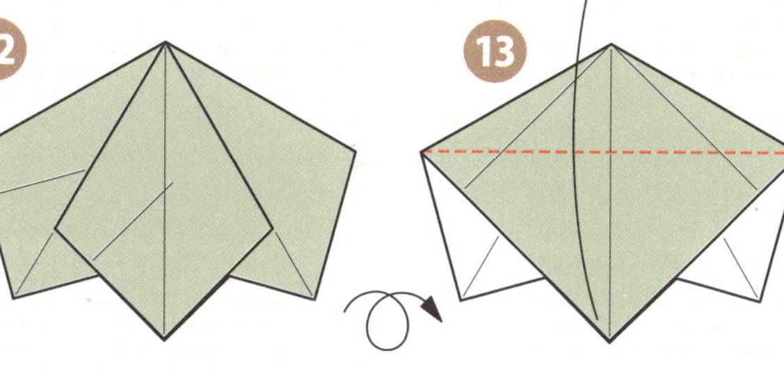

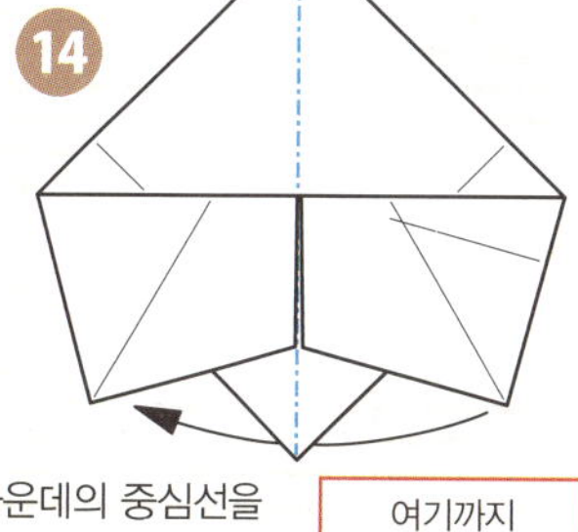

가운데의 중심선을
산접기 한다.

여기까지
기초접기

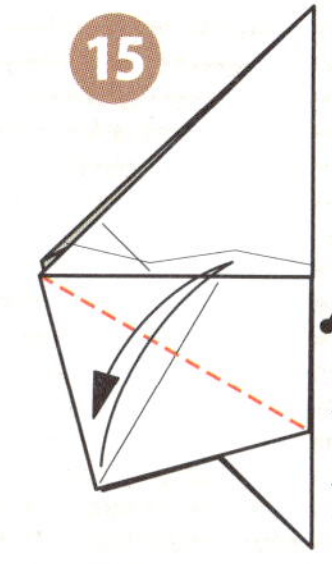

골짜기접기선으로
보조선을
만든다.

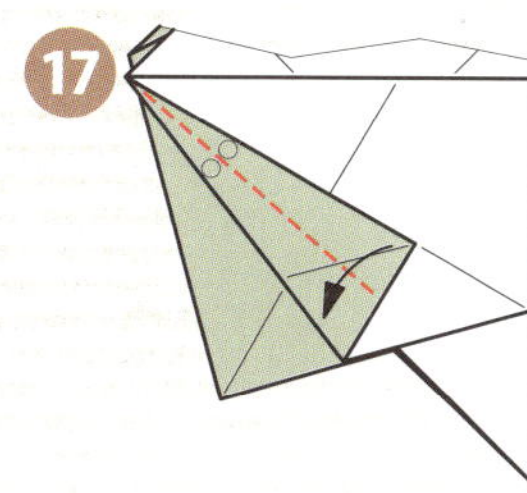

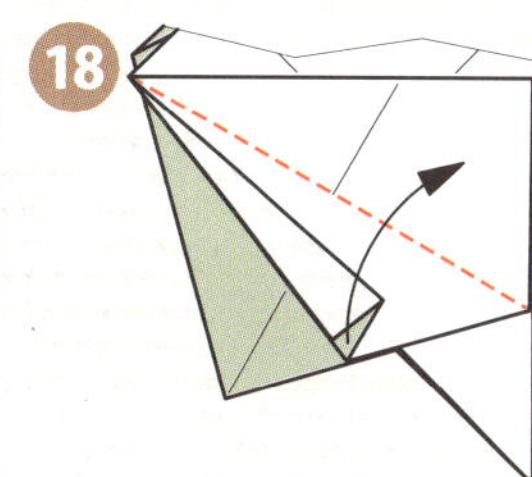

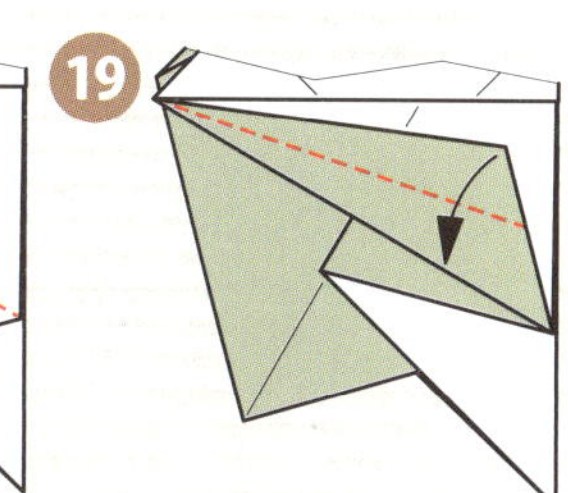

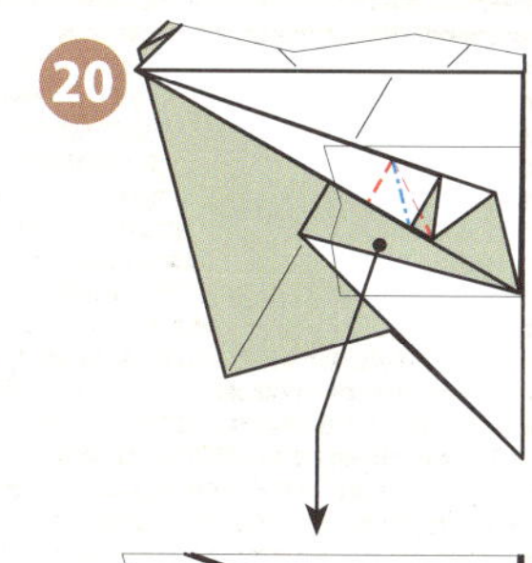

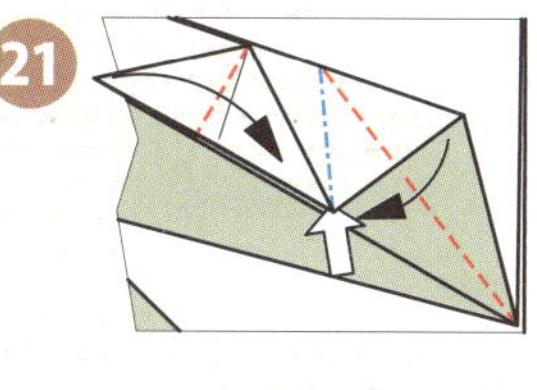

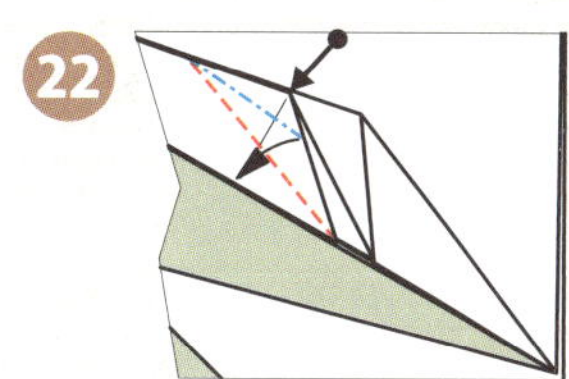

를 누르면서 접는다.

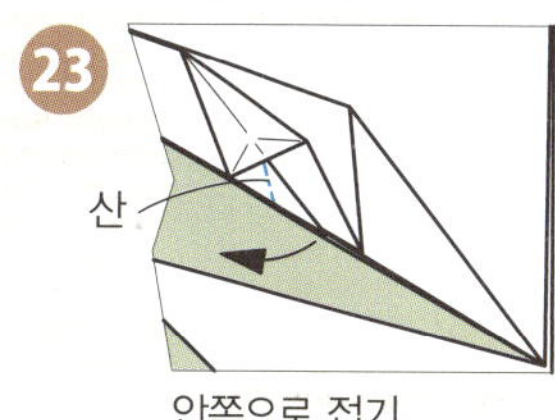

안쪽으로 접기

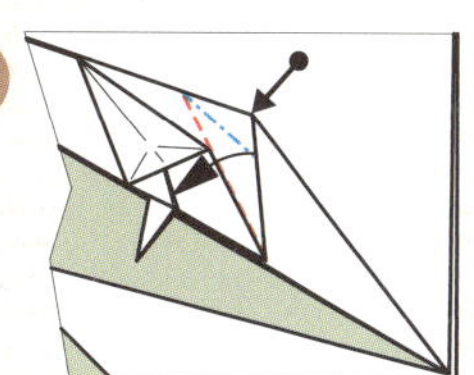

를
누르면서 접는다.

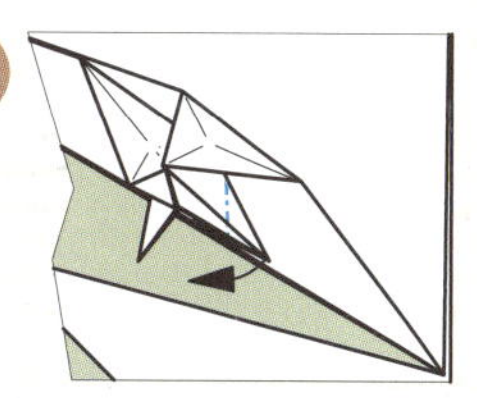

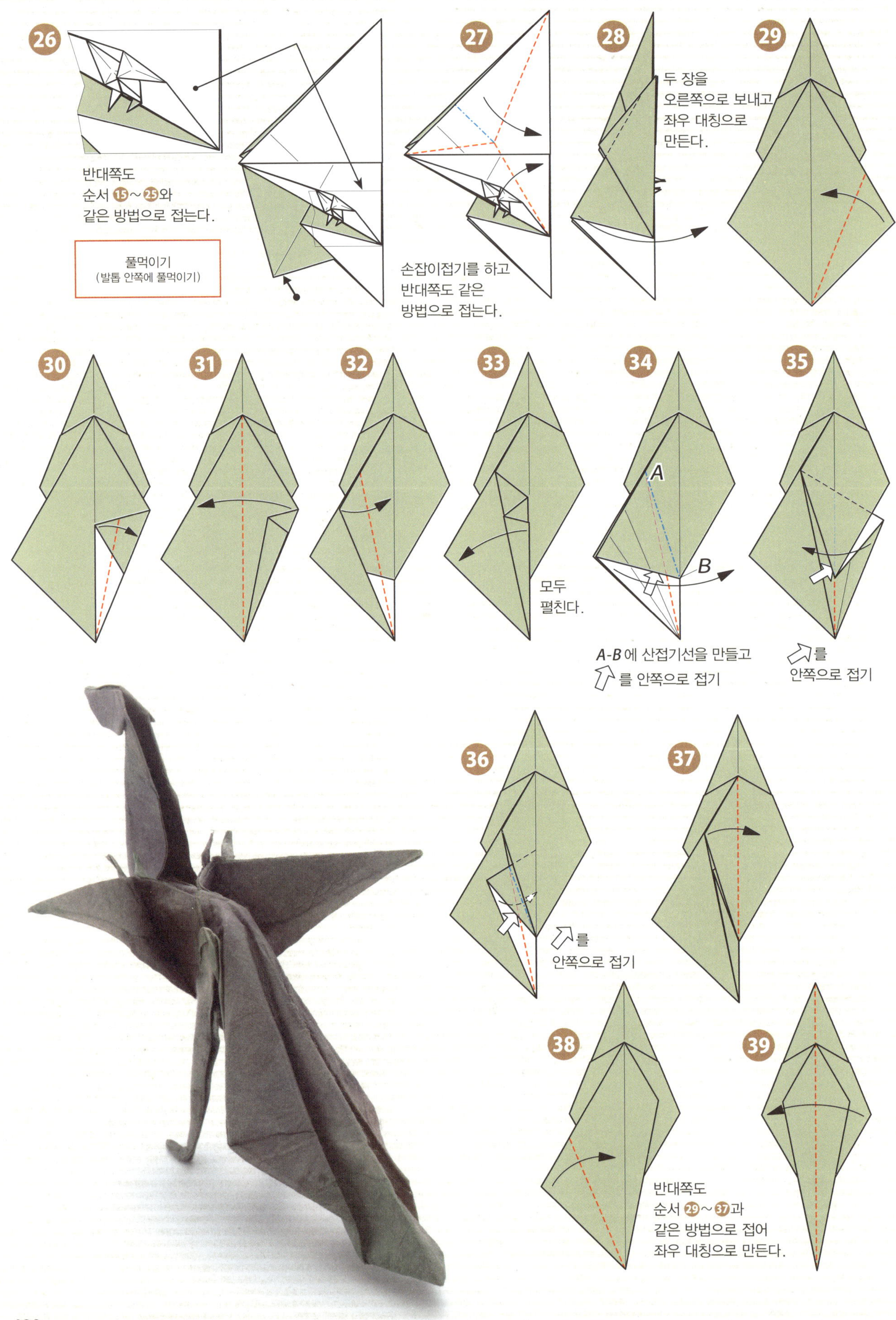
26
반대쪽도
순서 15~25와
같은 방법으로 접는다.
풀먹이기
(발톱 안쪽에 풀먹이기)
27
손잡이접기를 하고
반대쪽도 같은
방법으로 접는다.
28
두 장을
오른쪽으로 보내고
좌우 대칭으로
만든다.
29
30
31
32
33
모두
펼친다.
34
A
B
A-B에 산접기선을 만들고
를 안쪽으로 접기
35
를
안쪽으로 접기
36
를
안쪽으로 접기
37
38
반대쪽도
순서 29~37과
같은 방법으로 접어
좌우 대칭으로 만든다.
39

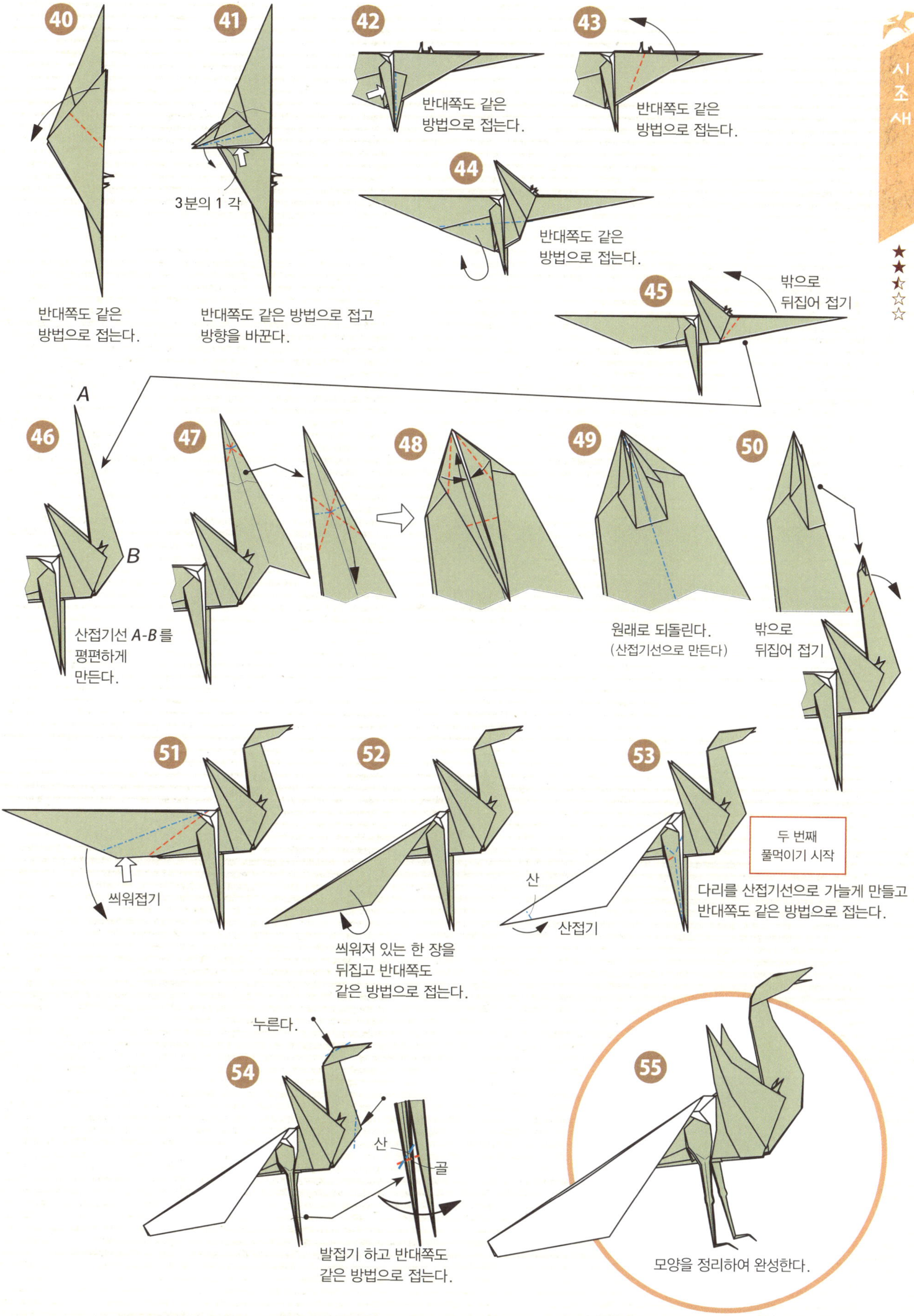

40
반대쪽도 같은
방법으로 접는다.

41
3분의 1 각
반대쪽도 같은 방법으로 접고
방향을 바꾼다.

42
반대쪽도 같은
방법으로 접는다.

43
반대쪽도 같은
방법으로 접는다.

44
반대쪽도 같은
방법으로 접는다.

45
밖으로
뒤집어 접기

46
A
B
산접기선 *A-B*를
평편하게
만든다.

47

48

49
원래로 되돌린다.
(산접기선으로 만든다)

50
밖으로
뒤집어 접기

51
씌워접기

52
씌워져 있는 한 장을
뒤집고 반대쪽도
같은 방법으로 접는다.

53
산
산접기
두 번째
풀먹이기 시작
다리를 산접기선으로 가늘게 만들고
반대쪽도 같은 방법으로 접는다.

54
누른다.
산
골
발접기 하고 반대쪽도
같은 방법으로 접는다.

55
모양을 정리하여 완성한다.

REAL ORIGAMI

▶ 난이도 ★★★★☆

시노르니토사우루스

★ 사용한 종이

32×32cm 크기, 한 장

POINT

16등분 아코디언접기(58쪽)로 순서 ➒까지는 독수리(58쪽)와 접는 방법이 동일하다. 기초접기 완료까지는 그림과 사진을 보면서 접어 간다. 순서 ⓳의 누르는 과정은 독수리 사진(순서 ㉛)을 참고로 한다. 날개를 만드는 방법에 이 작품의 특징이 있는데, 이렇게 아코디언접기를 어긋나게 하면서 접어 가는 것도 하나의 방법이다. 발톱 부분에 꼼꼼하게 풀을 먹이면 두 다리만으로 설 수 있다. 특히 발톱 세 개를 완만하게 구부러지게 하면 좋다. 그림에서는 표시되어 있지 않지만, 꼬리의 끝을 펼치면 더 리얼해지므로 완성품 사진을 참고한다. 순서 ㉔에서 날개에 접기를 한 부분은 풀먹이기를 하지 않으면 날개의 볼륨감이 더해진다.

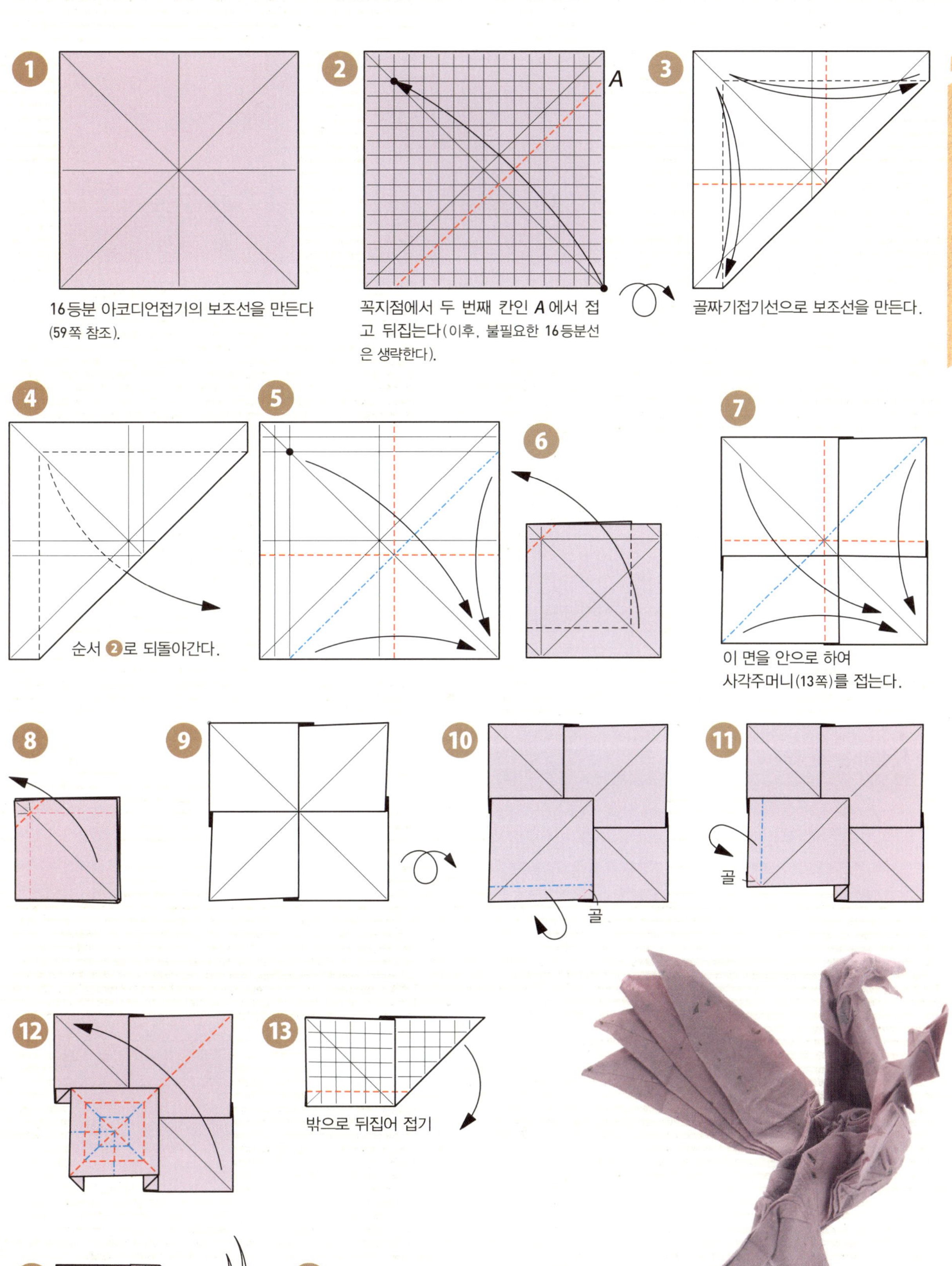
1
16등분 아코디언접기의 보조선을 만든다
(59쪽 참조).
2
A
꼭지점에서 두 번째 칸인 A에서 접
고 뒤집는다(이후, 불필요한 16등분선
은 생략한다).
3
골짜기접기선으로 보조선을 만든다.
4
순서 2로 되돌아간다.
5
6
7
이 면을 안으로 하여
사각주머니(13쪽)를 접는다.
8
9
10
골
11
골
12
13
밖으로 뒤집어 접기
14
밖으로 뒤집어 접기를
네 번 반복한다.
15
머리
꼬리
여기를 벌린다.

첫 번째 모서리에 비스듬한 산접기선을 만들어 접는다.

산접기선 세 개가 접힌 모습

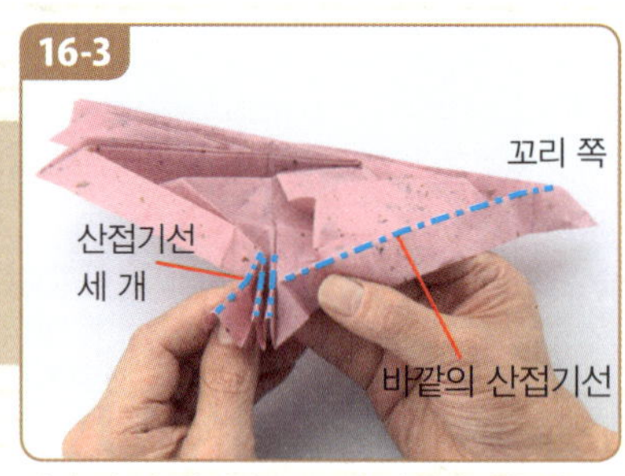

산이 세 개 생기면 **45**도의 산접기선을 넣고, 바깥의 산접기선을 당겨 접는다.

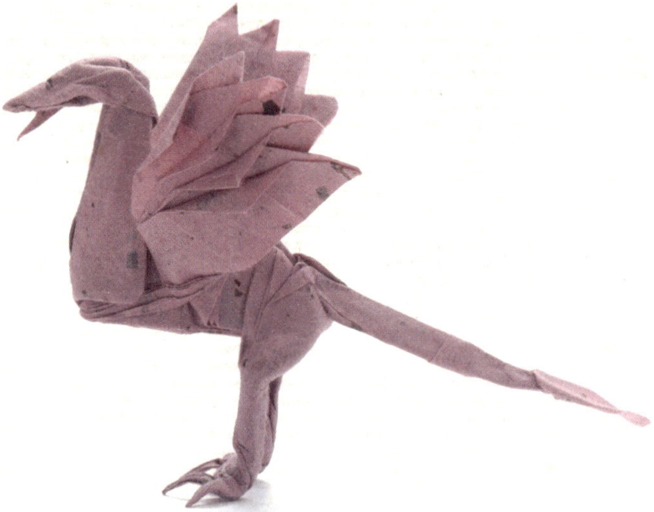

17

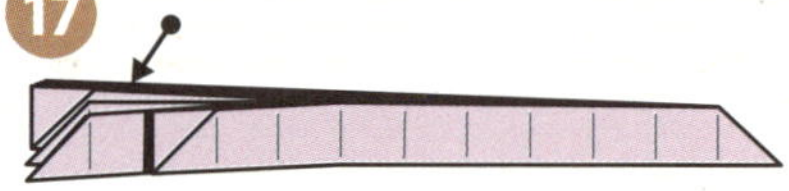

반대쪽도 순서 15~16과 같은 방법으로 접는다.

18

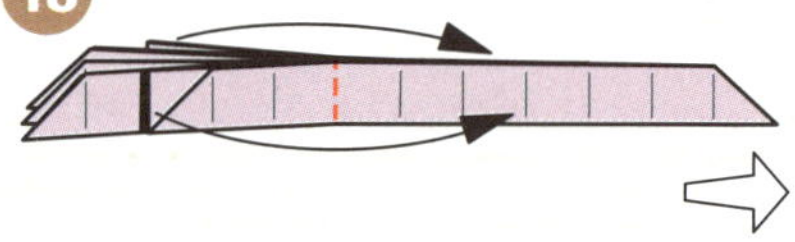

19

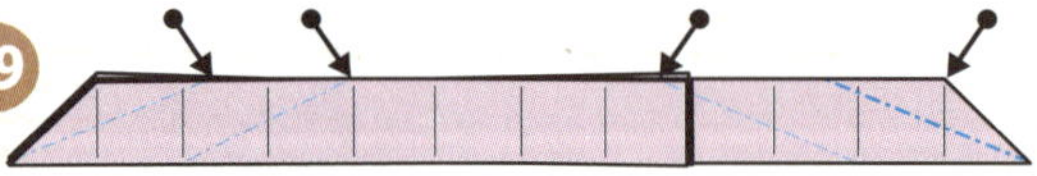

꼭지점 네 개를 눌러 접는다.
독수리(58쪽)의 순서 31과 33을 참조한다.

여기까지 기초접기

20

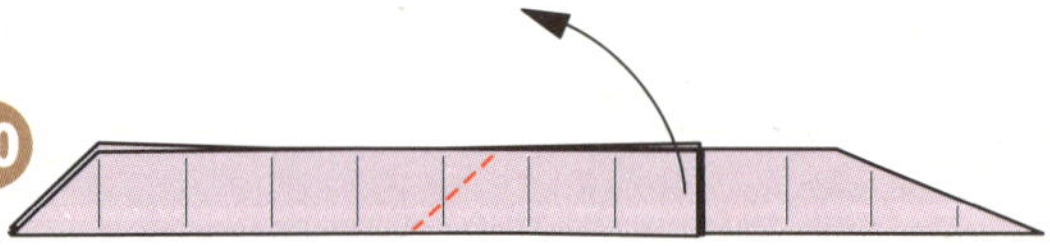

21

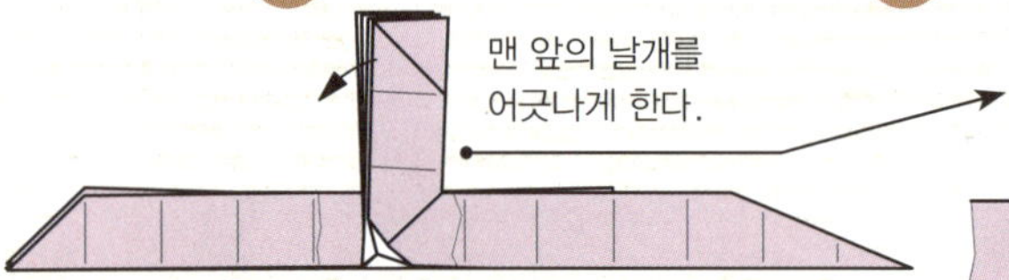

맨 앞의 날개를 어긋나게 한다.

22

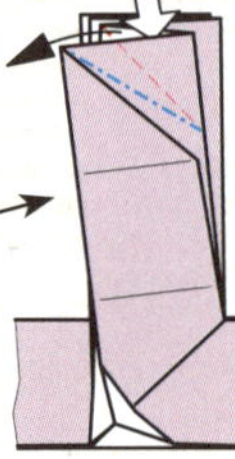

안쪽으로 접기

23

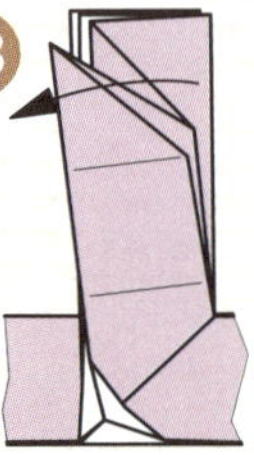

나머지 두 장도 어긋나게 하여 안쪽으로 접기

24

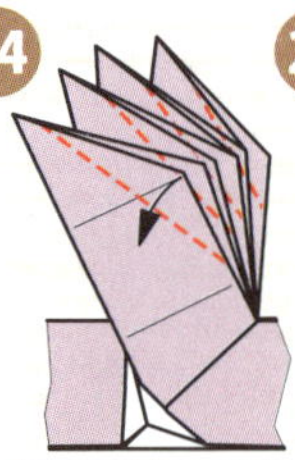

풀먹이기 시작

25

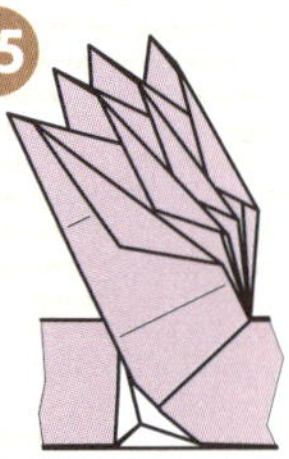

반대쪽도 순서 18~24와 같은 방법으로 접는다.

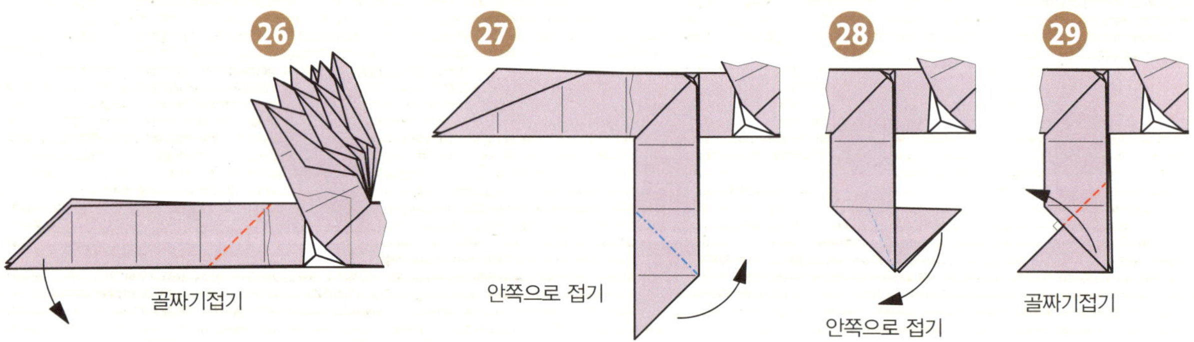

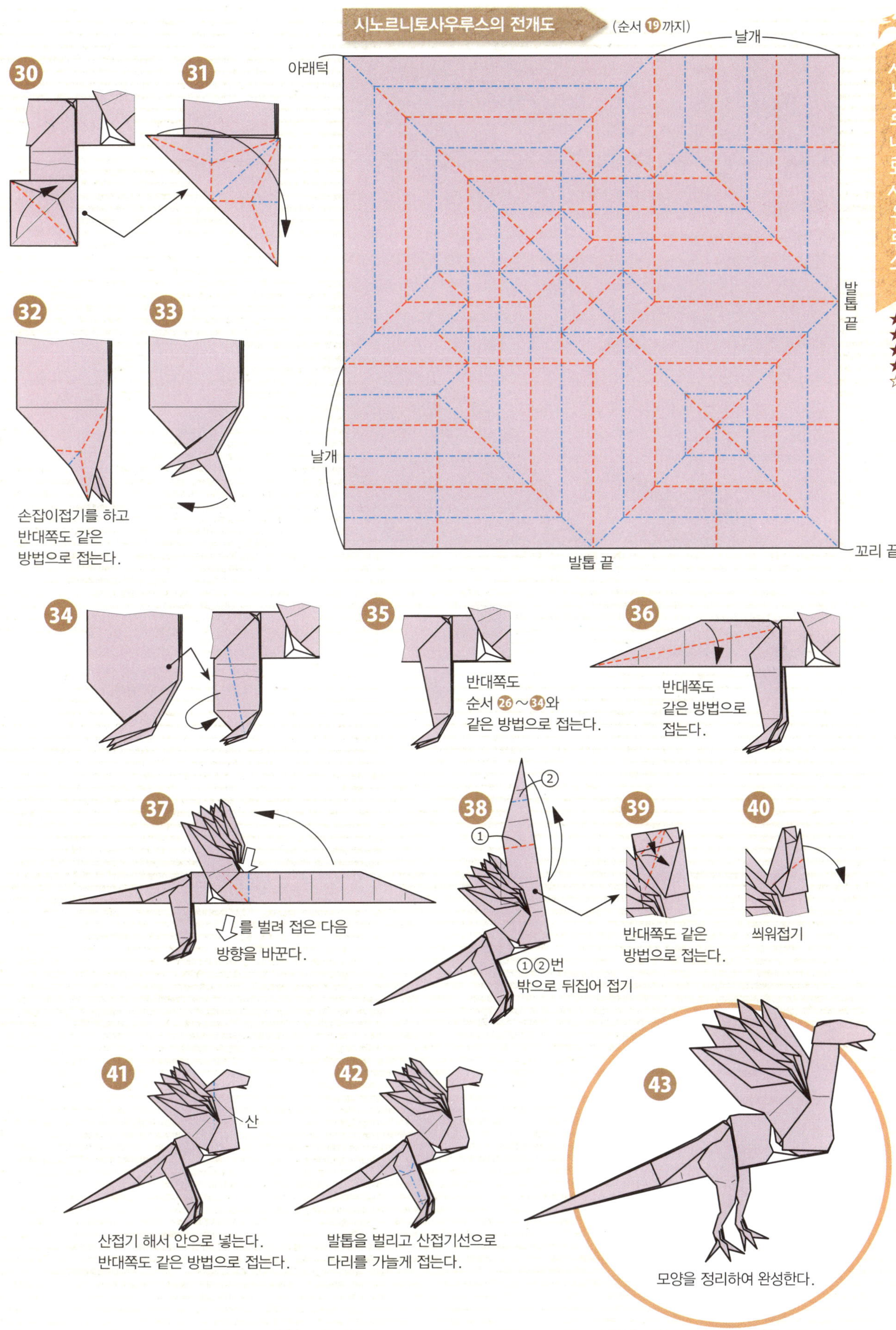
시노르니토사우루스의 전개도
(순서 19까지)
날개
아래턱
발톱 끝
날개
꼬리 끝
발톱 끝
시노르니토사우루스
★★★★☆
30
31
32
33
손잡이접기를 하고
반대쪽도 같은
방법으로 접는다.
34
35
반대쪽도
순서 26~34와
같은 방법으로 접는다.
36
반대쪽도
같은 방법으로
접는다.
37
를 벌려 접은 다음
방향을 바꾼다.
38
①
②
①②번
밖으로 뒤집어 접기
39
반대쪽도 같은
방법으로 접는다.
40
씌워접기
41
산
산접기 해서 안으로 넣는다.
반대쪽도 같은 방법으로 접는다.
42
발톱을 벌리고 산접기선으로
다리를 가늘게 접는다.
43
모양을 정리하여 완성한다.

▶ 난이도 ★★★★☆

용

★ 사용한 종이

45×45cm 크기, 한 장

POINT

발톱과 수염을 미리 접어 두는 예비접기(38쪽)를 이용한다. 예비접기가 완료된 시점(순서 14)에서 보이는 부분을 제외한 뒷면에 풀을 먹여 두는데, 풀을 먹이지 않으면 이후의 과정에서 종이가 약해지기 쉽다. 수염이 되는 부분의 폭(순서 4)을 크게 잡으면 순서 31~35에서 머리를 만들 때 머리의 길이가 짧아지므로 주의한다(순서 27의 손잡이접기를 작게 해도 조절할 수 있다). 순서 16에서 쉽게 설명하기 위해 네 다리가 되는 부분을 종이의 중심 방향에 두었지만, 이후의 과정에서 종이가 두꺼워져 접기 불편해질 수도 있다. 접는 방법이 이해된다면 네 다리가 되는 부분을 종이의 바깥 방향에 두고 접는 것이 좋다. 마무리할 때 몸통이 곡선이 되게 하고 입체감과 섬세함으로 정교함을 표현한다. 이 작품은 반드시 정사각형 종이로 접지 않아도 되므로, 몸통이 긴 용을 만들고 싶다면 직사각형 종이로 접는다.

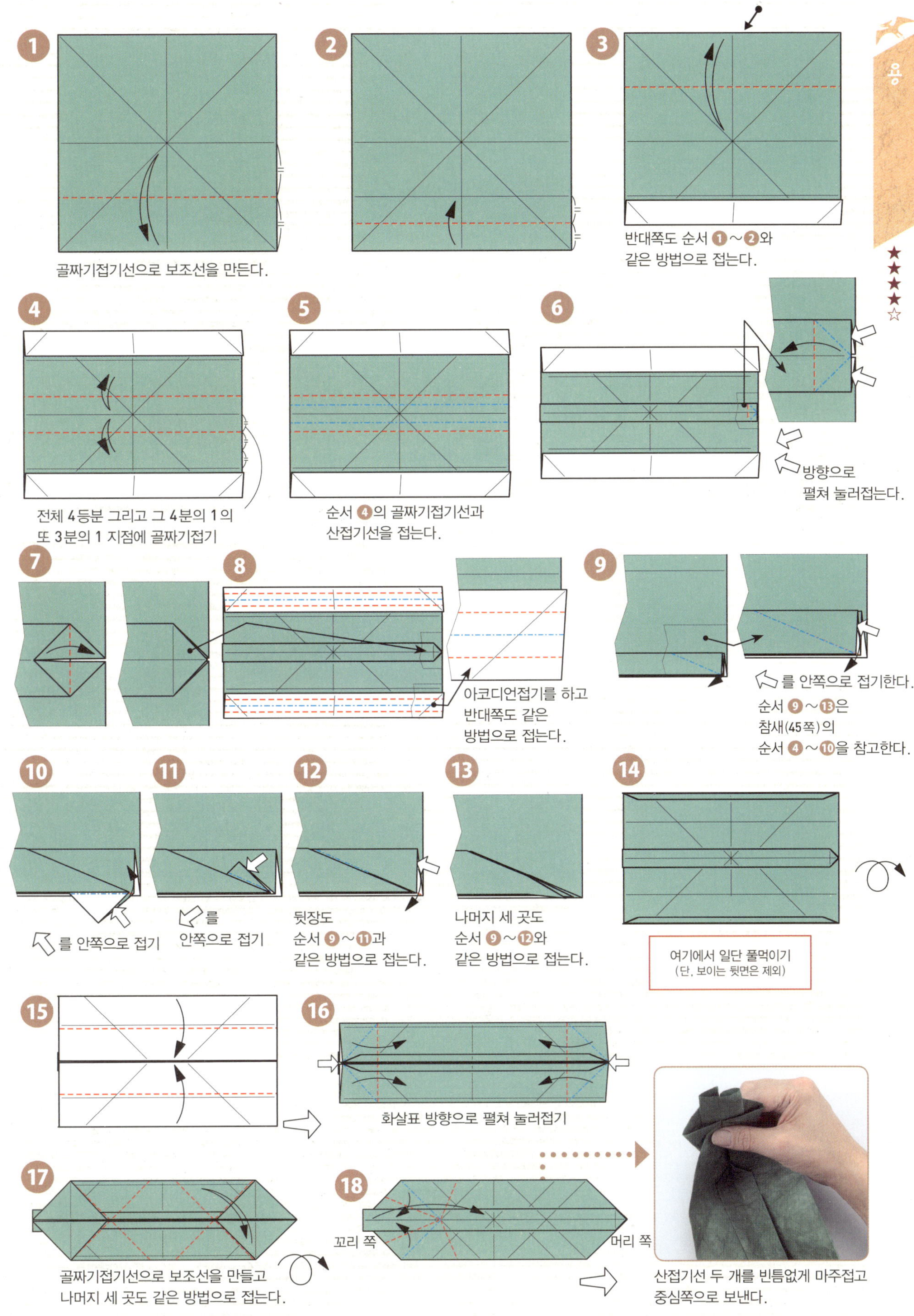

용
★★★★☆
1
골짜기접기선으로 보조선을 만든다.
2
3
반대쪽도 순서 ①~②와
같은 방법으로 접는다.
4
전체 4등분 그리고 그 4분의 1의
또 3분의 1 지점에 골짜기접기
5
순서 ④의 골짜기접기선과
산접기선을 접는다.
6
방향으로
펼쳐 눌러접는다.
7
8
아코디언접기를 하고
반대쪽도 같은
방법으로 접는다.
9
를 안쪽으로 접기한다.
순서 ⑨~⑬은
참새(45쪽)의
순서 ④~⑩을 참고한다.
10
를 안쪽으로 접기
11
를
안쪽으로 접기
12
뒷장도
순서 ⑨~⑪과
같은 방법으로 접는다.
13
나머지 세 곳도
순서 ⑨~⑫와
같은 방법으로 접는다.
14
여기에서 일단 풀먹이기
(단, 보이는 뒷면은 제외)
15
16
화살표 방향으로 펼쳐 눌러접기
17
골짜기접기선으로 보조선을 만들고
나머지 세 곳도 같은 방법으로 접는다.
18
꼬리 쪽
머리 쪽
산접기선 두 개를 빈틈없게 마주접고
중심쪽으로 보낸다.

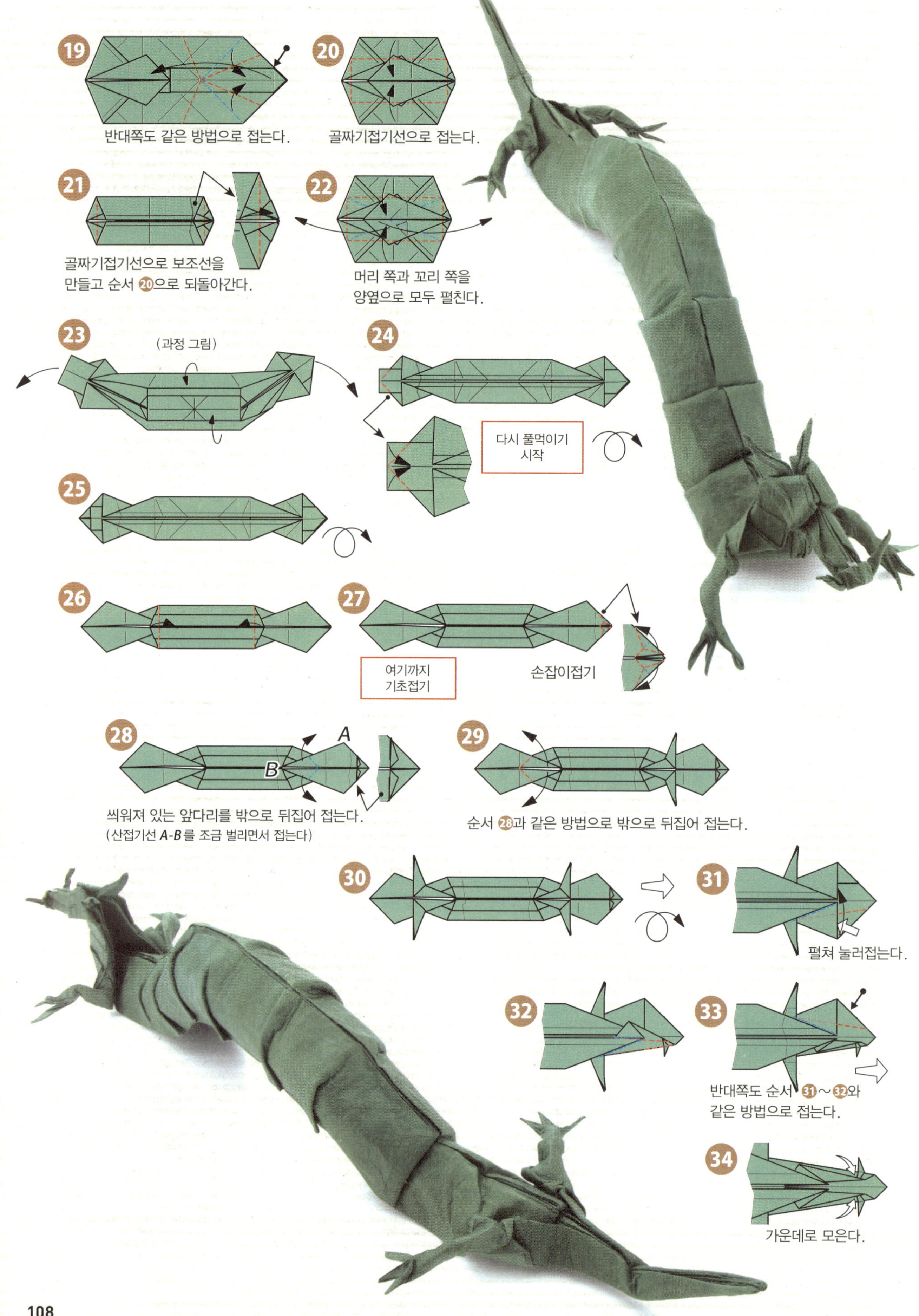
19
반대쪽도 같은 방법으로 접는다.
20
골짜기접기선으로 접는다.
21
골짜기접기선으로 보조선을
만들고 순서 20으로 되돌아간다.
22
머리 쪽과 꼬리 쪽을
양옆으로 모두 펼친다.
23
(과정 그림)
24
다시 풀먹이기
시작
25
26
27
여기까지
기초접기
손잡이접기
28
A
B
씌워져 있는 앞다리를 밖으로 뒤집어 접는다.
(산접기선 A-B를 조금 벌리면서 접는다)
29
순서 28과 같은 방법으로 밖으로 뒤집어 접는다.
30
31
펼쳐 눌러접는다.
32
33
반대쪽도 순서 31~32와
같은 방법으로 접는다.
34
가운데로 모은다.

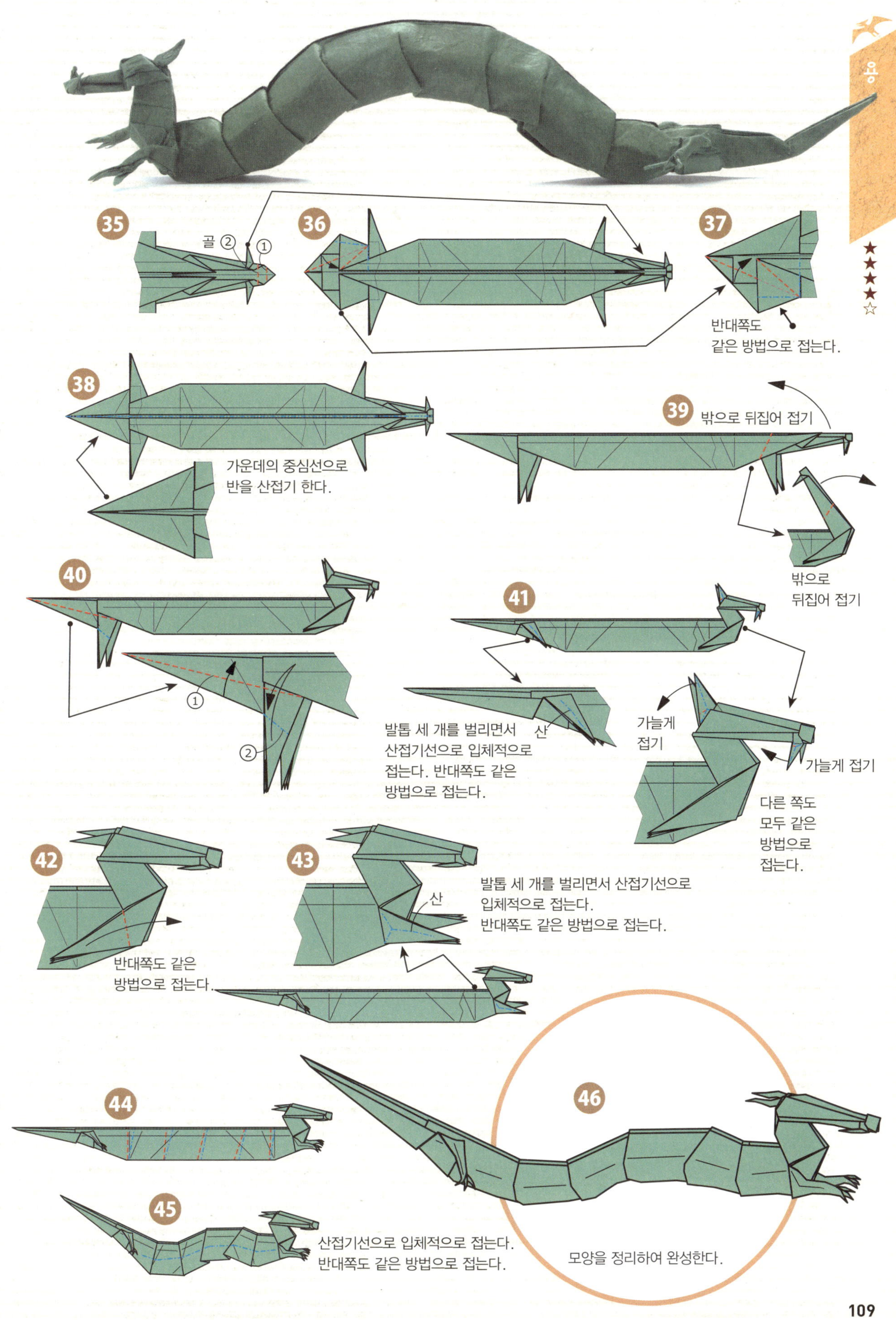
35
골 ②
①
36
37
반대쪽도
같은 방법으로 접는다.
38
가운데의 중심선으로
반을 산접기 한다.
39
밖으로 뒤집어 접기
밖으로
뒤집어 접기
40
①
②
41
발톱 세 개를 벌리면서
산접기선으로 입체적으로
접는다. 반대쪽도 같은
방법으로 접는다.
산
가늘게
접기
가늘게 접기
다른 쪽도
모두 같은
방법으로
접는다.
42
반대쪽도 같은
방법으로 접는다.
43
산
발톱 세 개를 벌리면서 산접기선으로
입체적으로 접는다.
반대쪽도 같은 방법으로 접는다.
44
45
산접기선으로 입체적으로 접는다.
반대쪽도 같은 방법으로 접는다.
46
모양을 정리하여 완성한다.

▶난이도 ★★★★★

봉황

★ 사용한 종이

45×45cm 크기, 한 장

POINT

이 작품은 과정이 길고 난이도도 높지만 대부분이 기초접기이므로 그림과 사진을 참조하면서 찬찬히 접어 나가면 문제없다. 우선 발톱 세 개를 예비접기(38쪽)한다. 발톱의 반대쪽에 생기는 △부분으로 커다란 날개를 접을 수 있다. 발톱 부분을 접어올려 발톱 부분의 안쪽에 첫 번째 풀먹이기를 해두면 세우기가 쉬워진다. 순서 31에서 이중 함몰접기(12쪽)를 하므로 접기 어려울 수도 있으나, 순서 34의 과정은 양손의 손가락을 벌려 화살표에 넣고 접으면 좋다. 순서 32~33의 보조선도 확실하게 넣어 둔다. 순서 44에서 다시 접는 것은 사진을 참고로 한다. 마무리는 완성품 사진처럼 날개에 주름을 몇 개 넣고 정면에서 보아 날개가 위로 향하도록 하면 훌륭한 작품이 된다.

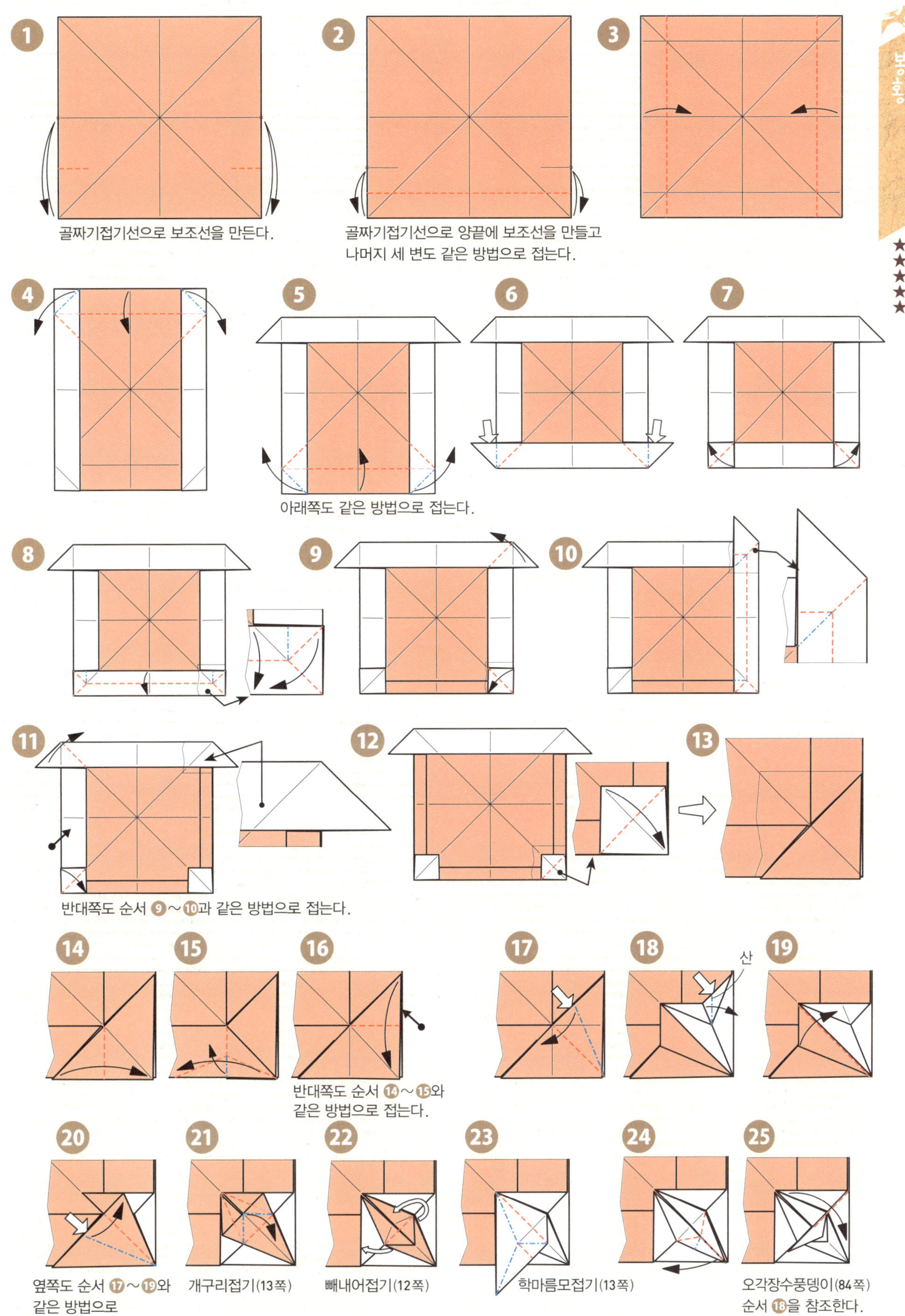
1
골짜기접기선으로 보조선을 만든다.
2
골짜기접기선으로 양끝에 보조선을 만들고
나머지 세 변도 같은 방법으로 접는다.
3
4
5
아래쪽도 같은 방법으로 접는다.
6
7
8
9
10
11
반대쪽도 순서 9~10과 같은 방법으로 접는다.
12
13
14
15
16
반대쪽도 순서 14~15와
같은 방법으로 접는다.
17
18
산
19
20
옆쪽도 순서 17~19와
같은 방법으로
접는다.
21
개구리접기(13쪽)
22
빼내어접기(12쪽)
23
학마름모접기(13쪽)
24
25
오각장수풍뎅이(84쪽)
순서 18을 참조한다.

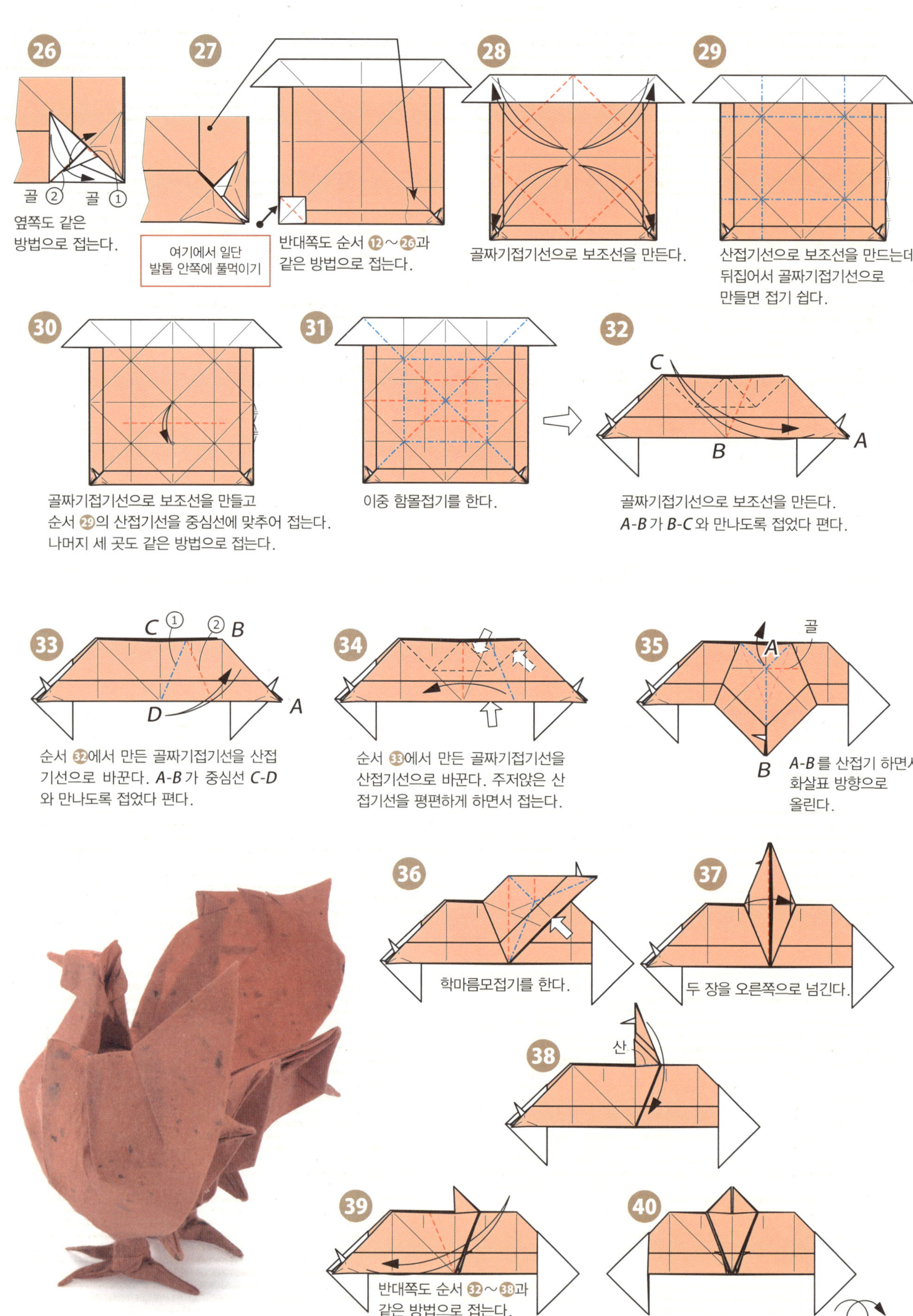
26
골 ②
골 ①
옆쪽도 같은
방법으로 접는다.
27
여기에서 일단
발톱 안쪽에 풀먹이기
반대쪽도 순서 ⑫~㉖과
같은 방법으로 접는다.
28
골짜기접기선으로 보조선을 만든다.
29
산접기선으로 보조선을 만드는데,
뒤집어서 골짜기접기선으로
만들면 접기 쉽다.
30
골짜기접기선으로 보조선을 만들고
순서 ㉙의 산접기선을 중심선에 맞추어 접는다.
나머지 세 곳도 같은 방법으로 접는다.
31
이중 함몰접기를 한다.
32
C
B
A
골짜기접기선으로 보조선을 만든다.
A-B가 B-C와 만나도록 접었다 편다.
33
C ① ② B
D
A
순서 ㉜에서 만든 골짜기접기선을 산접
기선으로 바꾼다. A-B가 중심선 C-D
와 만나도록 접었다 편다.
34
순서 ㉝에서 만든 골짜기접기선을
산접기선으로 바꾼다. 주저앉은 산
접기선을 평편하게 하면서 접는다.
35
골
A
B
A-B를 산접기 하면서
화살표 방향으로
올린다.
36
학마름모접기를 한다.
37
두 장을 오른쪽으로 넘긴다.
38
산
39
반대쪽도 순서 ㉜~㊳과
같은 방법으로 접는다.
40

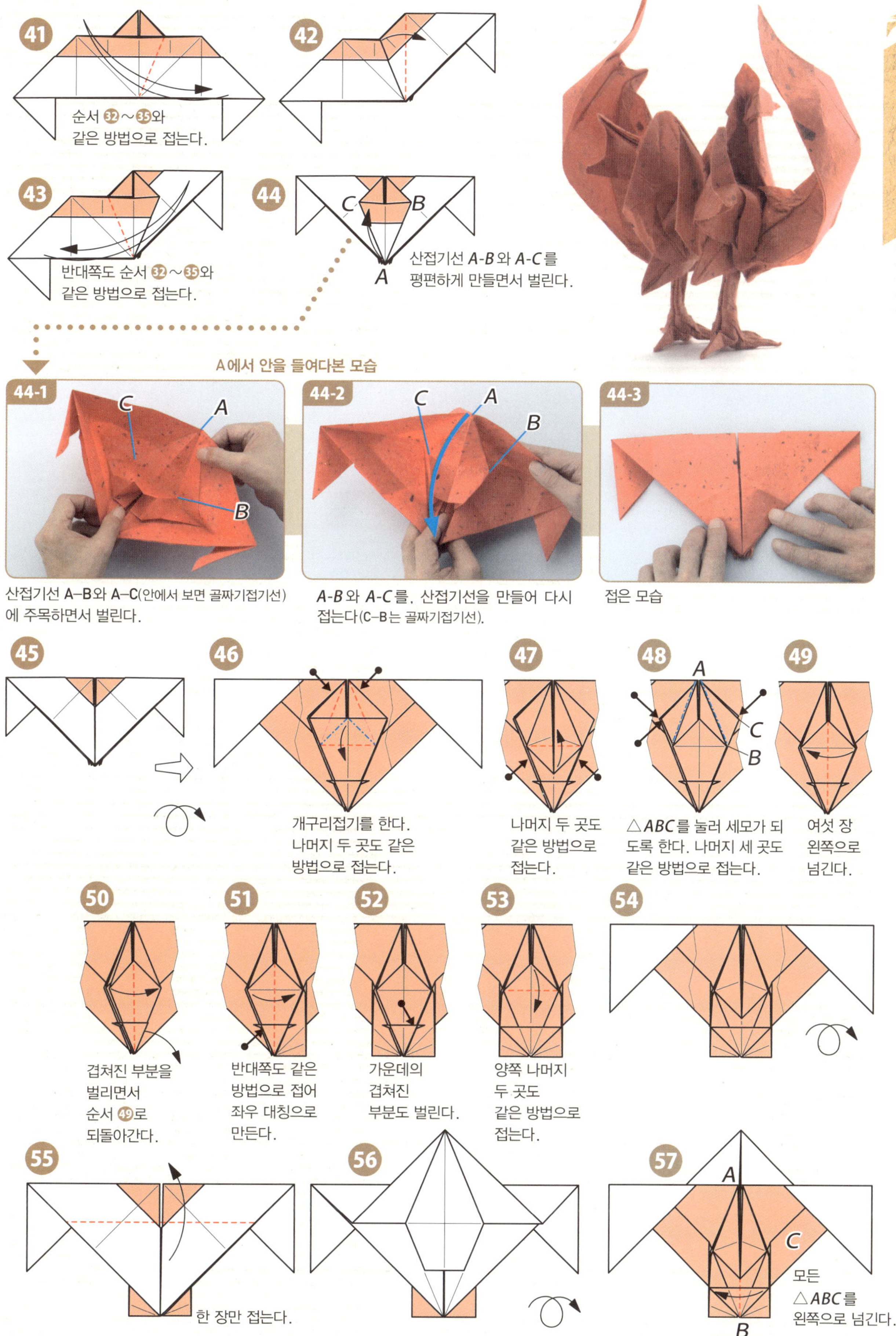

봉황
★★★★★
41
순서 32~35와
같은 방법으로 접는다.
42
43
반대쪽도 순서 32~35와
같은 방법으로 접는다.
44
C
B
A
산접기선 A-B와 A-C를
평편하게 만들면서 벌린다.
A에서 안을 들여다본 모습
44-1
C
A
B
산접기선 A–B와 A–C(안에서 보면 골짜기접기선)
에 주목하면서 벌린다.
44-2
C
A
B
A-B와 A-C를, 산접기선을 만들어 다시
접는다(C–B는 골짜기접기선).
44-3
접은 모습
45
46
개구리접기를 한다.
나머지 두 곳도 같은
방법으로 접는다.
47
나머지 두 곳도
같은 방법으로
접는다.
48
A
C
B
△ABC를 눌러 세모가 되
도록 한다. 나머지 세 곳도
같은 방법으로 접는다.
49
여섯 장
왼쪽으로
넘긴다.
50
겹쳐진 부분을
벌리면서
순서 49로
되돌아간다.
51
반대쪽도 같은
방법으로 접어
좌우 대칭으로
만든다.
52
가운데의
겹쳐진
부분도 벌린다.
53
양쪽 나머지
두 곳도
같은 방법으로
접는다.
54
55
한 장만 접는다.
56
57
A
C
B
모든
△ABC를
왼쪽으로 넘긴다.

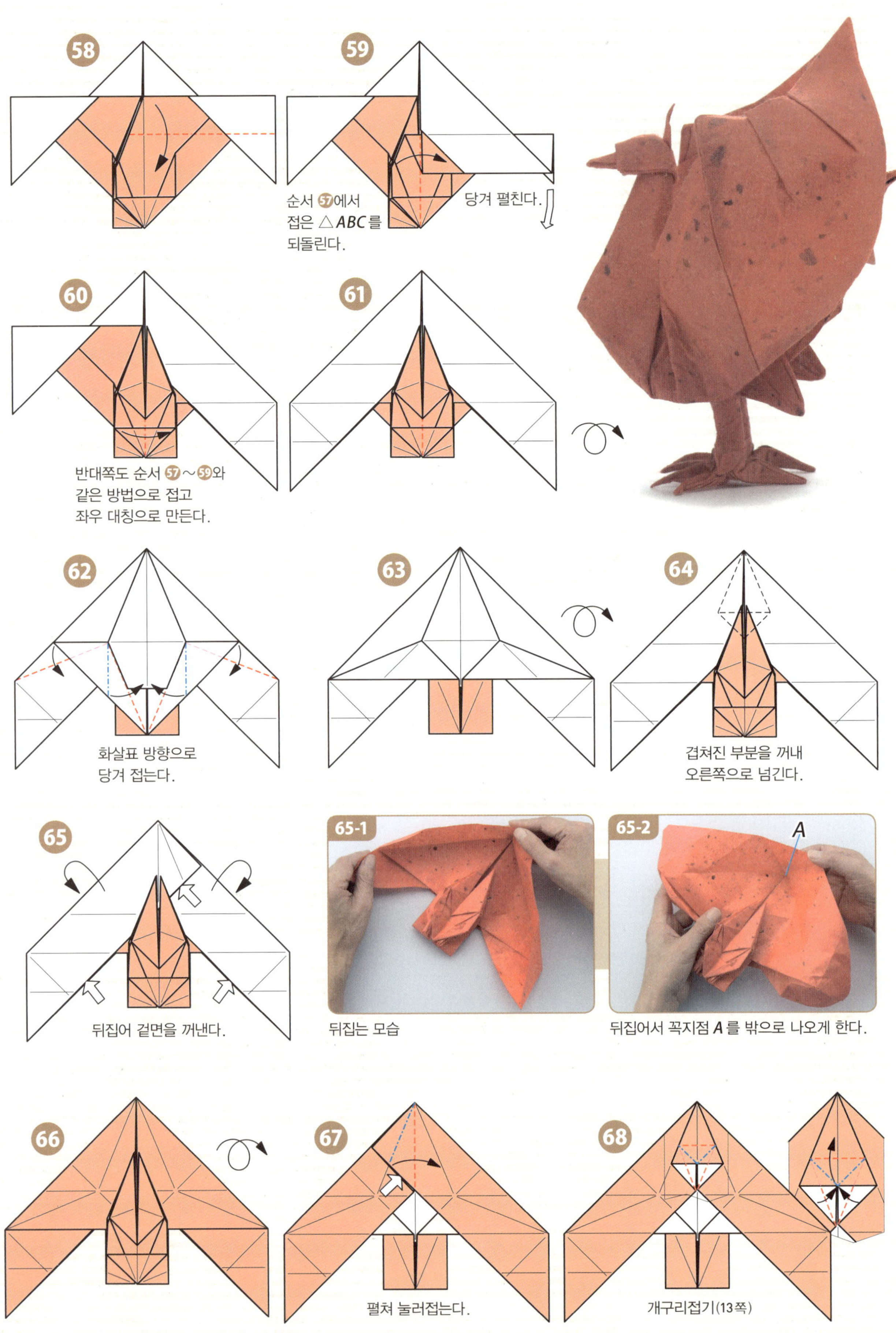
58
59
순서 57에서
접은 △ABC를
되돌린다.
당겨 펼친다.
60
61
반대쪽도 순서 57~59와
같은 방법으로 접고
좌우 대칭으로 만든다.
62
63
64
화살표 방향으로
당겨 접는다.
겹쳐진 부분을 꺼내
오른쪽으로 넘긴다.
65
65-1
65-2
A
뒤집어 겉면을 꺼낸다.
뒤집는 모습
뒤집어서 꼭지점 A를 밖으로 나오게 한다.
66
67
68
펼쳐 눌러접는다.
개구리접기(13쪽)

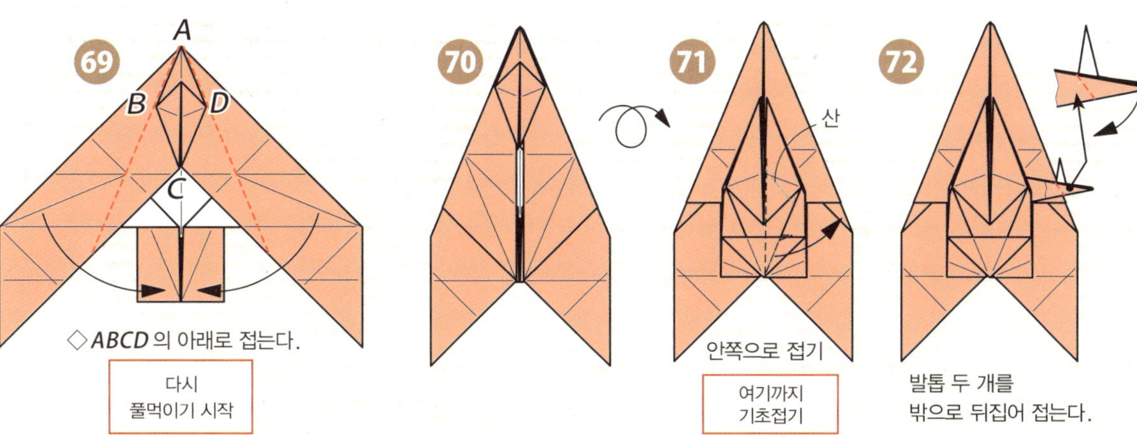

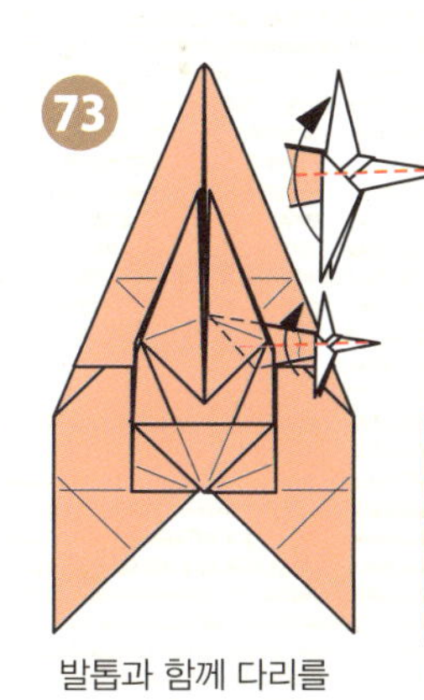

발톱과 함께 다리를 가늘게 만들고 뒤쪽도 같은 방법으로 접는다.

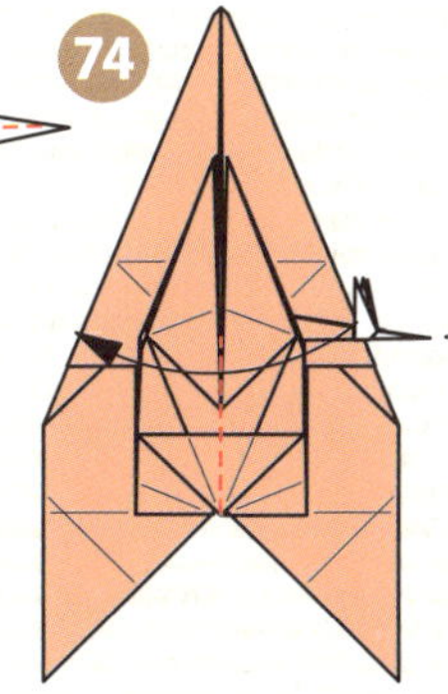

다리 부분 포함 세 장을 왼쪽으로 넘긴다.

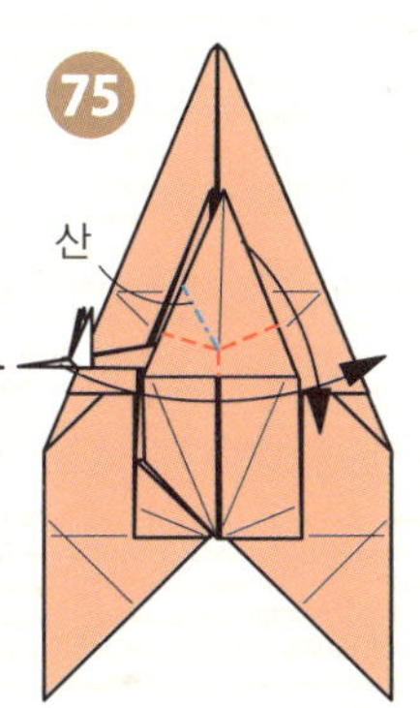

표시선처럼 접으면서 세 장을 오른쪽으로 다시 넘긴다.

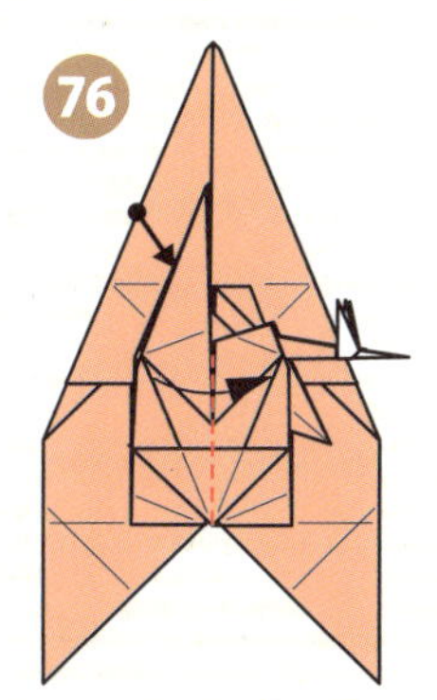

반대쪽도 순서 71~75와 같은 방법으로 접어 좌우 대칭으로 만든다.

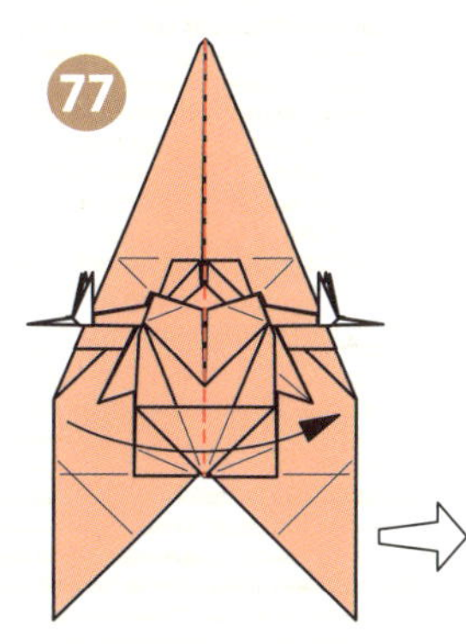

가운데의 중심선으로 반을 접고 방향을 바꾼다.

78

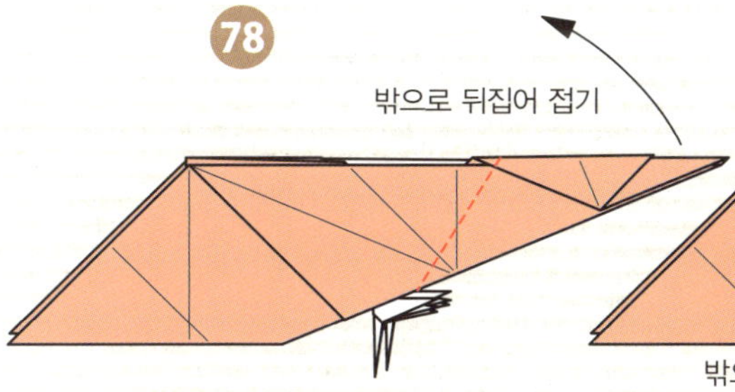

밖으로 뒤집어 접기

79

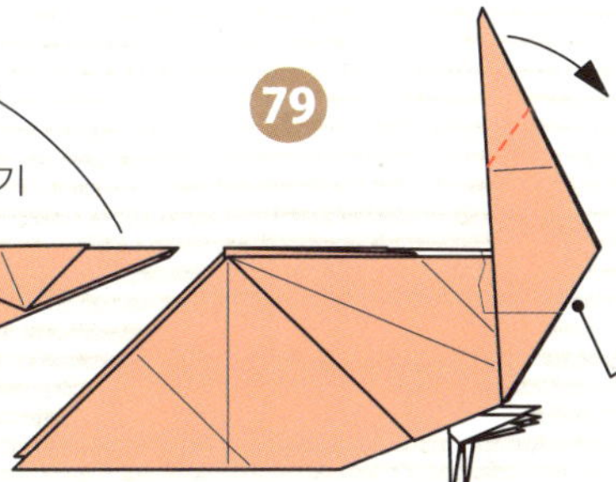

밖으로 뒤집어 접기

80

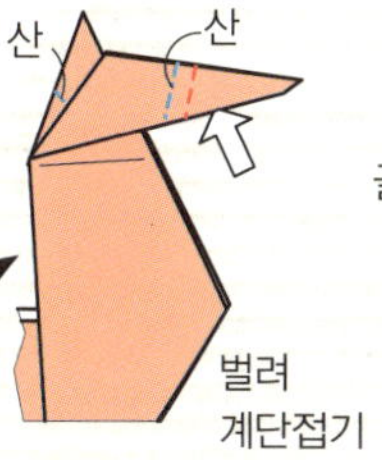

산

산

벌려 계단접기

81

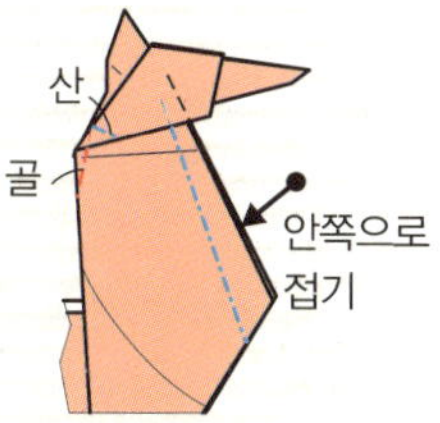

산

골

안쪽으로 접기

82

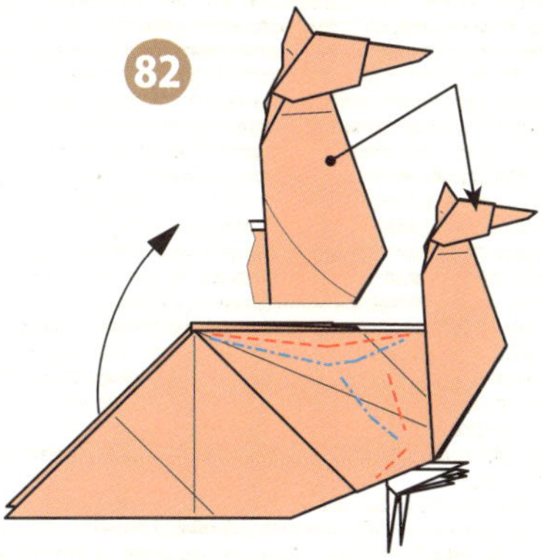

83

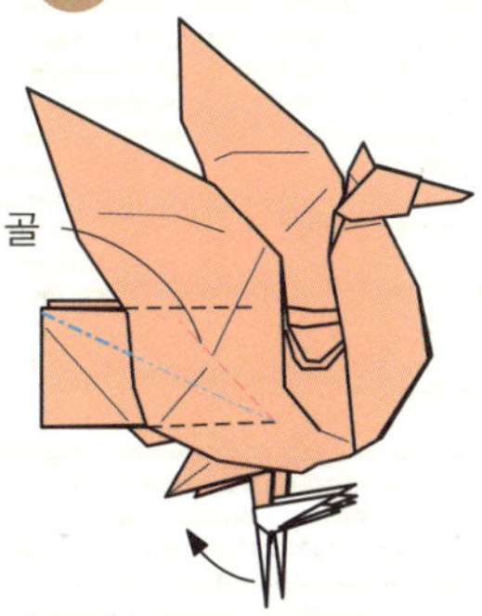

골

꼬리날개를 올린다.
발톱의 모양을 다듬는다.

84

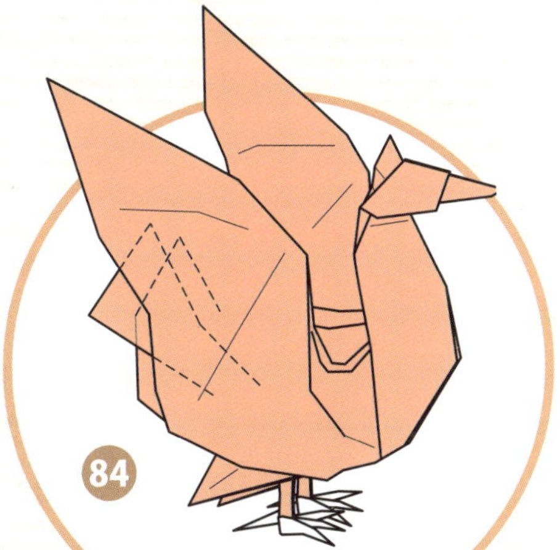

모양을 정리하여 완성한다.

놀라운 리얼 종이접기 2

초판 1쇄 발행 | 2015년 6월 30일
초판 11쇄 발행 | 2026년 1월 5일

지은이 | 후쿠이 히사오
옮긴이 | 민성원
감수자 | 오경란

발행인 | 김기중
주간 | 신선영
편집 | 민성원, 백수연
경영지원 | 홍운선

펴낸곳 | 도서출판 에밀
주소 | 서울특별시 영등포구 당산로41길 11, E동 1410호 (07217)
전화 | 02-3141-8301
팩스 | 02-3141-8303
이메일 | info@theforestbook.co.kr
페이스북 | @forestbookwithu
인스타그램 | @theforest_book
출판등록 | 2012년 10월 10일 제2025-000115호

ISBN | 978-89-969599-8-4 (13630)